KB104543

고문상서변위

古文尙書辨僞

고전번역총서

고문상서변위
古文尙書辨僞

청淸 최술崔述 저

전병수田炳秀 역주

도서출판 수류화개

고문상서변위 권2

옛 사람들이 ≪상서≫의 진위를 의론한 것을 모으다

해제

최술崔述은 청대淸代의 저명한 고증학자考證學者 또는 변위학자辨僞學者로, 자字는 무승武承, 호號는 동벽東壁이다. 건륭乾隆 5년(1740) 7월 29일 직예直隷(지금의 하북성河北省) 대명부大名府 위현魏縣에서 태어나 가경嘉慶 21년(1816) 2월 6일 향년 77세를 일기로 세상을 떠났다. 여러 번 과거 시험에 낙방하고, 가경 때 복건福建의 나원羅源과 상항上杭 등에서 지현知縣을 지냈으나 나중에 병을 이유로 물러나 저술에 몰두하였다. 평생 총 34종 88권이라는 방대한 저술을 남겼다. 그 가운데 중국中國의 상고사上古史를 정밀하게 고증한 ≪고신록考信錄≫ 16종 46권이 핵심이다. ≪고신록≫은 다음과 같이 구성되어 있다.

전록前錄 : ≪고신록제요考信錄提要≫ 2권, ≪보상고고신록補
  上古考信錄≫ 2권

정록正錄 : ≪당우고신록唐虞考信錄≫ 4권, ≪하고신록夏考信
  錄≫ 2권, ≪상고신록商考信錄≫ 2권, ≪풍호고신록
  豐鎬考信錄≫ 8권, ≪수사고신록洙泗考信錄≫ 4권

후록後錄 : ≪풍호고신별록豐鎬考信別錄≫ 3권, ≪수사고신여
  록洙泗考信餘錄≫ 3권, ≪맹자사실록孟子事實錄≫
  2권, ≪고고속설考古續說≫ 2권, ≪고신부록考信附
  錄≫ 2권

익록翼錄 : ≪왕정삼대전고王政三代典考≫ 3권, ≪독풍우지讀
  風偶識≫ 4권, ≪고문상서변위古文尚書辨僞≫ 2권,
  ≪논어여설論語餘說≫ 1권

이들 가운데 상당수를 최술의 제자 진리화陳履和(1761-
1825)가 자신의 가산家産을 모두 쏟아 판각하였다. 그러나
최술의 저작은 당시에는 학계의 주목을 받지 못하였다.
그러다 20세기 초에 일본의 나가통세那珂通世(나카 미치
요, 1851-1908)가 1902년 ≪사학잡지史學雜誌≫에 <고신
록해제考信錄解題>를 발표하면서 학계에서 ≪고신록≫

을 주목하기 시작하고, 1903년 나가통세가 ≪최동벽선생
유서崔東壁先生遺書≫를 간행하자, 일본사학계가 열광
하였다고 한다.

또 일본에 있던 유사배劉師培가 나가통세가 정리한 이
책을 중국에 가져오면서 대단한 호응을 불러 일으켰고,
1932년 중국의 ≪사학연보史學年報≫에 나가통세의 <고
신록해제>를 번역 소개하면서 중국에서도 많은 연구가
이루어졌다. 호적胡適 · 고힐강顧頡剛 · 양계초梁啓超 ·
전현동錢玄同 등이 최술과 ≪고신록≫에 관한 글을 많이
발표하였는데, 특히 고힐강과 전현동은 최술의 고증考證
에 영향을 받아 '의고疑古'와 '변위辨僞'를 부르짖으며 '의
고사조疑古思潮'를 이끌었다. 의고사조는 의고파疑古派
또는 고사변파古史辨派라고도 한다. 고힐강은 최술의 저
술을 모두 모으고 표점標點하여 ≪최동벽유서崔東壁遺
書≫를 출판함으로써 최술 연구에 큰 도움을 주었다.

1. ≪고문상서古文尙書≫와 ≪금문상서今文尙書≫

≪서書≫는 사관史官이 임금의 언행言行을 기록한 것
으로서, 유가경전儒家經典 가운데 하나다. 한漢 이전에는

'서書'라고 불리다가 한漢 이후 '상서尙書'라고 하였으며, 송宋 이후에는 '서경書經'이라고도 부른다. 우虞·하夏·상商·주周 4왕조의 역사가 기록되어 있다. 본래는 100편으로 이루어져 있다고 하나, 오늘날 전하는 ≪상서≫는 58편으로 구성되어 있다. 진秦 시황始皇의 분서갱유焚書坑儒로 소실되었기 때문에, ≪상서≫는 전승과정이 매우 복잡하고 그 진위眞僞 여부에 대해서는 아직까지도 논란이 분분하여 정설定說이 없다.

≪상서≫는 크게 ≪고문상서≫와 ≪금문상서≫로 나뉜다. 먼저 ≪금문상서≫의 유래는 다음과 같다. 진秦이 분서갱유를 단행하고 협서율挾書律[1]을 시행하자, 진秦의 박사博士를 지낸 복생伏生이 집의 벽에 ≪상서≫를 감추었고, 그 후 전쟁이 일어나 피난하였다. 한漢이 천하를 평정하고 세상이 안정되자, 복생이 돌아와 그 책을 찾

---

1. 협서율: 진秦 시황始皇이 B.C. 213년에 농업農業·의약醫藥·복서卜筮 등 실용서를 제외한 모든 책을 민간에서 소장하는 것을 금지한 법령이다. 시황이 당시 승상 이사李斯의 건의를 받아들여 박사관博士官에서 소장한 것 이외의 시서詩書와 제자백가諸子百家의 책들은 모두 수守나 위尉에게 가져가 불태우게 하였다. 협서율은 한漢 혜제惠帝 4년(B.C. 191)에야 폐지되었다.

았으나 수십 편이 망실되고 29편만 건졌고 그것으로 제
齊와 노魯 지역 사이에서 가르쳤다고 한다. 문제文帝 때
에 ≪상서≫를 연구할 수 있는 사람을 찾았는데, 복생이
≪상서≫에 정통하다는 말을 듣고 부르려 하였으나, 복생
의 나이가 90이 넘었기 때문에 태상시太常寺에서 장고掌
故 조조鼂錯를 보내 배워오게 하였다. 이를 당시의 글자
[今文: 隸書]로 받아 적었기 때문에 '금문상서'라고 한다.

  ≪고문상서≫는 한漢 무제武帝 말년에 공자孔子가 살
던 오래된 집의 벽 속에서 나온 ≪상서≫를 말한다. ≪고
문상서≫의 발견 경위는 ≪한서漢書≫ <예문지藝文志>
에 자세한데, 그 대략을 말하면 다음과 같다. 무제 말기에
노魯의 공왕共王이 자신의 궁전을 넓히기 위해 공자가 살
던 오래된 집을 허물다가 ≪상서≫, ≪효경≫, ≪논어≫
등 수십 편을 얻었는데, 모두 옛글자[古文]²로 쓰여 있었
다. 공자의 후손 공안국孔安國이 그 책을 모두 얻어 ≪금
문상서≫를 가지고 비교하여 당시의 글자로 판독하여 29

---

2. 옛글자: 과두문자蝌蚪文字를 가리킨다. 주문籒文·대전체大篆體
   라고도 한다. 글씨체 가운데 하나로 글자의 모양이 올챙이처럼
   생긴 데서 이름을 붙였다.

편을 얻었고, 판독하지 못한 16편의 글을 더 얻었다고 한
다. 이 29편을 '고문상서'라고 하고 판독하지 못한 16편을
'일서逸書'라고 부른다.

2. ≪고문상서변위古文尙書辨僞≫

≪고문상서변위≫는 다음 여섯 부분으로 나뉘어져 있다.

권1 : * ≪고문상서≫의 진위와 원류를 체계적으로 고찰하다
　　　 [古文尙書眞僞源流通考]
권2 : * 옛 사람들이 ≪상서≫의 진위를 의론한 것을 모으다 [集
　　　 前人論尙書眞僞]
　　 * 거래 이불의 <서≪고문상서원사≫후>에 대해 보충하
　　　 는 말 [李巨來書古文尙書寃詞後補說]
　　 * <요전>에서 <순전>을 분리해냈다는 것에 대해 고찰하
　　　 여 변론하다 [堯典分出舜典考辨]
　　 * ≪위고문상서≫를 읽고 부전지를 붙여 표기하다 [讀僞
　　　 古文尙書黏籤標記]
　　 * [부록] ≪흠정사고전서총목제요≫에서 ≪상서≫를 논
　　　 의한 세 가지 기준이 되는 본보기를 삼가 기록하다 [恭
　　　 錄欽定四庫全書總目提要論尙書三則]

'≪고문상서≫의 진위와 원류를 체계적으로 고찰하다'에서는 ≪위고문상서≫의 성립을 비롯하여 육증六證과 육박六駁을 통해 고증하고 있다. 육증에서는 ≪고문상서≫의 편수篇數, ≪위서僞書≫의 문체文體, 역사서에 인용된 ≪상서≫와 ≪일서逸書≫, 시대별 학자들이 언급한 ≪일서≫ 등을 고찰하여 <대우모大禹謨>에서 <경명冏命>까지 '고문상서'라 불리는 25편은 후세 사람의 위찬僞撰임을 밝혔다.

또 육박에서는 ≪고문상서≫와 ≪금문상서≫의 편제篇第가 다르지 않으며, ≪금문상서≫도 집의 벽속에 숨겨놓은 것이며, 반고班固는 장패張霸의 ≪위서≫를 배척하였으며, ≪고문상서≫는 학관學官에 세워졌으며, ≪진서晉書≫에는 ≪고문상서≫를 전수하고 전수받은 일이 없으며, 정현鄭玄과 공안국의 훈고와 ≪위서≫의 상호모순 등을 밝혔다.

'옛 사람들이 ≪상서≫의 진위를 의론한 것을 모으다'에서는 당唐의 한유韓愈, 송宋의 주희朱熹 · 오역吳棫 · 채침蔡沈부터 청淸의 고염무顧炎武 · 이불李紱 등이 ≪고문상서≫가 ≪위서≫임을 의심하는 글을 모아 밝혔고, '거래 이불의 <서≪고문상서원사≫후>에 대해 보충하는 말'에서는 이불의 글을 통해 자신의 설을 뒷받침하였다. '<요전>에서 <순전>을 분리해냈다는 것에 대해 고찰하여 변론하다'에서는 <요전>에서 <순전>을 분리한 것은 잘못이며, '왈약계고제순曰若稽古帝舜 왈중화曰重華 협우제協于帝 준철문명濬哲文明 온공윤색溫恭允塞 현덕승문玄德升聞 내명이위乃命以位' 28자는 <순전>의 글이 아님을 고증하였다.

'≪위고문상서≫를 읽고 부전지를 붙여 표기하다'는 최술의 아우 최매崔邁의 저술이다. ≪위고문상서≫의 자구字句가 근본한 것, 남의 글을 따다 쓰면서 그 의미를 잃은 것, 글을 배열한 것 가운데 부당한 것 등을 기록한 것인데, 최술이 고증에 도움을 줄 수 있고 차마 다 버릴 수 없기 때문에 자신의 저술 뒤에 부록한 것이라고 하였다.

'≪흠정사고전서총목제요≫에서 ≪상서≫를 논의한 세 가지 기준이 되는 본보기를 삼가 기록하다'는 진리화가 ≪고문상서변위≫를 판각板刻하면서 책의 첫머리에 추가한 것으로, ≪흠정사고전서총목제요≫ 가운데 공영달孔穎達의 ≪상서정의尙書正義≫, 염약거閻若璩의 ≪고문상서소증古

文尙書疏證》, 모기령毛奇齡의 《고문상서원사古文尙書寃
詞》를 전재轉載하였다. 본래 책의 첫머리에 배치하였으나,
본 역서譯書에서는 맨 뒤로 옮겨 부록으로 처리하였다.

3. 의의

　《상서》를 연구할 때, 먼저 부딪히는 문제는 바로 금
고문논쟁今古文論諍이다. 《상서》는 고문과 금문이 뒤
섞이고 매우 늦은 시기까지도 여러 편篇이나 본本이 출현
하여 진위眞僞 논란이 끊이지 않았다. 지금까지도 그 논
란은 현재진행형이다. 《상서》의 진위와 관련하여 명明
매작梅鷟의 《상서고이尙書考異》와 청淸 염약거閻若璩
의 《고문상서소증古文尙書疏證》이 유명하며, 혜동惠
棟의 《고문상서고古文尙書考》 역시 뛰어난 저술로 알
려져 있다.

　그러나 최술은 당시 경사京師의 학자들과 별다른 교류
없이 오직 스스로의 연구를 통해 《고신록》을 저술하였
으며, 또 진리화가 <발문跋文>에서 밝혔듯이 최술은 당
시 앞에 언급한 매작과 염약거의 저술을 보지 못한 상태
에서 《고문상서변위》를 지었으니, 그의 노력과 뛰어난

식견을 짐작할 수 있다.

　최술의 ≪고문상서변위≫는 ≪고문상서≫와 관련한 다양한 문제를 육중과 육박을 중심으로 풀어나간다. 차근차근 곱씹어가며 읽으면 복잡하게만 느껴지는 ≪상서≫와 관련한 논쟁의 실타래를 풀어나갈 수 있을 것이라 생각한다. 또한 대량의 출토자료出土資料로 인하여 의고사조疑考思潮가 많이 퇴색하였지만 그들의 학문방법은 아직 유효하다고 생각한다. 본 역서를 통해 의고사조의 포문을 연 최술의 학문방법을 살펴보기 바란다.

일러두기

1. 이 책은 18세기 청淸의 고증학자 동벽東壁 최술崔述의 ≪고문상서변위古文尙書辨僞≫(全2卷1冊)를 역주譯注한 것이다. 고힐강顧頡剛 편정編訂, ≪최동벽유서崔東壁遺書≫(上海:上海古籍出版社 1983)를 저본으로 하였으며, 또 중국中國의 고서유통처古書流通處에서 1924년 영인影印한 진리화陳履和 교간校刊, ≪최동벽유서崔東壁遺書≫(국립중앙도서관소장, 청구기호:092-11); 일본日本의 나가통세那珂通世(나카 미치요) 교점校點, ≪최동벽선생유서崔東壁先生遺書≫(東京:目黑書店 明治37)를 부본副本으로 사용하였다. 저본은 '편정본編訂本', 부본은 '교간본校刊本', '통세본通世本'으로 각각 약칭略稱하였다.

2. 원문의 표점標點은 중화인민공화국국가표준中華人民共和國國家標準 ≪표점부호용법標點符號用法≫을 따랐다. 단 서명書名은 '≪ ≫', 편명篇名은 '〈 〉'를 사용하였으며, 모점(、)은 사용하지않았다.

3. 원주原注는 '【 】'를 사용하였으며, 역자주譯者注는 모두 각주脚注로 처리하였다.

4. 교감校勘에 사용한 부호는 다음과 같다.
   ( )[ ] : (저본의 오자誤字)[교감한 정자正字]
   [ ] : 저본의 탈자脫字 보충補充

5. 직역만으로 이해가 어려운 경우, 독자의 이해를 돕기 위하여 의역을 하였다.

6. 번역문에서 " " 또는 ' '로 묶인 것은 주석에 따로 표제어를 표시하지 않았다.

7. 인물人物의 주석은 가장 기본적인 정보, 곧 출신 · 이름 · 자호字號 · 저술 등만을 기록하였고, 본문의 이해에 필요한 경우 관직 등 간단한 설명을 더하였다.

8. 어디에서도 찾을 수 없거나 ≪상서≫와 관련하여 나오기는 하나, 이름 이외에 인물정보가 전혀 없는 것은 주석하지 않았고, 또한 별도의 표시도 하지 않았다.

9. 지명地名은 옛 지명이 현재의 지명과 차이가 많고, 또 논란이 되는 것이 많아 주석하지 않았다. 단 본문의 이해에 필요한 경우는 간단하게 주석하였다.

10. 출전出典과 전거典據는 찾을 수 있는 한 모두 찾아 주석하였으며, 글자의 출입이 있는 경우는 교감내용校勘內容을 주석하였다.

11. 최술이 아우 최매崔邁의 미완성 저술을 부록한 것은 출전을 모두 밝혀놓았다. 번역에 사용한 주석은 일반적으로 널리 통용하는 책을 사용하였다. 따라서 번역을 위해 참고한 주석의 내용은 밝히지 않았다.

古文尚書辨偽

고문상서변위 권1

≪고문상서≫의 진위와 원류를 체계적으로 고찰하다 [古文尙書眞僞源流通考]

≪위고문상서≫의 성립 [僞古文尙書之成立]

당唐나라·송宋나라 이래로 세상에 전하는 ≪상서≫는 모두 58편이다. <요전堯典>에서 <진서秦誓>까지 33편을 세상에서 '금문상서今文尙書'라고 하고, <대우모大禹謨>에서 <경명冏命>까지 25편을 세상에서 '고문상서古文尙書'라고 한다.

나는 13살 때 처음 ≪상서≫를 읽었으나 예전부터 내려온 학설[舊說]을 따르기만 하였기 때문에, 그 ≪금문상서≫와 ≪고문상서≫ 둘 사이에 차이가 있는지는 깨닫지 못하였다. 읽은 지 몇 년이 지나서야 <대우모大禹謨>·<탕고湯誥> 같은 편은 문장의 뜻이 평이하고 천박하여 33편(≪금문상서≫)과 전혀 비슷하지 않음을 깨달았다. 그러나 여전히 대번에 의심하지는 못하였다.

　또 몇 년이 지나서야 그 의리義理도 서로 위배되는 것이 많음을 차츰 깨달았고, 몇 년이 더 지나서야 다시 그 사실도 다른 경經·전傳과 부합하지 않는 것이 많음을 점점 깨달았다. 그제서야 '똑같이 제왕帝王이 남긴 기록인데, 어찌 유독 이처럼 현격하게 다른가?' 하고 매우 이상하게 생각하였다.

唐·宋以來, 世所傳《尙書》, 凡五十八篇: 其自<堯典>以下, 至於<秦誓>三十三篇, 世以爲《今文尙書》; 自<大禹謨>以下, 至於<冏命>二十五篇, 世以爲《古文尙書》. 余年十三, 初讀《尙書》, 亦但沿舊說, 不覺其有異也. 讀之數年, 始覺<禹謨>·<湯誥>等篇, 文義平淺, 殊與三十三篇不類. 然猶未敢遽疑之也. 又數年, 漸覺其義理亦多剌謬, 又數年, 復漸覺其事實亦多與他經傳不符. 於是始大駭怪: 均爲帝王遺書, 何獨懸殊若此?

　그래서 《사기》·《한서》 등 여러 책을 가져다 반복해 고찰하고 세밀하게 조사한 뒤에야 환히 크게 깨달아 예전부터 내려온 학설이 옳지 않음을 알았다. 이른바 《고문상서》라는 것은 공자孔子가 살던 오래된 집의 벽속[孔

壁]에서 나온 ≪고문상서≫가 아니라 바로 제齊나라 · 양
梁나라[1] 이래로 강동지역 [江左[2]]에서 나온 ≪위상서僞尙
書≫이고, ≪금문상서≫라고 하는 것이 바로 공자가 살던
오래된 집의 벽속에서 나온 ≪고문상서≫라는 것이다.

　≪금문상서≫는 복생伏生[3]이 자기의 집 벽속에 감춰
뒀던 것으로 전부 28편【뒤에 31편으로 나뉘어진 듯하다.】이
다.[4] 모두 예서隷書[5]로 쓰여졌기 때문에 "금문今文"이라고

1　제나라 · 양나라: 중국의 남북조시대南北朝時代 남조南朝의 남
　제南齊와 양梁이다.

2　강좌: 양자강揚子江 하류의 남쪽 지역으로 지금 강소성江蘇省 등
　의 지역이다. 강동江東이라고도 한다. 동진東晉 및 남조南朝의
　송宋 · 제齊 · 양梁 · 진陳나라의 수도가 강좌江左에 있었기 때
　문에 이 다섯 왕조 및 그 통치지역을 '강좌'라고 한다.

3　복생(?-?): 전한前漢 제남濟南 사람으로 이름은 승勝, 자字는 자
　천子賤이다. 진秦나라의 박사로 세상 사람들이 복생伏生이라고
　불렀다. 한漢 문제文帝 때 ≪상서≫를 연구할 수 있는 사람을 찾
　았다. 복생을 찾았으나 당시 나이가 90여세에 달해 경사京師에
　왕래할 수 없었기 때문에 한 문제가 조조鼂錯를 보내 복생에게
　≪상서≫를 전수받아 오게 하였다.

4　복생이……전부 28편이다: 진秦 시황제始皇帝가 분서焚書를 단행
　할 때, 복생이 ≪상서≫ 100편을 자기 집의 벽속에 감춰두었다. 그
　뒤 전란戰亂이 크게 일어나 떠돌아다니다가, 한漢이 전란을 평정
　하자 복생이 돌아와 자기가 감춰뒀던 책을 찾았으나 수십 편이
　없어지고 29편만 건졌다. (≪史記≫ 권121 <儒林列傳 伏生>)

5　예서: 한자漢字의 서체書體 가운데 하나다. 진팔체秦八體 가운데

한 것인데, 지금의 <요전堯典> 이하 33편과 편목篇目은
같지만 자구字句가 다른 곳이 많다. ≪고문상서≫는 공자
가 살던 오래된 집의 벽속에 감춰져 있던 것으로 모두 과
두문자科斗文字[6]로 쓰여졌기 때문에 "고문古文"이라고
한 것이다.

　공안국孔安國이 공자가 살던 오래된 집의 벽속에서 나
온 ≪고문상서≫를 금문자今文字로 읽어내고 보니 복생
의 ≪금문상서≫보다 16편이 더 많았다. 공안국이 금문자
로 읽어낸 그 28편이 바로 지금의 <요전> 이하 33편, 원래
31편으로 나뉘었던 것으로 마융馬融[7] · 정강성鄭康成[8]이

─────────────

하나로, 전서篆書의 자획을 간략화한 것으로, 관리들이 서사書
寫의 편의를 위해 사용하였다.

6　과두문자: '蝌蚪文字'라고도 쓰며 주문籀文 · 대전체大篆體라고
　도 한다. 글씨체 가운데 하나로 글자의 모양이 올챙이처럼 생긴
　데서 이름을 붙였다.

7　마융(79-166): 후한後漢 부풍扶風 무릉茂陵 사람으로 자字는 계
　장季長이다. 재주가 높고 지식이 풍부했으며, 통유通儒로 제자
　가 천여 명에 이르렀다. 노식盧植과 정현鄭玄 등을 가르쳤다.
　≪춘추삼전이동설春秋三傳異同說≫을 짓고, ≪시경≫, ≪상
　서≫, ≪역경≫, ≪삼례三禮≫, ≪효경≫, ≪논어≫ 등에 주석
　하였다.

8　정강성(127-200): 후한後漢 북해北海 고밀高密 사람으로 이름은
　현玄이고, 강성康成은 그의 자字이다. 제오원선第五元先을 스

주석한 것이 이것이다. 더 얻은 그 16편은 해지고 빠져 완전하지 않고 스승으로부터 전해지는 학설이 전혀 없기 때문에 ≪고문상서일편古文尙書逸篇≫이라고 한다.

乃取≪史≫·≪漢≫諸書, 覆考而細核之, 然後恍然大悟, 知舊說之非是. 所謂≪古文尙書≫者, 非孔壁之≪古文尙書≫, 乃齊·梁以來江左之≪僞尙書≫; 所謂≪今文尙書≫者, 乃孔壁之≪古文尙書≫也. ≪今文尙書≫者, 伏生壁中所藏, 凡二十八篇【後或分爲三十一篇】, 皆隷書, 故謂之"今文"; 與今<堯典>以下三十三篇, 篇目雖同而字句多異. ≪古文尙書≫者, 孔氏壁中所藏, 皆科斗字, 故謂之"古文". 孔安國以今文讀之, 得多十六篇. 其二十八篇, 卽今<堯典>以下三十三篇, 原止分爲三十一篇, 馬融·鄭康成之所註者是也. 其十六篇, 殘缺不全, 絶無師說, 謂之≪古文尙書逸篇≫.

___

승으로 ≪경방역京房易≫과 ≪공양춘추公羊春秋≫에 정통했다. 다시 장공조張恭祖에게 ≪주례周禮≫와 ≪춘추좌씨전≫, ≪고문상서≫를 배웠다. 시종 재야의 학자로 지냈고, 제자들에게는 물론 일반인들에게도 훈고학訓詁學과 경학經學의 시조로 깊은 존경을 받았다. 후에 마융馬融에게도 사사師事하였다. ≪모시전毛詩箋≫, ≪주역≫, ≪상서≫, ≪삼례三禮≫, ≪논어≫ 등에 주석하였다.

서한西漢 때에 ≪금문상서≫가 먼저 학관學官에 세워
졌고, 동한東漢 때에 이르러서야 ≪고문상서≫가 학관에
세워졌다. 이로부터 배우는 자들이 모두 ≪고문상서≫를
암송하게 되면서 ≪금문상서≫가 점차 쇠미해졌다. 영가
永嘉의 난리[9]에 ≪금문상서≫가 마침내 없어지고, ≪고문
상서≫만이 세상에 통행하였다.

≪위상서僞尙書≫는 제齊나라・양梁나라 사이에 나
와 수대隋代에 성행하였다. 대체로 25편을 보태고, 또 31
편 가운데 <순전舜典>・<익직益稷> 두 편을 분리해 내
어, 도합 58편에 ≪전傳≫과 <서序>를 두고서 한漢나라
의 공안국[10]이 지은 것이라고 거짓으로 일컬었다.

---

9 영가의 난리: 서진西晉 말기 회제懷帝의 영가永嘉연간(307-312)
  에 흉노족匈奴族 유총劉聰이 군사를 일으켜 낙양洛陽을 함락시
  키고 회제를 자신들의 근거지인 평양平陽(지금의 산서성山西省)
  으로 잡아다가 죽이고, 서진의 군사 10여만 명을 학살하여 낙양
  은 폐허가 되고 서진은 망한 사건이다. 서진의 왕족 사마씨司馬
  氏가 강남江南으로 피하여 남경南京에 도읍하고 동진東晉을 세
  웠다. 이때부터 5호16국시대가 시작하였다.

10 공안국(?-408): 전한前漢 곡부曲阜 사람으로 자字는 자국子國
  이며, 공자의 11대손이다. ≪상서≫ 고문학古文學의 시조이다.
  무제武帝 때 박사博士가 되었고, 관직은 간대부諫大夫・임치태
  수臨淮太守에 이르렀다. ≪시詩≫는 신공申公, ≪서書≫는 복생
  伏生에게 배웠다. 노魯 공왕共王이 공자가 살던 오래된 집을 허

　　당唐나라의 공영달孔穎達[11]이 ≪상서정의尙書正義≫
를 짓자, 마침내 마융·정현이 서로 전한 ≪진고문상서
眞古文尙書≫를 내치고, ≪위서僞書≫·≪위전僞傳≫을
이용하여 인재를 선발하였다.

西漢之時, ≪今文≫先立於學官; 迨東漢時, ≪古文≫乃立.
自是學者, 皆誦≪古文≫, 而≪今文≫漸微. 永嘉之亂, ≪今
文≫遂亡, ≪古文≫孤行於世. ≪僞尙書≫者, 出於齊·梁
之間而盛於隋世. 凡增二十五篇; 又於三十一篇中, 別出
<舜典>·<益稷>兩篇; 共五十八篇, 有≪傳≫及<序>,
僞稱漢孔安國所作. 唐孔穎達作≪正義≫, 遂黜馬·鄭相
傳之≪眞古文尙書≫, 而用≪僞書≫·≪僞傳≫取士.

물 때, 벽속에서 과두문자科斗文字로 쓰인 ≪고문상서≫, ≪예
禮≫, ≪기記≫, ≪논어≫, ≪효경≫ 등이 나왔다. 당시 아무도
이 글을 읽지 못하였는데, 공안국이 금문今文과 대조·고증하
여 해독하고 주석을 붙였다. 이로부터 고문학古文學이 시작되
었다.
11 공영달(574-648): 당唐나라 기주冀州 형수衡水 사람으로 자字
　　는 충원沖遠, 또는 중달仲達이며, 시호諡號는 헌憲이다. 당나라
　　때에 국자박사國子博士와 국자좨주國子祭酒 등을 역임하였다.
　　당唐 태종太宗의 조서詔書를 받아 안사고顔師古 등과 오경정의
　　五經正義를 편찬하였다.

　이 때문에 배우는 자들이 어려서 그것을 익히면 다시는 그 원류源流와 수미首尾를 살피지 않아 마침내 이것(≪위상서≫)을 곧바로 ≪고문상서≫라고 착각하고, 공자가 살던 오래된 집의 벽속에서 나온 ≪고문상서≫ 31편을 도리어 복생의 ≪금문상서≫라고 가리켜, 마침내 제왕의 사적事跡이 사설邪說에 어지럽혀지고 허위로 꾸며져 밝힐 수 없게 된 지 천여 년이나 되었다.

　내가 이 사실을 매우 가슴아파하였기 때문에 ≪고신록≫에서 일에 따라 자세하게 변론하여 성인聖人의 참모습이 없어지지 않기를 기대하였다. 그러나 배우는 자들이 예전부터 내려온 학설에 익숙하여 그 원류源流와 진위眞僞를 고찰하지 못하고, 그 명칭을 따르면서도 그 실상을 규명할 줄 모를까 염려하였다. 그러므로 다시 흐름을 거슬러 올라가 근원을 궁구하여 '육증六證'·'육박六駁'을 짓고, 이어서 위찬僞撰된 이유를 규명하고 아울러 진실과 다른 까닭을 서술하여 하나하나 아래와 같이 나열하니, 거짓된 것이 그 실정實情을 숨기는 일이 없기를 바랄 뿐이다.

由是學者童而習之, 不復考其源流首尾, 遂悞以此爲卽≪古文

尙書》, 而孔壁《古文》之三十一篇, 反指爲伏生之《今
文》, 遂致帝王之事跡, 爲邪說所淆誣, 而不能白者, 千有
餘年. 余深悼之, 故於《考信錄》中, 逐事詳爲之辨, 以
期不沒聖人之眞. 然恐學者狃於舊說, 不能考其源流, 察
其眞僞, 循其名而不知核其實也. 故復溯流窮源, 爲 '六
證'·'六駁', 因究作僞之由, 并述異眞之故, 歷歷列之如
左, 庶僞者無所匿其情云爾.

육증① 공안국 《고문상서》의 편수 [六證之一孔安國古文篇數]

공안국이 공자가 살던 오래된 집의 벽속에서 나온
《고문상서》를 얻은 일은 《사기》·《한서》의
글이 매우 확실하다. 다만 29편 외에 또 16편이 더 많
았을 뿐, 이 25편을 얻은 일은 전혀 없다.

孔安國於壁中得《古文尙書》, 《史記》·《漢書》
之文甚明. 但於二十九篇之外, 復得多十六篇, 竝無得
此二十五篇之事.

공씨孔氏[12]가 ≪고문상서≫를 가지고 있었는데, 진秦
나라의 협서율挾書律을 두려워하여 공자가 살던 오래된
집 벽속에 숨겼다. 한漢 무제武帝 [13] 때 노魯 공왕共王[14]이
발견하자 공안국이 그것을 얻어 금문자今文字로 읽어냈

---

12 공씨: 육덕명陸德明, ≪경전석문經典釋文≫ 권1 <서록序錄 주해
　　전술인注解傳述人>에 "진秦나라가 학문을 금지하자, 공자의 먼
　　후손 공혜孔惠가 벽에 그것들을 숨겼다.【≪공자가어≫에 '공
　　등孔騰은 자가 자양子襄이다. 진나라의 법이 매우 엄격함을 두
　　려워하여 ≪상서≫, ≪효경≫, ≪논어≫를 공자가 살던 오래된
　　집의 벽 안에 숨겼다.' ≪한기≫ <윤민전>에는 '공부孔鮒가 숨
　　겼다.'라고 하였다.】……≪고문상서≫는 공혜가 숨긴 것인데,
　　노 공왕이 공자가 살던 오래된 집을 허물 때 벽속에서 얻었고,
　　아울러 ≪예≫·≪논어≫·≪효경≫이 모두 과두문자로 쓰여
　　있었다.[及秦禁學, 孔子之末孫惠壁藏之.【≪家語≫云: '孔騰, 字
　　子襄, 畏秦法峻急, 藏≪尙書≫·≪孝經≫·≪論語≫於夫子舊堂
　　壁中. ≪漢紀≫ <尹敏傳>以爲孔鮒藏之.'】……≪古文尙書≫者,
　　孔惠之所藏也, 魯恭王壞孔子舊宅, 於壁中得之, 並≪禮≫·≪論
　　語≫·≪孝經≫, 皆科斗文字.]"라고 한 것에 근거하여 '공씨'가
　　①孔惠라는 설, ②孔騰이라는 설, ③孔鮒라는 설이 있다.
13 한 무제(B.C. 156 - B.C. 87): 전한前漢 경제景帝의 열 번째 아들
　　(효경황후孝景皇后 왕씨王氏 소생)로 이름은 철徹, 시호諡號는
　　무武, 묘호廟號는 세종世宗이다.
14 노 공왕(?-B.C. 128): 전한前漢 경제景帝의 다섯 번째 아들(후
　　궁後宮 정희程姬 소생)로 이름은 여餘, 시호諡號는 공共(恭이라
　　고도 씀)이다.

다. 이를 계기로 자신의 가법家法를 일으켰으며[15], ≪일서
逸書≫ 10여 편을 얻었다. 아마 ≪상서≫는 이보다 더욱
많았을 것이다. 【≪사기≫ <유림열전>. ≪한서≫의 글도 같기에
중복하여 제시하지 않는다.】

孔氏有≪古文尙書≫, 而安國以今文讀之. 因以起其家;
≪逸書≫得十餘篇. 蓋≪尙書≫滋多於是矣. 【≪史記≫ <儒
林列傳>. ≪漢書≫文同, 不複擧.】

  ≪고문상서≫는 공자가 살던 오래된 집의 벽속에서 나
왔다. 무제武帝말에 노魯 공왕共王이 공자가 살던 오래된
집을 허물고 자기의 궁궐을 넓히고자 하였다. 그 허물던

---

15 자신의 가법을 일으켰으며: 왕인지王引之는 이와 관련하여 다음
   과 같이 말하였다. "'因以起其家'에서 구두를 떼고, '逸書' 2자는
   아래에 연결하여 읽어야 한다. 起는 떨쳐 일어남이다. 家는 가
   법家法이다. 한대漢代의 ≪상서≫는 대부분 ≪금문≫을 사용하
   였는데, 공씨(공안국)로부터 고문경古文經을 연구하여 구두를
   떼고 설명하며 주석을 달아 사람들을 가르쳤다. 그 뒤로 마침내
   고문을 연구하는 사람[古文家]이 나타났다. 이 고문가법古文家
   法은 공씨로부터 일어났다.[引之曰: "當讀'因以起其家'爲句, '逸
   書' 二字連下讀. 起, 興起也. 家, 家法也. 漢世≪尙書≫多用今文, 自
   孔氏治古文經, 讀之說之, 傳以敎人. 其後遂有古文家, 是古文家法,
   自孔氏興起也.]"(王念孫(淸), ≪讀書雜志 史記雜志≫ 권6 <因以
   起其家>)

집의 벽속에서 ≪고문상서≫ 및 ≪예禮≫·≪기記≫·
≪논어≫·≪효경≫ 수십 편을 얻었는데, 모두 고문자古
文字[16]로 쓰여 있었다. 공왕이 그 집에 들어가서 금슬琴瑟
과 종경鐘磬을 연주하는 소리를 듣고는, 비로소 두려워하
여 자기의 궁궐을 넓히는 일을 그만두고 그 집을 허물지
않았다.

　공안국은 공자의 후손이다. 공자가 살던 오래된 집의
벽속에서 나온 그 서적을 다 얻고는 복생의 ≪금문상서≫
를 가지고 29편을 고정考定해내었고, 복생의 ≪금문상
서≫보다 16편을 더 얻었다. 공안국의 집안에서 그것을
조정에 올렸으나 무고사건巫蠱事件[17]을 만나 학관에 나열
되지 못하였다. 【≪한서≫ <예문지>】

---

16 고문자: 과두문자科斗文字를 말한다. 주注 6번 참조.
17 무고사건: 말년에 병으로 눕게 된 무제武帝는 원인이 무고巫蠱
　　때문이라 믿고 강충江充에게 그 일을 다스리게 하였다. 강충이
　　자신과 반목反目하던 여태자戾太子를 무고하자, 태자가 먼저
　　군사를 일으켜 강충을 죽이고 장안성長安城에서 시가전을 벌였
　　으나 실패하여 자살하였다. 이때 황후皇后 위씨衛氏도 함께 자
　　살하였으며, 그 밖에 황손 2명이 살해되었다. 이듬해 차천추車
　　千秋의 상소를 통하여 태자의 잘못이 없음을 안 무제는 태자를
　　죽게 한 것을 후회하여 강충 일족을 참형시켰다.

34 |

≪古文尙書≫者, 出孔子壁中. 武帝末, 魯共王壞孔子宅, 欲以廣其宮, 而得≪古文尙書≫及≪禮≫·≪記≫·≪論語≫·≪孝經≫, 凡數十篇, 皆古字也. 共王往入其宅, 聞鼓琴瑟鐘磬之音, 於是懼, 乃止不壞. 孔安國者, 孔子後也. 悉得其書, 以考二十九篇, 得多十六篇. 安國[家][18]獻之, 遭巫蠱事, 未列於學官.【≪漢書≫ <藝文志>】

안: 29편은 <요전堯典>【지금의 <순전舜典> '신휘오전愼徽五典' 이하가 안에 있다.】·<고요모皐陶謨>【지금의 <익직益稷>이 안에 있다.】·<우공禹貢>·<감서甘誓>·<탕서湯

18 [家]: 본래 ≪한서≫에는 '家'가 없다. 그러나 공안국이 죽은 것은 태초연간太初年間(B.C. 104−B.C. 101) 이전의 일이고, 무고巫蠱 사건은 정화征和 2년(B.C. 91)에 일어났으니, 공안국이 ≪고문상서≫를 조정에 올릴 수 없다. 순열荀悅(후한後漢)의 ≪한기漢紀≫ <성제기成帝紀 이二>에 "武帝時, 孔安國家獻之, 會巫蠱事, 未列於學官.(무제 때, 공안국의 집안에서 그것을 조정에 올렸으나 무고사건을 만나 학관에 나열되지 못하였다.)"라고 하여 ≪한서≫에 '家'자가 탈락되어 있음을 알 수 있다. 여기에 근거하여 '家' 1자를 보충하였다. 이와 관련한 고증은 염약거閻若璩의 ≪상서고문소증尙書古文疏證≫, 주이존朱彝尊의 ≪폭서정집曝書亭集≫ 권58 <상서고문변尙書古文辨>, 왕명성王鳴盛의 ≪상서후안尙書後案≫, 심흠한沈欽韓의 ≪한서소증漢書疏證≫ 등에서 확인할 수 있다.

誓>·<반경盤庚>【3편이 1편으로 합쳐져 있다.】·<고종융일
高宗肜日>·<서백감려西伯戡黎>·<미자微子>·<목서
牧誓>·<홍범洪範>·<금등金縢>·<대고大誥>·<강고
康誥>·<주고酒誥>·<재재梓材>·<소고召誥>·<낙고
洛誥>·<다사多士>·<무일無逸>·<군석君奭>·<다방
多方>·<입정立政>·<고명顧命>【<강왕지고康王之誥>가
안에 있다.】·<여형呂刑>·<문후지명文侯之命>·<비서
費誓>·<진서秦誓>까지 도합 28편이다. 여기에 <서서書序>를
합하면 29편이 되어 ≪금문상서≫의 편수와 같으니, ≪사
기≫에서 이른바 '금문자今文字로 읽어냈다.'는 것이 이것
이다.

그 16편은 <순전舜典>·<골작汨作>·<구공九共>【후
에 9편으로 나누어진 듯하다. 그러므로 ≪상서정의≫에서 24편이라
고 하였다.】·<대우모大禹謨>·<익직益稷>·<오자지가五
子之歌>·<윤정允征>·<탕고湯誥>·<함유일덕咸有一
德>·<전보典寶>·<이훈伊訓>·<사명肆命>·<원명原
命>·<무성武城>·<여오旅獒>·<경명冏命>이니, ≪사
기≫에서 이른바 '자신의 가법家法을 일으켰으며, ≪일서逸
書≫ 10여 편을 얻었다.'는 것이 이것이다.

그러나 지금 전하는 25편에는, <중훼지고仲虺之誥>·<태갑太甲> 3편·<열명說命> 3편·<태서泰誓> 3편·<미자지명微子之命>·<채중지명蔡仲之命>·<주관周官>·<군진君陳>·<필명畢命>·<군아君牙> 16편은 있고, <골작汨作>·<구공九共>·<전보典寶>·<사명肆命>·<원명原命> 5편은 없다. <순전> 등 11편만은 한漢나라의 학자들이 전한 편목과 같으나, <순전>·<익직>은 또 모두 <요전>·<고요모>에서 분리되어 나왔으니, 별도의 1편이 있던 것은 아니다. 이미 편목篇目이 다르고 편수篇數도 다르니, 공자가 살던 오래된 집의 벽속에서 나온 책이 아님이 매우 분명하다.

공자가 살던 오래된 집의 벽속에서 실제로 얻은 ≪일서逸書≫가 이 25편보다 더 많았다면 반고班固[19]는 왜 '16

---

19 반고(32-92): 후한後漢 부풍扶風 안릉安陵 사람으로 자字는 맹현孟賢이다. 반표班彪의 아들로 아비의 유지遺志를 받들어 20여년에 걸쳐 ≪한서漢書≫를 저술했으나, <팔표八表>와 <천문지天文志> 등을 완성하지 못하고 죽었다. 그의 누이동생 반소班昭가 화제和帝의 명으로 반고를 이어 <팔표>와 <천문지>를 완성하여 1차로 ≪한서≫를 완결하였다. 후에 마융馬融의 형 마속馬續이 보완하여 ≪한서≫를 완성하였다.

편'이라고 하였으며, 사마천司馬遷[20]은 왜 또한 '10여 편'이라고 하였겠는가? 아마도 ≪위서僞書≫를 지은 자들이 58개의 편목이 있다는 것은 들었지만【유향劉向[21]의 ≪별록別錄≫에서 '58편'이라고 한 것은 아마 <반경>을 3편으로, <구공>을 9편으로 나누고, <강왕지고>를 <고명>에서 분리해 내고, 하내河內 지역의 여자가 바친 <위태서僞泰誓> 3편[22]을 더한 것이다.】 그 자세한 내용을 몰랐기 때문에, 이 25편을 위찬僞撰하면서 <순전>·<익직> 2편을 분리해 내어 그 58이라는 수에 맞춘 것이다. 애석哀惜하구나! 배우는 자들이 살펴보지 않음이여!

---

20 사마천(약 B.C. 145−B.C. 86): 전한前漢 좌풍익左馮翊 하양夏陽 사람으로 자字는 자장子長이다. 사마담司馬談의 아들로 아비의 뒤를 이어 태사령太史令이 되어 ≪사기史記≫를 쓰기 시작하였다. 후에 이릉李陵을 변호한 일로 하옥되어 궁형宮刑에 처해졌다가, 출옥 후 중서령中書令에 임명되어 ≪사기≫ 130권을 완성하였다.

21 유향(B.C. 77−B.C. 6): 후한後漢 패沛 사람으로 원명原名은 갱생更生, 자字는 자정子政이다. 황실에 있는 비부秘府의 여러 책을 교열하여 ≪별록別錄≫을 지었으며, 목록학目錄學의 비조鼻祖로 일컬어진다. ≪신서新序≫, ≪설원說苑≫, ≪열녀전列女傳≫ 등을 지었다.

22 <위태서> 3편: 전한前漢 무제武帝 말년에 하내河內 지역의 여자가 발견해 바친 <태서泰誓>를 말한다. 자세한 내용은 陳夢家, ≪尙書通論≫ <第1部 3章 2節 太誓後得>(北京:中華書局 2005) 참조.

按: 二十九篇者, <堯典>【今<舜典>'愼徽五典'以下在內】‧<皐陶謨>【今<益稷篇>在內】‧<禹貢>‧<甘誓>‧<湯誓>‧<盤庚>【三篇合爲一篇】‧<高宗肜日>‧<西伯戡黎>‧<微子>‧<牧誓>‧<洪範>‧<金縢>‧<大誥>‧<康誥>‧<酒誥>‧<梓材>‧<召誥>‧<洛誥>‧<多士>‧<無逸>‧<君奭>‧<多方>‧<立政>‧<顧命>【<康王之誥>在內】‧<呂刑>‧<文侯之命>‧<費誓>‧<秦誓>, 凡二十八篇, 幷<序>爲二十九篇, 與≪今文≫篇數同, ≪史記≫所謂'以今文讀之'者是也. 其十六篇, <舜典>‧<汩作>‧<九共>【後或分爲九篇, 故≪正義≫謂之二十四篇】‧<大禹謨>‧<益稷>‧<五子之歌>‧<允征>‧<湯誥>‧<咸有一德>‧<典寶>‧<伊訓>‧<肆命>‧<原命>‧<武城>‧<旅獒>‧<冏命>, ≪史記≫所謂'起其家, ≪逸書≫得十餘篇'者是也. 而今所傳二十五篇, 則有<仲虺之誥>‧<太甲>三篇‧<說命>三篇‧<泰誓>三篇‧<微子之命>‧<蔡仲之命>‧<周官>‧<君陳>‧<畢命>‧<君牙>, 十有六篇, 而無<汩作>‧<九共>‧<典寶>‧<肆命>‧<原命>, 五篇. 惟<舜典>等十有一篇, 與漢儒所傳篇目同, 而<舜典>‧<益稷>, 又皆自<堯典>‧<皐陶謨>分出, 非別有一篇. 篇目旣殊, 篇數亦異, 其非孔壁之書明甚. 使孔壁果得多此二十五篇, 班固何以稱爲十六篇, 司馬遷何以亦云十餘篇乎? 蓋撰≪僞書≫者聞有

五十八篇之目【劉向≪別錄≫云五十八篇, 蓋分<盤庚>爲三篇, <九
共>爲九篇, [別][23]出<康王之誥>, 而增河內女子之<僞泰誓>三篇也】,
不知其詳, 故撰此二十五篇, 而別出<舜典>・<益稷>二篇,
以當其數. 惜乎! 學者之不察也!

육증② 동한시대 ≪고문상서≫의 편수 [六證之二東漢古文篇數]

동한東漢 이후로 ≪고문상서≫를 전한 자는 두림杜
林[24]・가규賈逵[25]・마융馬融・정강성鄭康成 같은 학

---

23 [別]: 편정본編訂本에는 '別'자가 없으나, 교간본校刊本・통세본
通世本에 의거하여 '別'자를 보충하였다.

24 두림 (?-47): 후한後漢 부풍扶風 무릉茂陵 사람으로 자字는 백산
伯山이다. ≪창힐훈찬蒼頡訓纂≫, ≪창힐고蒼頡故≫를 지었으
나 모두 일실逸失되었다. 청淸 마국한馬國翰의 ≪옥함산방집일
서玉函山房輯佚書≫에 ≪창힐훈고蒼頡訓詁≫가 집일輯逸되어
있다.

25 가규 (30-101): 후한後漢 부풍扶風 평릉平陵 사람으로 자字는 양
도梁道이다. ≪춘추좌씨전해고春秋左氏傳解詁≫, ≪국어해고
國語解詁≫를 지었으나 모두 일실逸失되었다. 청淸 마국한馬國
翰의 ≪옥함산방집일서玉函山房輯佚書≫에 ≪춘추좌씨전해고
春秋左氏傳解詁 상・하≫, ≪춘추좌씨장경장구春秋左氏長經章
句≫, ≪국어해고國語解詁≫가 집일輯逸되어 있다.

자들인데, 분명하게 지목할 수 있는 것은 모두 29편 뿐이며, 금서今書 25편[26]은 전혀 없다.

自東漢以後, 傳≪古文尙書≫者, 杜林·賈逵·馬融·鄭康成諸儒, 歷歷可指, 皆止二十九篇, 竝無今書二十五篇.

두림은 무릉茂陵 사람이다. 칠서漆書[27]로 된 ≪고문상서≫ 1권을 얻었는데, 그것을 보물처럼 아꼈다. 괴로운 일을 만날 때마다 이 책을 부여잡으며 "고문학古文學이 여기서 끊어지겠구나!"라고 탄식하였다.

건무建武[28] 초에 두림이 동쪽으로 돌아오자, 광무제光武帝가 그를 불러 시어사侍御史를 제수하였다. 두림이 경사京師에 이르자 하남河南의 정흥鄭興[29]·동해東海의 위

---

26 금서 25편: 금서今書는 현재 통행하는 ≪상서≫를 말한다. 금서 25편은 <대우모大禹謨>에서 <경명冏命>까지 25편을 이른다.

27 칠서: 대쪽에 옻으로 글씨를 쓴 책이다.

28 건무: 후한後漢 광무제光武帝의 연호이다. 두림杜林이 시어사侍御史에 제수된 해는 건무 6년(30)이다.

29 정흥(?-?): 후한後漢 하남河南 개봉開封 사람으로 자字는 소공少贛이다. 고학古學을 좋아하였고, ≪좌씨左氏≫, ≪주관周官≫에 더욱 밝았으며, 역수曆數에 뛰어났다. ≪삼통력三統

굉衛宏[30]이 모두 추앙하여 복종하였다. 제남濟南의 서조徐兆[31]는 처음에는 위굉을 섬겼다가 나중에는 모두 다시 두림에게 배웠다. 두림이 자신이 얻은 ≪상서≫를 위굉에게 보여주며 "내가 서주西州에서 괴로운 일을 만날 때, 늘 이 고문학의 도道가 끊어질 것이라 생각하였으니, 동해의 위굉 · 제남의 서생徐生을 거듭 만나게 될 줄 어찌 생각이나 하였겠는가? 이 도는 땅에 떨어지지 않을 것이다!"라고 하였다. 【≪후한기≫ 〈광무제〉 제8권】

杜林, 茂陵人, 嘗得漆書≪古文尙書≫一卷, 寶愛之. 每遭

曆≫을 교정하였다. 신新의 왕망王莽 때, 유흠劉歆이 정흥을 소중히 여겼다. 광무제光武帝 건무建武 6년에 한漢나라에 투항하여 태중대부太中大夫에 제수되었다.

30 위굉 (?-?): 후한後漢 동해東海 사람으로 자字는 경중敬仲이다. 처음에는 사만경謝曼卿에게 ≪모시毛詩≫를 전수받아 ≪모시서毛詩序≫를 지었고, 나중에는 두림杜林에게 ≪고문상서≫를 전수받아 ≪훈지訓旨≫를 지었다. 전한前漢의 잡사雜事를 모아 ≪한구의漢舊儀≫를 지었으나 일실逸失되었다. 청淸 마국한馬國翰의 ≪옥함산방집일서玉函山房輯佚書≫에 ≪고문관서古文官書≫, 청淸 손성연孫星衍의 ≪평진관총서平津館叢書≫에 ≪한구의漢舊儀≫ 잔본殘本 2권이 집일輯逸되어 있다.

31 서조: ≪후한서後漢書≫ 〈두림전杜林傳〉에는 '徐巡'으로 되어 있다.

困阨, 握抱嘆息曰:"古文之學, 將絶於此邪!"建武初, 東歸,
徵拜侍御史. 至京師, 河南鄭興·東海衛宏, 皆推服焉. 濟
南徐兆, 始事衛宏, 後皆更從林學. 林以所得≪尙書≫示宏
曰:"林危阨西州時, 常以爲此道將絶也, 何意東海衛宏·
濟南徐生, 復得之邪? 是道不墜於地矣!"【≪後漢紀≫ <光武
帝> 第八卷】

부풍扶風의 두림이 ≪고문상서≫를 전하였다. 두림과
같은 고을의 가규는 '훈訓'을 짓고, 마융은 '전傳'을 지었으
며, 정현은 '주注' 를 달아 풀이하였다. 이를 계기로 ≪고문
상서≫가 마침내 세상에 드러났다.【≪후한서≫ <유림전>】

扶風杜林, 傳≪古文尙書≫. 林同郡賈逵爲之作訓, 馬融作
傳, 鄭玄注解, 由是≪古文尙書≫, 遂顯於世. 【≪後漢書≫
<儒林傳>】

≪상서≫ 11권【마융의 주석】, ≪상서≫ 9권【정현의 주석】,
≪상서≫ 11권【왕숙王肅[32]의 주석】. 후한後漢 부풍扶風의 두

32 왕숙(195−256): 삼국시대三國時代 위魏나라의 동해군東海郡 담
郯 사람으로 자字는 자옹子雍이며, 시호諡號는 경후景侯이다.
사마소司馬昭 부인의 아비이다. 가규賈逵·마융馬融 등과 사귀

림이 ≪고문상서≫를 전하였고, 같은 고을의 가규는 '훈
訓'을 짓고, 마융은 '전傳'을 지었으며, 정현도 '주注'를 달
았다. 그러나 전하는 것은 29편뿐이다. 【≪수서≫ <경적지>】

≪尙書≫十一卷【馬融注】, ≪尙書≫九卷【鄭玄注】, ≪尙
書≫十一卷【王肅注】. 後漢扶風杜林, 傳≪古文尙書≫, 同
郡賈逵爲之作訓, 馬融作傳, 鄭玄亦爲之注. 然其所傳唯
二十九篇. 【≪隋書≫ <經籍志>】

안: 왕망王莽[33]의 말기에 적미赤眉[34]들이 집을 불태우고
노략질하여 전적典籍이 거의 다 없어졌다. 이 때문에 두

면서 그들의 고문경학古文經學을 존숭하였고, 정현鄭玄에 대해
서는 고문古文을 세운 점은 인정하였지만, 금문설今文說을 채
용했다고 하여 ≪성증론聖證論≫을 지어 논박하였다. ≪서≫,
≪시≫, ≪삼례三禮≫, ≪좌전≫, ≪논어≫ 등을 주석하였는데
모두 일실逸失되었고, 청淸의 마국한馬國翰의 ≪옥함산방집일
서玉函山房輯佚書≫에 15종 20권이 집록輯錄되어 있다. ≪공자
가어孔子家語≫를 위찬僞撰하였다.

33 왕망(B.C. 45 - 23): 전한말前漢末 제남濟南 동평릉東平陵 사람으
로 자字는 거군巨君이다. 전한前漢 원제元帝의 왕후王后 왕씨王
氏 서모庶母의 동생 왕만王曼의 둘째 아들이다. 전한前漢을 무
너뜨리고 신新을 세웠다.

34 적미: 왕망王莽이 세운 신新의 말기에 일어난 농민반란이다. 눈
썹을 붉게 물들였기 때문에 '적미赤眉'라고 불렀다.

림이 죽음을 무릅쓰고 이 책을 지켜 후세에 전하였다. 그 29편은 바로 《사기》에서 이른바 '금문자今文字로 읽어 냈다.'는 것이니, <본기本紀>·<세가世家>에 인용된 것이 이것이다. 마융·정현이 모두 두림의 책을 전하였으나 29편뿐이었다.

그렇다면 <중훼지고仲虺之誥> 등 16편은 《고문상서》에 없는 것일 뿐만 아니라 <대우모大禹謨> 등 9편도 두림·가규가 전한 《고문상서》가 아니다. 만일 25편이 정말 공자가 살던 오래된 집의 벽속에서 나왔다면 경經·전傳 하나하나가 모두 온전하였을 것인데, 어찌 두림의 칠서漆書에 없으며 가규·마융·정현 같은 학자들이 모두 주석하지 않았겠는가? 그렇다면 25편은 결코 공안국이 얻은 공자가 살던 오래된 집의 벽속에서 나온 책이 아님이 분명하다.

按: 王莽之末, 赤眉焚掠, 典籍淪亡略盡. 是以杜林死守此書, 以傳於後. 其二十九篇者, 卽《史記》所謂'以今文讀之', <本紀>·<世家>之所引者是也. 馬·鄭皆傳杜林之書, 而止二十九篇. 然則非但<仲虺之誥>等十有六篇, 爲《古文》所無, 卽<大禹謨>等九篇, 亦非杜林·賈逵所傳之≪古文≫矣. 如果二十五篇出於孔壁, 經傳歷歷俱全, 何以杜林漆書無之, 賈·馬·鄭諸儒, 皆不爲之傳注乎? 然則二十五篇, 決非安國壁中之書明矣.

육증③ ≪위서≫의 문체 [六證之三僞書文體]

≪위서僞書≫로서 보태진 25편은 마융·정현이 예전부터 전한 31편과 비교해 보면 문체가 매우 다르니, 분명히 후세 사람이 지은 것이다.

≪僞書≫所增二十五篇, 較之馬·鄭舊傳三十一篇, 文體迥異, 顯爲後人所撰.

<대우모大禹謨>는 <고요모皐陶謨>와 비슷하지 않으며, 편말篇末의 맹서하는 말도 <감서甘誓>와 비슷하지 않다.

<大禹謨>, 與<皐陶謨>不類; 篇末誓詞, 亦與<甘誓>不類.

<오자지가五子之家>·<윤정胤征>은 경經·전傳에서

주워 모은 것이 많다. 그 위찬자僞撰者가 손수 지은 것은
모두 천박하고 비루하여 문리文理를 이루지 못하였다.

<五子之家> · <胤征>, 撫拾經傳爲多. 其所自撰, 則皆淺
陋, 不成文理.

<태서泰誓> 3편은 서체誓體[35]이다. 그러나 <탕서湯誓> · <목
서牧誓> · <비서費誓>와 모두 비슷하지 않다.

<泰誓>三篇, 誓也. 與<湯誓> · <牧誓> · <費誓>皆不類.

<중훼지고仲虺之誥> · <탕고湯誥> · <무성武成> · <주관
周官>은 모두 고체誥體[36]이다. 그러나 <반경盤庚> · <대고大
誥> · <다사多士> · <다방多方>과 모두 비슷하지 않다.

<仲虺之誥> · <湯誥> · <武成> · <周官>, 皆誥也. 與
<盤庚> · <大誥> · <多士> · <多方>皆不類.

<이훈伊訓> · <태갑太甲> 3편 · <함유일덕咸有一德> · <여

---

35 서체: 임금이 군대와 신하들에게 고하는 글이다.
36 고체: 훈계하는 글이다.

오旅獒〉는 모두 훈체訓體[37]이다. 그러나 〈고종융일高宗肜日〉·〈서백감려西伯戡黎〉·〈무일無逸〉·〈입정立政〉과 모두 비슷하지 않다.

〈伊訓〉·〈太甲〉三篇·〈咸有一德〉·〈旅獒〉, 皆訓也. 與〈高宗肜日〉·〈西伯戡黎〉·〈無逸〉·〈立政〉皆不類.

　〈열명說命〉·〈미자지명微子之命〉·〈채중지명蔡仲之命〉·〈군진君陳〉·〈필명畢命〉·〈군아君牙〉·〈경명囧命〉 9편은 모두 명체命體[38]이다. 그러나 〈고명顧命〉·〈문후지명文侯之命〉과 모두 비슷하지 않다.

〈說命〉·〈微子之命〉·〈蔡仲之命〉·〈君陳〉·〈畢命〉·〈君牙〉·〈囧命〉九篇, 皆命也. 與〈顧命〉·〈文侯之命〉皆不類.

안: 〈고요모皐陶謨〉는 문장이 고고하고 근엄하나, 〈대우모大禹謨〉는 문장이 평범하고 천박하다. 〈탕서湯

---

37 훈체: 타이르는 글이다.
38 명체: 임금의 정명政命의 글이다.

誓>·<목서牧誓>는 문장이 조화롭고 간명하고 적절하나, <태서泰誓> 3편은 문장이 장황하고 과격한데다 문법[章法]도 뒤섞여 어지럽다.

<반경盤庚> 등 여러 고체誥體는 까다로워 읽고 이해하기 힘든 가운데 완곡하고 간절한 뜻이 갖춰져 있으나, <중훼지고仲虺之誥> 등 세 고체誥體는 모두 쉽고 평이하다. <무성武成>만은 전하는 기록에서 따온 문장이 많아 비교적 옛 문체文體에 가까우나, 역시 뒤섞이고 어지러워 법도가 없다.

훈체訓體로서 상서商書에 있는 것은 간결하고 힘차고 절실하며, 주서周書에 있는 것은 자세하고 독실하고 진지하여, 현격하게 다른 두 가지 문체지만 저마다 그 오묘함을 다하였다.

<이훈伊訓>·<태갑太甲> 등 여러 편은 <고종융일高宗肜日>·<서백감려西伯戡黎>보다 수백여 년 전의 일인데도 그 글이 잡다하고 평이하여 <고종융일>·<서백감려>와는 참으로 매우 다르다. 그러나 주서周書 가운데 <여오旅獒>는 <이훈> 등의 편과 한 사람의 손에서 나온 듯한 것은 어째서인가?

명체命體의 글 9편에 이르러서는 천박하고 비루함이 더욱 심하여 <문후지명文侯之命>과 비교해 보아도 오히려 수준이 크게 떨어지는데, 하물며 <고명顧命>에 비교할 수 있겠는가? 또 31편 가운데 명체는 2편뿐이나, 25편은 명체가 그 아홉을 차지하고 있으니, 아마 명체의 글 가운데 서술할 만한 사적은 많이 없으나 일을 마무리하기가[完局] 쉽기 때문에 그렇게 많이 지은 것이 아니겠는가? 한번 이 25편과 31편을 가져다 나누어 읽어보고 합하여 비교해 보면 흑백이 명백하여 따질 필요도 없을 것이다.

유감스럽게도 세상의 배우는 자들이 어려서는 죽 이어서 읽다가 장성해서는 마침내 다시 분별하지 않고, 또 어느 것이 마융·정현이 전한 것인지, 어느 것이 진晉 이후에야 나온 것인지 모르는 이가 많다. 하물며 글의 수준을 비교하고 헤아려 진위眞僞를 분별하고자 한들, 이것을 반드시 판별[數]할 수 없을 것이다. 그 또한 한탄스럽다!

按: <皐陶謨>, 高古謹嚴; <大禹謨>, 則平衍淺弱. <湯>·<牧>二誓, 和平簡切; <泰誓>三篇, 則繁冗憤激, 而章法亦雜亂. <盤庚>諸誥, 詰曲聱牙之中, 具有委婉懇摯之意; <仲虺>三誥, 則皆淺易平直. 惟<武成>多摘取傳記之文, 較爲近

古, 然亦雜亂無章. 訓在商者, 簡勁切實, 在周者, 則周詳篤摯,
迥然兩體也, 而各極其妙. <伊訓>·<太甲>諸篇, 在<肜
日>·<戡黎>前數百餘年, 乃反冗泛平弱, 固已異矣. 而周書
之<旅獒>, 乃與<伊訓>等篇, 如出一手, 何也? 至於命詞九
篇, 淺陋尤甚, 較之<文侯之命>, 猶且遠出其下, 況<顧命>
乎? 且三十一篇中, 命止二篇, 而二十五篇, 命乃居其九, 豈非
因命詞中無多事跡可紋, 易於完局, 故爾多爲之乎? 試取此
二十五篇與三十一篇, 分而讀之, 合而較之, 則黑白判然, 無待
辨者. 無如世之學者, 自童子時, 卽連屬而讀之, 長遂不復分別,
且多不知其孰爲馬·鄭所傳, 孰爲晉以後始出者, 況欲其較量
高下, 分別眞僞, 此必不可得之數也. 其亦可歎也夫!

육증④ ≪사기≫에 인용된 ≪상서≫ [六證之四史記引尙書]

29편의 글은 ≪사기≫에 인용된 것이 매우 많으나, 금서今書 25편은 ≪사기≫에 인용된 것이 전혀 한마디도 없다.

二十九篇之文, ≪史記≫所引甚多, 竝無今書二十五

篇一語.

　　<오제본기五帝本紀>에는 <요전堯典>의 글이【<순전舜典> '신휘오전愼徽五典'이하가 안에 있다.】온전히 기록되어 있다.

<五帝本紀>, <堯典>之文【<舜典>'愼徽五典'以下在內】全載.

　　<하본기夏本紀>에는 <우공禹貢>·<고요모皋陶謨>【<익직益稷>이 안에 있다.】·<감서甘誓>의 글이 온전히 기록되어 있다. 그러나 ≪위서僞書≫의 <대우모大禹謨>·<오자지가五子之歌>·<윤정胤征> 3편은 그 한마디 말도 기록된 것이 없다.

<夏本紀>, <禹貢>·<皋陶謨>【<益稷>在內】·<甘誓>之文全載. ≪僞書≫之<大禹謨>·<五子之歌>·<胤征>三篇, 無載其一語者.

　　<은본기殷本紀>·<송세가宋世家>에는 <탕서湯誓>·<홍범洪範>【지금은 주서周書 안에 있다.】·<고종융일高宗肜

日>·<서백감려西伯戡黎>의 글이 온전히 기록되어 있다.
<미자微子>는 그 반이 기록되어 있고, <반경盤庚>은 대의
大意가 간략하게 기록되어 있다. 그러나 위상서僞商書는
모두 10편이나 되지만 그 한마디 말도 기록된 것이 없다.
<탕고湯誥>는 수십 마디 말이 꽤 기록되어 있으나, 바로 지
금의 《위서僞書》에는 없는 것이다.

<殷本紀>·<宋世家>, <湯誓>·<洪範>【今在周書中】·<高
宗肜日>·<西伯戡黎>之文全載. <微子>載其半, <盤庚>
略載大意. 僞商書, 凡十篇, 無載其一語者. <湯誥>頗載有數
十言, 乃今《僞書》所無.

　　<주본기周本紀>·<노세가魯世家>에는 <목서牧誓>·<금
등金縢>의 글이 온전히 기록되어 있다. <무일無逸>·<여
형呂刑>·<비서費誓>는 모두 그 반이 기록되어 있다. <다
사多士>·<고명顧命>【<강왕지고康王之誥>가 안에 있다.】은
대의大意가 간략하게 기록되어 있다. <연세가燕世家>에는
<군석君奭>이, <위세가衛世家>에는 <강고康誥>·<주고酒
誥>·<재재梓材>가, <진본기秦本紀>에는 <진서秦誓>가,
모두 대의가 간략하게 기록되어 있다. 그러나 위주서僞周書

는 12편이나 되지만 그 한마디 말도 기록된 것이 없다.

<周本紀>·<魯世家>, <牧誓>·<金縢>之文全載. <無
逸>·<呂刑>·<費誓>, 皆載其半. <多士>·<顧命>
【<康王之誥>在內】, 略載大意. <燕世家>之<君奭>, <衛世
家>之<康誥>·<酒誥>·<梓材>, <秦本紀>之<秦誓>,
皆略載大意. 僞周書, 十二篇, 無載其一語者.

안: ≪진고문상서眞古文尚書≫ 28편은 ≪사기≫에 그 글
이 온전히 기록된 것이 10편, 그 반이 기록된 것이 4편, 그
대의大意가 간략하게 기록된 것이 8편이며, 기록되지 않
은 것은 주서周書 6편뿐이다. 대체로 이 14편은 고체誥體
가 많은데 문장은 장황하지만 당시의 일과 연관된 경우가
드물기 때문에, 그 대략을 뽑아 기록하거나 마침내 기록
하지 않고 그대로 글을 생략하기도 하였다. 그러나 기록
한 것도 적다고 할 수는 없다.

   ≪위서僞書≫ 25편은 마침내 한 편도 기록된 것이 없으
니, 어째서인가? <고요모皐陶謨>는 기록되었는데, <대우
모大禹謨>는 어째서 도리어 기록되지 않았는가? <감서
甘誓>·<탕서湯誓>·<목서牧誓>는 모두 기록되었는데,

<진서秦誓>만은 어째서 기록되지 않았는가? <여형呂刑>
은 쇠퇴한 세상의 법인데도 기록되었고, <주관周官>은
나라를 새로 세우는 제도인데도 도리어 기록되지 않았다.
<무성武成>에 이르러서는 바로 무왕武王이 상商을 정벌
한 일을 기록한 것이니, 기록되지 않은 것을 더욱 받아들
일 수 없다.

그렇다면 사마씨司馬氏가 이 책을 본 적이 없음이 분
명하다. 저 사마천은 이미 ≪고문상서≫가 있음을 알았고
공안국에게 훈고訓詁[故]를 물었는데³⁹, 무엇 때문에 다
가져다 보지 않았겠는가? 공안국이 28편을 내어 사마천
에게 보여주었다면 사마천이 어찌 이 25편을 머뭇거리면
서 ≪사기≫에 쓰지 않고 몰래 감춰 사람들에게 보여주지
않겠는가? 그렇다면 이 25편의 책이 공안국에게서 나오
지 않았음은 분명히 쉽게 알 수 있다. 애석하구나! 후세의
학자들이 생각하지 못함이여!

按: ≪眞古文尙書≫二十八篇, ≪史記≫全載其文者十篇,

---

39 훈고를 물었는데: 사마천은 20대 후반까지 공안국에게 고문학古
文學을 배웠다. 그러므로 '훈고를 물었다.'는 것은 공안국에게
직접 ≪고문상서≫를 배웠다는 것을 말한다.

載其半者四篇, 略載其大意者八篇; 其未載者, 周書六篇而已. 蓋此十四篇者, 誥體爲多, 文詞繁冗而罕涉於時事. 故或摘其略而載之, 或竟不載, 從省文也. 然所載者, 亦不可謂少矣. ≪僞書≫二十五篇, 乃無一篇載者, 何也? <皐陶謨>載矣, <大禹謨>何以反不載? <甘誓>・<湯誓>・<牧誓>皆載矣, <秦誓>何以獨不載? <呂刑>, 衰世之法, 猶載之; <周官>, 開國之制, 而反不載. 至於<武成>, 乃紀武王伐商之事, 尤不容以不載. 然則司馬氏之未嘗見此書也, 明矣. 夫遷旣知有≪古文≫, 而從安國問故矣, 何以不盡取而觀之? 安國旣出二十八篇以示遷矣, 卽何吝此二十五篇, 而祕不以示也? 然則此二十五篇之書, 不出於安國, 顯然易見. 惜乎後儒之不思也!

육증⑤ ≪한서≫ <율력지>에 인용된 ≪일서≫ [六證之五漢書律曆志引逸書]

16편의 글은 ≪한서≫ <율력지>에 인용되었으나, 금서今書 25편과는 다르다.

十六篇之文, ≪漢書≫ <律歷志>嘗引之, 與今書二十五篇不同.

<이훈伊訓>에서 말하였다. "태갑太甲 원년元年 12월 을축乙丑 초하루에 이윤伊尹이 선왕先王에게 제사하고, 방명方明[40] 앞에서 목牧들에게 널리 물었다."【≪한서≫ <율력지>】

<伊訓篇>曰: "惟太甲元年, 十有二月, 乙丑朔, 伊尹祀于 先王, 誕資有牧方明."【≪漢書≫ <律歷志>】

<무성武成>에서 말하였다. "1월 임진壬辰 방사백旁死霸[41]의 다음날 계사일癸巳日에 무왕武王이 아침에 주周[42]로부터 가서 이에 주紂를 정벌하였다."

"3월 기사백旣死霸[43]에서 5일 지난 갑자일甲子日에 상

---

40 방명: 나무로 만든 네모꼴의 물건으로, 제사할 때 신체神體가 머무는 곳이다. 크기는 방方 4척이고, 동쪽은 청색靑色·서쪽은 백색白色·남쪽은 적색赤色·북쪽은 흑색黑色·위쪽은 현색玄色·아래쪽은 황색黃色을 칠하며, 위쪽은 규圭·아래쪽은 벽璧·남쪽은 장璋·서쪽은 호琥·북쪽은 황璜·동쪽은 규珪를 붙인다. 제후가 천자를 뵐 때, 12심尋(1심은 8척이다.)의 단壇을 만들고 그 위에 방명方明을 올려놓는다. 자세한 내용은 ≪의례儀禮≫ <근례覲禮> 참조.

41 방사백: 백霸은 옛날의 백魄자와 같으니, 달 둘레의 빛이 없는 부분이다. 매월 초이튿날을 이른다.

42 주: 여기서는 서주西周의 왕도王都 호경鎬京을 가리켜 말한 것이다.

43 기사백: 매월 그믐날을 이른다. 또는 매월 23일경부터 그믐까지

商나라 주왕紂王의 무리를 모조리 죽였다."

"4월 기방생백既旁生霸[44]에서 6일 지난 갑술일甲戌日에 무왕이 주周의 사당에서 료燎제사[45]를 지냈다. 다음날 신해일辛亥日에 천자의 자리에서 제사하였다. 5일 지난 을묘일乙卯日에 여러 제후국을 거느리고 주周의 사당에서 적敵의 수급首級을 바치고 제사하였다."【모두 위와 같다.】

<武成篇>: "惟一月壬辰, 旁死霸, 若翌日癸巳, 武王乃朝步自周, 于征伐紂." "粵若來三月, 既死霸, 粵五日甲子, 咸劉商王紂." "惟四月, 既旁生霸, 粵六日甲戌, 武王燎于周廟. 翌日辛亥, 祀于天位. 粵五日乙卯, 乃以庶國祀馘于周廟."【并同上】

≪상서일편尚書逸篇≫ 2권. ○≪상서일편≫은 제齊나라·양梁나라 사이에 나왔다. 그 편목篇目을 살펴보면 공자가 살던 오래된 집의 벽속에서 나온 책의 잔결본殘缺本인 듯하다. 그러므로 ≪상서≫의 끝 쪽에 덧붙였다.【≪수

의 기간을 이르기도 한다.

44 기방생백: 매월 17일을 이른다.

45 료제사: 섶을 태워 하늘에 올리는 제사이다.

서≫ <경적지>】

≪尙書逸篇≫二卷. ○≪尙書逸篇≫, 出於齊·梁之間. 考
其篇目, 似孔壁中書之殘缺者. 故附≪尙書≫之末.【≪隋
書≫ <經籍志>】

안: ≪한서≫ <율력지>에 인용된 <이훈伊訓>·<무성武成>의
글은 모두 금서今書의 <이훈>·<무성>과 다르니, 지금의
<이훈>·<무성>은 공안국이 얻은 공자가 살던 오래된 집
의 벽속에서 나온 책이 아님이 분명하다.

　<이훈>·<무성>이 이미 공자가 살던 오래된 집의 벽속
에서 나온 ≪고문상서≫가 아니라면 <대우모大禹謨> 등 7
편도 반드시 공자가 살던 오래된 집의 벽속에서 나온 ≪고
문상서≫가 아니다. 하물며 공자가 살던 오래된 집의 벽속
에 본래 없던 <중훼지고仲虺之誥> 등 16편에 있어서랴!

　대체로 복생의 ≪금문상서≫보다 더 많이 얻은 16편
은 글이 잔결되어 이해하기 어려운 곳이 많다. 그러므로
≪한서≫ <율력지>에서 간혹 증거로 인용한 것이 있으나
배우는 자들이 모두 외워 익힌 것이 드무니, 마융馬融이
이른바 '≪일서逸書≫ 16편은 스승으로부터 전해지는 학

설이 전혀 없다.'는 것이다. 이미 스승으로부터 전해지는
학설이 없다면 날이 갈수록 없어질 것이다. 이 때문에 수
隋나라에 이르러서는 겨우 2권만 남았으며, 당唐나라에
서 ≪위서僞書[46]≫를 가지고 인재를 선발함에 이르러서는
사람들이 더욱 다시 살펴보지 않아 마침내 이 2권마저도
없어져 버렸다.

이를 근거로 살펴보면 ≪상서일편尙書逸篇≫은 바로
마융의 '≪일서≫ 16편'이라는 것이며, 유흠劉歆[47] · 반고
班固가 인용한 <이훈> · <무성>의 글은 바로 공자가 살던
오래된 집의 벽속에서 나온 ≪진고문상서眞古文尙書≫
이며, 25편은 후세 사람이 위찬僞撰한 것임은 말할 필요
도 없다.

按: ≪漢≫<志>所引<伊訓> · <武成>之文, 皆與今書

---

46 위서: 여기서 말하는 ≪위서≫는 공영달孔穎達 등이 편찬한 오경
    정의五經正義 가운데 하나인 ≪상서정의尙書正義≫를 말한다.
47 유흠(?-23): 후한말後漢末 패沛 사람으로 유향劉向의 아들이
    다. 자字는 자준子駿이다. 후에 이름은 수秀, 자는 영숙穎叔으로
    고쳤다. ≪칠략七略≫을 지어 도서분류목록圖書分類目錄을 만
    들었는데, 그 주요내용이 ≪한서漢書≫ <예문지藝文志>에 들
    어 있다. ≪삼통력보三統曆譜≫를 지었다. 명대明代의 집본輯本
    ≪유자준집劉子駿集≫이 있다.

<伊訓>·<武成>不同, 則今之<伊訓>·<武成>, 非孔
安國壁中之書, 明矣. <伊訓>·<武成>, 既非孔壁≪古
文≫, 則<大禹謨>等七篇, 亦必非孔壁≪古文≫矣. 況
<仲虺之誥>等十有六篇, 乃孔壁之所本無者乎! 蓋所得多
之十六篇, 文多殘缺雜解. 故≪漢≫<志≫雖間有徵引, 而
學者皆罕所誦習, 馬融所謂'≪逸≫十六篇, 絶無師說'者也.
旣無師說, 則日益以湮沒, 是以迨隋僅存二卷; 至唐以≪僞
書≫取士, 人益不復觀覽, 遂幷此二卷而亡之耳. 由是觀
之, ≪尙書逸篇≫, 卽馬融之'≪逸≫十六篇', 劉歆·班固
所引<伊訓>·<武成>之文, 此乃孔壁之≪眞古文≫, 而
二十五篇, 爲後人所僞撰, 不待言矣.

육증⑥ 동한·오·진나라의 학자들이 말한 ≪일서≫ [六證之六東漢吳晉諸儒道逸書]

동한東漢에서 오몼나라·진晉나라까지 수백여 년 동
안 ≪상서≫를 주석한 학자로서 이 25편을 본 자는 한
사람도 없었다.

自東漢逮於吳·晉數百餘年, 注≪書≫之儒, 未有一

人見此二十五篇者.

≪상서≫에서 말하였다. "하늘이 하민下民을 내고서 임금을 세워주고 스승을 세워줌은 그들이 상제上帝를 도와 백성을 다스리기 때문에 은총을 내려 임금과 스승의 책무를 맡긴 것이다. 사방에 죄가 있든 죄가 없든 그 죄가 나에게 달려 있으니, 천하에 누가 감히 그 뜻을 넘는 자가 있겠는가?"[48]

주석: "≪서書≫는 ≪상서≫의 없어진 편이다."【조기[49],

---

48 하늘이……있겠는가: 조기趙岐는 다음과 같이 풀이하였다. "하늘이 하민을 내고서 임금을 세워주고 스승을 세워줌은 그들이 하늘을 도와 백성을 다스리기 때문에 은총을 내려 임금과 스승의 책무를 맡긴 것임을 말한다. 사방이 선하든 악하든 모두 자기에게 달려 있음은 ≪논어≫〈요왈堯曰〉의 이른바 '나 한 사람에게 달려 있다.'는 것이니, 천하에 누가 감히 그 뜻을 넘는 자가 있겠는가. [言天生下民, 爲作君, 爲作師, 以助天光寵之也. 四方善惡皆在己, 所謂在予一人, 天下何敢有越其志者也.]"(趙岐(後漢), ≪孟子註≫〈梁惠王 下〉) '助天光寵'은 '寵'을 '尊居'로 본 초순焦循의 견해를 따라 풀이하였다. 또 참고로 ≪상서≫ 원문의 '惟我在'는 '我'를 '君師', '在'를 '察'로 보아 '우리 임금과 스승이 그것을 살펴본다.'라고 풀이하였다. (焦循(淸), ≪孟子正義≫)

49 조기 (?−201): 후한後漢 장릉長陵 사람으로 본명은 가가嘉, 자字는 대경臺卿이다. 후에 이름을 기岐, 자를 빈경邠卿이라 고쳤다. ≪맹자장구孟子章句≫, ≪삼보결록三輔決錄≫ 등을 지었다.

≪맹자주≫】

≪書≫曰: "天降下民, 作之君, 作之師, 惟曰其助上帝
寵之. 四方有罪無罪, 惟我在; 天下曷敢有越厥志?" 註:
"≪書≫, ≪尙書≫逸篇也." 【趙岐≪孟子註≫】

　≪상서≫에서 말하였다. "탕왕湯王이 첫 번째 정벌을
갈葛나라부터 시작하였다."

　≪상서≫에서 말하였다. "우리 임금을 기다리니, 임금
이 오면 다시 살아나겠지!"

　주석: "이 2편은 모두 ≪상서≫의 없어진 편의 글이다."
【위와 같다.】

≪書≫曰: "湯一征, 自葛始." ≪書≫曰: "徯我后, 后來其
蘇!" 註: "此二篇, 皆≪尙書≫逸篇之文也." 【同上】

　≪상서≫에서 말하였다. "큰물[洚水]이 나를 경계시킨
다."

　주석: "≪상서≫의 없어진 편이다." 【위와 같다.】

≪書≫曰: "洚水警余." 註: "≪尙書≫逸篇." 【同上】

　　<열명兌命>에서 말하였다. "생각함에 처음부터 끝까지 학문에 근간을 두어야 한다."

　　주석: "열兌은 당연히 열說자의 잘못이다. 고종高宗[50]이 꿈에서 부열傳說[51]을 보고 그를 찾아 얻고서 <열명> 3편을 지었다. ≪상서≫에 있었다. 그러나 지금은 없어졌다."【정강성, <학기주>】

<兌命>曰: "念終始典于學." 註: "兌, 當爲說字之誤也. 高宗夢傳說, 求而得之, 作<說命>三篇, 在≪尙書≫. 今亡."
【鄭康成<學記註>】

　　<군진君陳>에서 말하였다. "너에게 좋은 계책과 좋은 도리가 있거든 조정朝廷에 들어와 안에서 네 임금에게 아뢰고, 너는 조정의 밖에서 그것을 순히 행하면서 '이 계책과 도리는 우리 임금의 덕이다.'라고 하라. 아아! 이렇게 할 때 임금의 덕이 잘 드러날 것이다."

---

50 고종: 은殷나라의 20대 국군國君 무정武丁의 묘호廟號이다.

51 부열(?-?): 이름을 '兌'로도 쓴다. 은殷 고종高宗 때의 현명한 재상이다. 고종이 꿈에서 성인聖人을 보고는 기억을 더듬어 인상을 그리게 하여 찾았다. 부암傳巖에서 담장을 쌓는 일을 하는 노예였다고 한다.

주석: "군진君陳은 주공周公의 아들이자 백금伯禽의 아우이다. <군진>이라는 편명篇名이 ≪상서≫에 있었다. 그러나 지금은 없어졌다."【정강성, <방기주>】

<君陳>曰: "爾有嘉謀嘉猷, 入告爾君於內; 女乃順之於外, 曰: '此謀此猷, 惟我君之德.' 於乎, 是惟良顯哉!" 註: "君陳, 蓋周公之子, 伯禽弟也. 名篇在≪尙書≫. 今亡."【鄭康成<坊記註>】

<윤고尹吉>에서 말하였다. "나 윤尹은 몸소 탕왕湯王과 모두 같은 덕德이 있었다."

주석: "길吉은 고告가 되어야 한다. 고告는 옛 글자인 고誥의 오자이다. <윤고>는 이윤伊尹이 훈계하는 글[誥]이다. <서서書序>에서는 <함유일덕咸有一德>이라고 하였다. 그러나 지금은 없어졌다."【정강성, <치의주>】

<尹吉>曰: "惟尹躬及湯, 咸有一德." 註: "吉, 當爲告. 告, 古文誥字之悞[52]也. <尹吉>, 伊尹之誥也. <書序>以爲<咸有一德>. 今亡."【鄭康成<緇衣註>】

---

52 悞: 편정본編訂本 · 교간본校刊本 · 통세본通世本 모두 '悞'로 되어 있으나, 십삼경주소본十三經注疏本에는 '誤'로 되어 있다.

하서夏書에 이런 말이 있다. "백성은 좋은 임금이 아니
면 누구를 떠받들겠는가? 임금은 백성이 아니면 함께 나
라를 지킬 사람이 없다."

주석: "하서는 ≪일서逸書≫이다."【위소[53], <국어주>[54]】

夏書有之曰: "衆非元后, 何戴? 后非衆, 無與守邦." 註: "夏
書, ≪逸書≫也."【韋昭<國語註>】

하서夏書에서 말하였다. "쉼 없이 경계하고, 위형威刑
으로 다스리고, <구가九歌>로 권면하여 구공九功[55]의 덕
을 무너뜨리지 않도록 하라!"

주석: "≪일서≫이다."【두예[56], ≪춘추좌전집해≫[57]】

---

53 위소(204−273): 삼국시대三國時代 오吳나라의 운양雲陽 사람으
　　로 자字는 홍사弘嗣이다. ≪효경≫, ≪논어≫, ≪국어國語≫ 등
　　에 주석하였다.

54 ≪국어國語≫ 권1 <주어周語 상上> 양왕사소공과급내사과사진
　　혜공명조襄王使邵公過及內史過賜晉惠公命條에 나온다.

55 구공: 육부六府(수수水·화화火·금금金·목목木·토토土·곡곡穀)와 삼사
　　三事(정덕正德·이용利用·후생厚生)를 말한다.

56 두예(222−284): 서진西晉의 경조京兆 두릉杜陵 사람으로 자字는
　　원개元凱이다. ≪춘추좌씨전집해春秋左氏傳集解≫를 지었다.

57 ≪춘추좌씨전≫ 문공文公 7년 진극결언어조선자조晉郤缺言於趙
　　宣子條에 나온다.

夏書曰: "戒之用休, 董之用威, 勸之以<九歌>, 勿使壞!"
註: "≪逸書≫."【杜預≪春秋左傳集解≫】

하서夏書에서 말하였다. "주인遒人(명령을 선포하는 관
원)이 목탁을 흔들며 길을 돌면서 '관사官師[58]는 서로 경계
하고 공인工人은 기예技藝를 가지고 간하라.'고 한다."

주석: "≪일서≫이다."【위와 같다.[59]】

夏書曰: "遒人以木鐸徇于路, '官師相規, 工執藝事以
諫.'" 註: "≪逸書≫."【同上】

주서周書에서 말하였다. "황천皇天은 친하게 여기는
사람이 없고, 덕德이 있는 사람을 도와줄 뿐이다."

주석: "주서는 ≪일서≫이다."【위와 같다.[60]】

周書曰: "皇天無親, 惟德是輔." 註: "周書, ≪逸書≫."【同上】

---

58 관사: 관사官司의 장長이다.
59 ≪춘추좌씨전≫ 양공襄公 14년 사광시어진후조師曠侍於晉侯條
   에 나온다.
60 ≪춘추좌씨전≫ 희공僖公 5년 진후부가도어우이벌괵조晉侯復
   假道於虞以伐虢條에 나온다.

　　이상 열 가지 항목이 모두 지금의 ≪위서僞書≫에 보이
는데, 조기趙岐・정현鄭玄・위소韋昭・두예杜預 같은 학
자들이 모두 주석에서 '≪일서≫'라고 하거나, '지금은 없
어졌다.[今亡]'라고 하였다. 그렇다면 한漢나라에서 진晉
나라까지 한 사람도 이 책을 본 사람은 없다. 한 사람도 이
책을 본 사람이 없다면 이 책이 공안국孔安國에게서 나오
지 않았음이 분명하다. 이 네 가지 책[61]에 인용된 ≪상서≫
의 글이 매우 많으나 다 기록할 수 없어, 우선 이상의 몇 가
지 항목을 제시하여 그 대강을 소개하였다.

右十則, 皆見於今≪僞書≫, 而趙・鄭・韋・杜諸儒, 皆註
以爲≪逸書≫, 或云 '今亡.' 然則自漢逮晉, 無一人之見此
書也. 無一人見此書, 則此書不出於安國明矣. 此四書中所
引≪尙書≫之文尙多, 不可悉載; 姑擧數則, 以見其凡.

　　공씨孔氏(공영달)의 ≪상서정의≫에서 말하였다. "유
향劉向은 ≪별록別錄≫을 지었고 반고班固는 <예문지藝
文志>를 지었으나, 모두 ≪공안국상서전孔安國尙書傳≫

---

61 네 가지 책: 조기趙岐의 ≪맹자주孟子註≫, 정현鄭玄의 ≪예기주
　　禮記註≫, 위소韋昭의 ≪국어주國語註≫, 두예杜預의 ≪춘추좌
　　씨전집해春秋左氏傳集解≫를 말한다.

을 보지는 못하였다. 유흠劉歆이 ≪삼통력三統曆≫을 지
으며 <태서泰誓> · <무성武成>을 인용하였으나, 모두 공
안국의 전傳과 다르다. 가규賈達의 <주상서소奏尚書疏>
도 공안국의 전傳과 다르다. 마융馬融의 <서서書序>에
'경經 · 전傳에서 인용된 <태서>는 지금의 <태서>에 이런
글이 전혀 없다.'고 하였고, 또 '≪일서逸書≫ 16편은 스승
으로부터 전해지는 학설이 전혀 없다.'고 하였으니, 마융
도 보지 못한 것이다. 복건服虔[62] · 두예杜預는 ≪좌전左
傳≫의 '난기기강亂其紀綱(그 기강을 어지럽혔다.)'[63]을 주

---

62 복건(?-?): 후한後漢 하남河南 형양滎陽 사람으로 초명初名은
   중중重 · 지지祗, 자字는 자신子愼이다. ≪춘추좌씨전해의春秋左
   氏傳解誼≫를 지었으나 일실逸失되었다. 청淸 마국한馬國翰의
   ≪옥함산방집일서玉函山房輯佚書≫에 집본輯本이 있다.

63 난기기강: ≪춘추좌씨전≫ 애공哀公 6년 초소왕유질조初昭王
   有疾條에서 하서夏書를 인용한 공자孔子의 논평에 나오는 말
   이다. ≪춘추좌씨전≫에 "夏書曰: '惟彼陶唐, 帥彼天常, 有此冀
   方, 今失其行, 亂其紀綱, 乃滅而亡.' 又曰: '允出玆在玆.' (하서에
   '저 도당陶唐(제요帝堯)으로부터 저 하늘의 상도常道를 준순
   遵循하여 이 기주冀州 지방을 소유하였는데, 이제 그 도道를 잃
   고 그 기강紀綱을 어지럽혀 이에 멸망하였다.'고 하고, 또 '진실
   로 이런 일이 생기는 것은 나에게 달렸다.'고 하였다.)"라고 하
   였는데, 복건服虔과 두예杜預는 모두 '≪逸書≫', '夏桀也', '夏桀
   之時'라고 주석하였다. (服虔(後漢), ≪春秋左氏傳解誼≫ · 杜預
   (西晉), ≪春秋左氏傳集解≫)

석하면서 모두 '하夏 걸왕桀王 때의 일이다.'라고 하였으
니, 복건 · 두예 모두 보지 못한 것이다. 정현도 보지 못하
였기 때문에, <중훼지고仲虺之誥> · <태갑太甲> · <열명
說命> 같은 편은 현재 있는데도 '없어졌다'고 하고, <골작
汨作> · <전보典寶> 등 13편은 현재 없는데도 '이미 일실
되었다.'고 하였으니, ≪고문상서≫를 보지 못한 것이다."

내 생각은 다음과 같다. 공안국 이후로 학식이 넓은 사
람은 서한西漢에서는 유향 · 유흠보다 뛰어난 자가 없으
며, 동한東漢에서는 조기 · 반고 · 가규 · 마융 · 복건 · 정
현보다 뛰어난 자가 없으며, 오吳나라 · 진晉나라에서는
위소 · 두예보다 뛰어난 자가 없다. 이런 몇 사람들이 모
두 보지 못하였는데, 천하에 어찌 다시 이 책을 본 사람이
있겠는가? 가령 공안국이 정말로 이 책을 가지고 있었다
면 한 사람이 우연히 보지 못해 빠뜨릴 수는 있으나, 반드
시 400여 년 동안 학식과 견문이 매우 넓은 사인士人으로
서 끝내 한 사람도 못 볼 이치는 없다. 그렇다면 당시에도
원래 이 책이 없었고, 이 책은 후세 사람이 위찬僞撰한 것
임은 말할 필요도 없다.

孔氏≪正義≫云: "劉向作≪別錄≫, 班固作<藝文志>, 竝

不見≪孔傳≫. 劉歆作≪三統歷≫, 引<泰誓>·<武成>,
並不與孔同. 賈逵<奏尙書疏>, 與孔亦異. 馬融<書序>云:
‘經傳所引<泰誓>, <泰誓>並無此文.’ 又云: ‘≪逸≫十六
篇, 絶無師說.’ 是融亦不見也. 服虔·杜預註≪左傳≫‘亂
其紀綱’, 並云: ‘夏桀時作.’ 服虔·杜預皆不見也. 鄭玄亦
不見之, 故<仲虺之誥>·<太甲>·<說命>等篇, 見在而云
亡, 其<汨作>·<典寶>等十三篇, 見亡而云已逸, 是不見
≪古文≫也.” 余案: 自孔安國以後, 學之博者, 西漢無過
向·歆, 東漢無過趙·班·賈·馬·服·鄭, 吳·晉無過
韋·杜. 之數人者皆不見, 天下豈復有見此書者? 藉令安國
果有此書, 一人偶未之見, 遺之可也, 必無四百年中博學多
聞之士, 竟無一人見之之理. 然則當時原無此書, 而此書爲
後人所僞撰, 不待言矣.

≪위서≫를 전한 자들이 스스로 풀이한 다섯 가지 설 [傳僞書者之自解五說]

이 여섯 가지 단서에 근거하여 살펴보면, 이 25편은 바
로 후세 사람이 위찬한 것이지 공자가 살던 오래된 집의
벽 속에서 나온 책이 아님은 현명한 사람의 도움 없이도

알 수 있다. 그러나 수隋나라 · 당唐나라 이래로 배우는
자들이 모두 그것을 믿어 의심하지 않은 것은 어째서인
가? 대체로 ≪위서僞書≫를 전하는 자가 사람들이 믿지
않을까 염려하여 교묘하게 글을 짓고 자세하게 풀이하였
으며, 배우는 자들이 다시 그 본말[源委]을 살피지 않고
대번에 믿어 실제 그렇다고 여겼기 때문이다. 그 학설은
대체로 다섯 가지가 있다.

첫째, '마융 · 정현이 전한 것은 바로 ≪금문상서≫지
≪고문상서≫가 아니다. 그러므로 복생伏生이 전수한
≪상서≫의 편수와 같고 25편은 없다.'는 것이다. 이 때문
에 배우는 자들이 마침내 참으로 31편을 ≪금문상서≫라
여기고 다시는 이 책이 뒤늦게 나온 가짜임을 의심하지
않았다.

둘째, '≪금문상서≫는 바로 복생의 딸이 말로 전수해
준 것으로 제齊 지방의 말을 분명하게 이해하기 어려웠기
때문에 조조晁錯[64]가 뜻으로 계속해서 읽은 것이다. 그러
므로 까다롭고 이해하기 어려운 곳이 많아 평이한 25편과

---

64 조조(B.C. 200−B.C. 154): 성姓을 '鼂'로도 쓴다. 전한前漢 영천潁
　　川 사람이다.

같지 않다.'는 것이다. 이 때문에 배우는 자들이 마침내 참
으로 31편을 말로 전수한 것이라 여기고 다시는 이 책의
문체가 25편과 비슷하지 않음을 의심하지 않았다.

셋째, '≪한서≫에 장패張霸가 ≪백량편百兩篇≫을
위작僞作한 사건 하나[65]가 있기 때문에, 마침내 ≪한서≫
<예문지藝文志>에 실려 있는 「공안국이 더 얻은 편목篇
目」은 바로 장패가 위작한 책의 편목이요, 인용한 <이훈
伊訓>·<무성武成>의 글은 바로 장패가 위작한 책의 글
이라고 무고했다.'는 것이다. 이 때문에 배우는 자들이 마
침내 동진東晉 이후에 나온 것이 진짜가 아님을 다시는

---

65 장패가……사건 하나: ≪한서漢書≫ 권88 <유림전儒林傳 공안
국孔安國>에 다음과 같은 기사가 있다. "세상에 전하는 ≪백량
편≫은 동래東萊의 장패에게서 나왔다. 29편을 나누고 쪼개고
합하여 수십 편을 만들고, 또 ≪춘추좌씨전≫·≪서서書敍≫
(≪상서≫의 대서大序와 소서小序)에서 채록하여 연결해 놓았
으니, 모두 201편이었다. 편에서 간혹 몇 줄은 문의가 천박하고
고루하였다. 성제 때에 ≪상서≫의 고문을 전공한 자를 찾고 있
었는데, 장패가 ≪백량편≫을 잘 만들었다 하여 부름을 받았으
나, 비부秘府에 보관되어 있는 책[中書]으로 교정해보니 옳지
않았다.[世所傳≪百兩篇≫者, 出東萊張霸, 分析合二十九篇以爲
數十, 又采≪左氏傳≫·≪書敍≫爲作首尾, 凡百二篇. 篇或數簡,
文意淺陋. 成帝時求其古文者, 霸以能爲≪百兩≫徵, 以中書校之,
非是.]"

의심하지 않고, 도리어 서한西漢 때 얻은 것을 가짜라고
하였다.

넷째, '≪한서≫에 있는 「무제武帝 말까지 학관에 나열
되지 않았다.」는 한마디 말[66]로 인하여, 마침내 한漢 왕조
가 끝날 때까지 학관에 나열되지 않았기 때문에, 세상에
널리 퍼지지 않아 학자들이 모두 보지 못하였다고 무고했
다.'는 것이다. 이 때문에 배우는 자들이 마침내 이 책이
진晉나라 이후의 책임을 다시는 의심하지 않고, 도리어
사마천·조기·정현·위소·두예 같은 학자들이 학문한
적이 없다고 하였다.

더욱 기망하는 자들에 이르러서는 ≪상서정의≫에
서 ≪진서晉書≫를 인용하여 "황보밀皇甫謐[67]이 고종사
촌[姑子] 양류梁柳가 태수太守로 있던 곳[68]의 변경에서

---

66 무제 말까지……한마디 말: ≪한서漢書≫ 권30 <예문지藝文志>
　　에 나온다. 자세한 내용은 이 책 p33-34 참조.

67 황보밀(215-282): 서진西晉 안정安定 조나朝那 사람이다. 자字
　　는 사안士安, 어렸을 때의 이름은 정정靜, 스스로 현안선생玄晏
　　先生이라 불렀다. ≪제왕세기帝王世紀≫, ≪고사전高士傳≫,
　　≪일사전逸士傳≫, ≪열녀전列女傳≫ 등을 지었고, 중국최초의
　　침구서針灸書 ≪침구갑을경針灸甲乙經≫ 등을 지었다.

68 양류가 태수로 있던 곳: ≪진서晉書≫ 권51 <황보밀열전皇甫謐
　　列傳>에 의하면, 양류는 성양城陽의 태수를 지냈다.

≪고문상서≫를 얻었다. 그러므로 ≪제왕세기帝王世紀≫를 지을 때 종종 ≪공안국상서전孔安國尙書傳≫ 58편의 글을 실었다.”고 하였고, 또 ≪진서≫를 인용하여 “진晉나라의 태보공太保公 정충鄭冲[69]이 ≪고문상서≫를 부풍扶風의 소유蘇愉[70]에게 전수하였다. 소유의 자字는 휴예休預이다. 휴예는 천수天水의 양류梁柳에게 전수하였다. 양류의 자는 홍계洪季로 황보밀의 사촌동생이다. 홍계는 성양城陽의 장조臧曹에게 전수하였다. 장조의 자는 언시彦始이다. 언시는 군수의 아들 여남汝南의 매색梅賾[71]에게 전수하였다. 매색의 자는 중진仲眞이다. 매색이 또 예장내사豫章內史가 되었고, 마침내 전진前晉의 조정에 그 책을 올려 시행되었다.”고 하였다.[72]

---

69 정충(?-274): 서진西晉 형양榮陽 개봉開封 사람으로 자字는 문화文和, 시호諡號는 성성成成이다. 하안何晏 등과 함께 ≪논어집해論語集解≫를 지었다.

70 소유(?-?): 삼국시대三國時代 위魏나라의 부풍扶風 무공武功 사람으로 자字는 휴예休預(休豫라고도 씀)이다.

71 매색(?-?): ‘매이梅頤’ 또는 ‘매이枚頤’라고도 한다. 동진東晉 여남汝南 서평西平 사람으로 자字는 중진仲眞이다. ≪고문상서≫ 및 ≪상서공씨전尙書孔氏傳≫을 위조하여 조정에 바쳤다. 영군사마領軍司馬·예장태수豫章太守를 지냈다.

72 ≪상서정의≫에서……하였다: 공영달이 소疏에서 인용한 두

이 때문에 배우는 자들이 마침내 이 25편을 참으로 전수
된 것이 있다고 여겨 후세 사람의 위찬임을 다시는 의심
하지 않았으니, 자허子虛·오유烏有의 일[73] 아님이 없음

≪진서晉書≫는 지금 이십오사二十五史에 들어 있는 당대唐代
방현령房玄齡 등이 편찬한 ≪진서≫에는 없는 내용이다. 진몽
가陳夢家는 ≪사고전서총목제요四庫全書總目提要≫를 인용하
여 공영달이 인용한 ≪진서≫는 남제南齊 장영서藏榮緖가 편찬
한 것이라고 하였다.(≪尙書通論≫ <第4部 尙書補述 孔傳本出現
的時代>(北京:中華書局 2005))

　　그러나 최술은 청 이불李紱의 "당唐나라 초기에 ≪진서≫는
비록 7가家가 있었으나, 어제서御製書(≪어제진서御製晉書≫
를 말한다.-譯者)가 나오자 나머지에는 반드시 지은이의 이
름을 일컬었다. ≪상서정의≫에서 인용한 것에는 '아무개의
≪진서≫'라고 일컫지 않았으니, 반드시 ≪어제진서≫일 것이
다. 또 ≪어제진서≫는 정관貞觀 연간에 완성되었고, ≪당서唐
書≫ <유학전儒學傳>에서 ≪상서정의≫는 영휘永徽 연간에 우
지녕于志寧 등이 교정하여 비로소 천하에 반포하였다고 하였으
니, ≪상서정의≫는 본래 당연히 ≪어제진서≫를 인용한 것이
지 다른 ≪진서≫를 인용한 것이 아니다." 라고 한 말을 받아들
여 '≪위서僞書≫를 전한 자들이 이 말을 가설假設하여 당시를
속였고, 공영달이 도청도설道聽塗說인데도 다시 조사하지 않고
소疏에 넣은 것으로 말할 가치도 없는 것'이라고 하였다.(本書
권2 <李巨來書古文尙書冤詞後補說> 참조)

73 자허·오유의 일: 전한前漢 사마상여司馬相如의 <자허부子虛
賦>에 등장하는 자허子虛·오유선생烏有先生·망시공亡是公
은 모두 가공인물이고, 문답한 일들도 모두 가공의 이야기이다.
'자허·오유'는 실제로 존재하지 않는 허구의 인물, 또는 그러
한 일을 비유하는 말이다.

을 어찌 알겠는가?

　아아! ≪한서漢書≫·≪후한서後漢書≫·≪진서晉書≫·
≪수서隋書≫는 분명하게 보고 들을 수 있으니, 천하의 비서
秘書로 세상에서 흔히 볼 수 없는 것이 아니다. 그런데 왜 모
두 듣지도 보지도 못한 것처럼 거짓된 설만을 옳다고 믿는가?
그러므로 지금 다시 ≪한서≫·≪진서≫ 등의 글로서 그 거
짓을 증명할 수 있는 것을 채집하여 아래와 같이 나열하니, 배
우는 자들은 하나하나 검증[核]해야 할 것이다.

據此六端觀之, 此二十五篇者, 乃後人所僞撰, 非孔壁中之
書, 不待明者而知之矣. 然自隋·唐以來, 學者皆信之而不
疑, 何也? 蓋緣傳≪僞書≫者, 恐人之不之信, 巧爲之詞, 曲
爲之解, 學者不復考其源委, 遽信以爲實然故也. 其說大抵
有五. 其一, 謂馬·鄭所傳, 乃≪今文≫, 非≪古文≫, 故
與伏生之篇數同, 而無二十五篇. 由是學者遂眞以三十一
篇爲≪今文≫, 而不復疑此書晚出之非眞矣. 其二, 謂≪今
文≫乃伏生之女所口授, 因齊音難曉, 而晁錯以意屬讀之
者, 故多難澁難解, 不若二十五篇平易. 由是學者遂眞以
三十一篇爲口授, 而不復疑此書文體之不類矣. 其三, 因
≪漢書≫有張霸僞作≪百兩篇≫一事, 遂誣≪漢≫〈志〉
所載安國多得篇目, 乃霸僞書之目, 所引〈伊訓〉·〈武成〉

篇文, 乃覇僞書之文. 由是學者遂不復疑東晉以後出者非
眞, 而反謂西漢之時得者爲僞矣. 其四, 因《漢書》有‘武
帝末未列學官’一語, 遂誣終漢之世, 不列學官, 以故不行
於世, 儒者皆不之見. 由是學者遂不復疑此書爲晉以後之
書, 而反謂司馬·趙·鄭·韋·杜諸儒, 爲未嘗學問矣. 至
其尤誣妄者, 《正義》引《晉書》云: "皇甫謐於姑子梁柳
邊, 得《古文尚書》, 故作《帝王世紀》, 往往載《孔傳》
五十八篇之書." 又引《晉書》云: "晉太保公鄭冲以《古
文》授扶風蘇愉, 字休預. 預授天水梁柳, 字(宏) [洪][74]季,
卽謐之外弟也. 季授城陽臧曹, 字彦始. 始授郡守子汝南梅
賾, 字仲眞. 又爲豫章內史, 遂於前晉奏上其書而施行焉."
由是學者遂以此二十五篇爲眞有所傳, 而不復疑其爲後人
之僞撰矣. 而豈知其莫非子虛·烏有之事也哉? 嗟夫, 《兩
漢》·《晉》·《隋》之書, 昭然在耳目間, 非天下之秘
書, 世所不經見也, 何爲皆若不見不聞然者, 而惟僞說之是
信乎? 故今復采《漢》·《晉》諸書之文, 足證其僞妄者,
列之左方, 學者一一核之可矣.

---

74 (宏) [洪]: 편정본編訂本·교간본校刊本·통세본通世本 모두
'宏'으로 되어 있으나, 십삼경주소본十三經注疏本에는 '洪'으로
되어 있다. '洪'은 청淸 고종高宗(건륭제乾隆帝)의 본명本名 '弘
曆'의 '弘'과 발음이 같아 피휘避諱한 것이다. 따라서 본래 글자
인 '洪'으로 되돌려놓는다.

육박① ≪고문상서≫·≪금문상서≫는 편제가 다르지 않다[六駁之一古文今文篇第不異]

≪고문상서≫·≪금문상서≫는 문자文字의 차이에서 나누어지지 편제篇第의 수량數量에서 나누어지지 않는다. 마융·정현이 전한 것은 29편뿐으로 편제는 ≪금문상서≫와 같으나 문자는 ≪금문상서≫와 다르니, ≪한서≫·≪후한서≫에 실려 있는 것이 매우 분명하다.

≪古文≫·≪今文≫, 分於文字之同異, 不分於篇第之多寡: 馬·鄭所傳, 雖止二十九篇, 與≪今文≫同, 而文字則與≪今文≫異, 兩≪漢≫之書所載甚明.

제남濟南의 복생伏生이 ≪상서≫에 주석[75]하여 제남의 장생張生[76] 및 천승千乘의 구양생歐陽生[77]에게 전수하였

---

75 제남의……주석: ≪수서隋書≫ 권32 〈경적지經籍志〉에 "복생이 ≪상서전尙書傳≫ 41편을 지었다.[伏生作≪尙書傳≫四十一篇.]"고 하였다.

76 장생(?-?): 전한前漢 제남濟南 사람이다. 복생伏生에게 ≪상서≫를 배워 박사가 되었다.

77 구양생(?-?): 전한前漢 천승千乘 사람으로 자字는 화백和伯이다.

다. 구양생은 같은 고을의 예관兒寬[78]에게 전수하고, 예관
은 구양생의 아들에게 전수하였다. 세대를 이어 서로 전하
여 증손曾孫 구양고歐陽高[79]에 이르러 '상서구양씨학尙書
歐陽氏學'을 이루었다. 장생은 하후도위夏侯都尉에게 전
수하고, 하후도위는 족자族子 하후시창夏侯始昌[80]에게 전
수하고, 하후시창은 족자族子 하후승夏侯勝[81]에게 전수하
여 '대하후씨학大夏侯氏學'을 이루었다. 하후승은 사촌 형
의 아들 하후건夏侯建에게 전수하였고, 하후건[82]은 별도로
'소하후씨학小夏侯氏學'을 이루었다. 세 학가學家가 모두
박사관博士官에 세워졌다.

濟南伏生傳≪尙書≫, 授濟南張生及千乘歐陽生. 歐陽生授
同郡兒寬, 寬授歐陽生之子. 世世相傳, 至曾孫歐陽高, 爲'尙

---

78 예관(?-B.C. 103): 전한前漢 천승千乘 사람이다. 구양생歐陽生
　　에게 ≪상서≫를 전수받았고, 후에 공안국의 제자가 되었다.
79 구양고(?-?): 전한前漢 천승千乘 사람으로 자字는 자양子陽이다.
80 하후시창(?-?): 전한前漢 노로魯 사람이다. 오경五經에 정통하고
　　≪제시齊詩≫, ≪상서≫를 가르쳤다.
81 하후승(?-?): 전한前漢 동평東平 사람으로 자字는 장송長公
　　이다. 하후시창夏侯始昌에게 ≪상서≫, ≪홍범오행전洪範五
　　行傳≫을 배웠다. 선제宣帝의 조령詔令을 받고 ≪상서설尙書
　　說≫, ≪논어설論語說≫을 지었다.
82 하후건(?-?): 전한前漢 동평東平 사람으로 자字는 장경長卿이다.

書歐陽氏學.' 張生授夏侯都尉, 都尉授族子始昌, 始昌傳族
子勝, 爲'大夏侯氏學.' 勝傳從兄子建, 建別爲'小夏侯氏學.'
三家皆立博士.

　　유향劉向이 중고문中古文[83]으로 구양歐陽 · 대하후大

---

83 중고문: '중고문中古文'이 정확히 무엇을 가리키는지 단정하기
　　는 어렵다. 일반적으로 ≪한서漢書≫ <예문지藝文志> "劉向以
　　中古文≪易經≫校施 · 孟 · 梁丘經.……以中古文≪尙書≫校歐
　　陽 · 大小夏侯三家經文.(유향이 황실의 비부祕府에 보관된 고문
　　古文으로 쓰인 ≪역경≫으로 시수施讐 · 맹희孟喜 · 양구하梁丘
　　賀가 전한 ≪역경≫의 경문을 교정하였다.……황실의 비부에
　　보관된 고문으로 쓰인 ≪상서≫로 구양생歐陽生 · 대하후大夏
　　侯 · 소하후小夏侯 세 학가가 전한 ≪상서≫의 경문을 교정하였
　　다.)"에 대한 안사고顏師古의 주注 "中者, 天子之書也. 言中, 以別
　　于外耳.('중'은 천자의 책이다. '중'을 말하여 황실의 밖과 구별
　　한 것일 뿐이다.)"에 근거하여, 중고문을 '한대漢代 황궁皇宮의
　　비부祕府에 수장收藏되어 있던 고문古文으로 쓰인 경적經籍'이
　　라고 한다.
　　　그러나 청淸나라 공자진龔自珍은 12가지 이유를 들어 이 중고
　　문을 장패張霸가 위조한 ≪백량편百兩篇≫의 아류亞流일 것으
　　로 추정한다.(자세한 내용은 ≪龔自珍全集≫ 제1집 <說中古文>
　　참조) 또 청淸나라 만사동萬斯同은 서체書體에 주목하여 "중고
　　문이라는 것은 어떤 서체인가? 고문古文(과두문자蝌蚪文字)의
　　뒤, 예서隸書의 앞에 있는 것은 대전大篆과 소전小篆이니, 그렇
　　다면 중고문은 아마 대전大篆이나 소전小篆일 것이다. 진秦나
　　라가 소전小篆으로 글자를 바꾼 뒤에는 고문古文과 대전大篆을
　　모두 폐기하여 사용하지 않았고, 한漢나라에 이르러 전해지는

夏侯·소하후小夏侯[84] 세 학가學家가 저마다 전수하는 경문經文을 교정해 보니, <주고酒誥>는 떨어져나간 대쪽이 하나, <소고召誥>는 떨어져나간 대쪽이 둘이었다. 대체로 한 대쪽에 25자가 쓰인 것은 떨어져나간 글자도 25자이고, 한 대쪽에 22자가 쓰인 것은 떨어져나간 글자도 22자였다. 문자가 다른 것이 700여 자, 빠진 글자가 수십 자였다.【≪한서≫ <예문지>】

劉向以中古文校歐陽·大小夏侯三家經文, <酒誥>脫簡一, <召誥>脫簡二. 率簡二十五字者, 脫亦二十五字; 簡

것이 없다면 중고문이라는 것은 반드시 소전小篆임을 알 수 있다. 그러나 역사서에서는 애초에 언급한 적이 없다.[所謂中古文者何體也? 在古文之後隸書之前者, 惟大小二篆. 然則中古文, 其大篆小篆乎? 夫秦改小篆後, 古文大篆皆廢不用. 至漢而無有傳者, 則必爲小篆可知, 而史初未嘗言也.]"라고 하여 중고문을 소전체小篆體로 쓰인 ≪상서≫일 것이라 하였다.(≪石園文集≫ 권6 <文書唐玄宗改古文尙書爲今文詔後>)

최술은 안설按說에서 '劉向以≪古文≫校之'라고 한 것을 가지고 보면, 최술도 '한대 황궁의 비부에 수장되어 있던 고문으로 쓰인 경적'이라는 일반적인 뜻으로 사용하였다. 또 비부에 소장된 고문으로 쓰인 ≪상서≫는 공안국이 조정에 올린 ≪고문상서≫로 보인다.

84 대하후·소하후: 대하후大夏侯는 하후승夏侯勝, 소하후小夏侯는 하후건夏侯建을 가리킨다.

二十二字者, 脫亦二十二字. 文字異者七百有餘, 脫字數十.
【≪漢書≫ ⟨藝文志⟩】

한漢나라가 중흥하였을 때, 북해北海의 모융牟融[85]은
≪대하후상서大夏侯尚書≫를 익혔고, 동해東海의 왕량
王良[86]은 ≪소하후상서小夏侯尚書≫를 익혔고, 패국沛國
의 환영桓榮[87]은 ≪구양상서歐陽尚書≫를 익혔다. 환영이
평생 익히고 연구하여 전수하였는데, 동경東京[88]에서 가
장 성행하였다. 【≪후한서≫ ⟨유림전⟩】

中興, 北海牟融習≪大夏侯尚書≫, 東海王良習≪小夏侯
尚書≫, 沛國桓榮習≪歐陽尚書≫. 榮世習相傳授, 東京最
盛. 【≪後漢書≫ ⟨儒林傳⟩】

---

85 모융(?-79): 후한後漢 북해北海 안구安丘 사람으로 자字는 자우
　子優이다. 젊어서 박학博學하여 음운학音韻學에도 정통하였으
　며 ≪대하후상서大夏侯尚書≫를 가르쳤다.
86 왕량(?-?): 후한後漢 동해東海 난릉蘭陵 사람으로 자字는 중자
　仲子이다.
87 환영(?-?): 후한後漢 패군沛郡 용항龍亢 사람으로 자字는 춘경
　春卿이다.
88 동경: 후한後漢의 수도 낙양洛陽을 가리킨다.

가규賈逵가 자주 황제[89]를 위해 '≪고문상서≫는 경經·전傳이 ≪이아爾雅≫의 훈고訓詁와 서로 호응한다.'고 말하였다. 황제가 조서를 내려 ≪구양상서≫·≪대하후상서≫·≪소하후상서≫·≪고문상서≫의 동이同異를 찬술하게 하였다. 가규가 모아서 3권을 만들자, 황제가 그것을 좋아하였다. 또 ≪제시齊詩≫·≪노시魯詩≫·≪한시韓詩≫와 ≪모씨전毛氏傳≫의 동이同異를 찬술하게 하였다.【≪후한서≫〈가규전〉】

逵數爲帝言≪古文尙書≫, 於[90]經傳≪爾雅≫詁訓相應. 詔令撰≪歐陽≫·≪大·小夏侯尙書≫·≪古文≫同異. 逵集爲三卷, 帝善之. 復命撰≪齊≫·≪魯≫·≪韓詩≫與≪毛氏≫異同.【≪後漢書≫〈賈逵傳〉】

영가永嘉의 난리에 ≪구양상서≫·≪대하후상서≫·≪소하후상서≫가 모두 없어졌다. 제남濟南 복생伏生의 전傳[91]은

---

89 황제: 후한後漢 3대 효장황제孝章皇帝(휘諱는 달炟, 재위기간은 75-88)이다. 묘호廟號는 숙종肅宗이다.

90 於: ≪후한서後漢書≫에는 '於'가 '與'로 되어 있다.

91 복생의 전: '傳'은 주석이란 뜻으로 복생伏生이 지은 ≪상서전尙書傳≫ 41편을 말한다.

유향劉向 부자父子가 지은 ≪오행전五行傳≫[92]만이 그 본래
의 모습[本法]을 간직하고 있으나, 또 어긋난 것이 많다. 【≪수
서≫ <경적지>】

永嘉之亂, ≪歐陽≫·≪大·小夏侯尙書≫竝亡. 濟南伏
生之傳, 惟劉向父子所著≪五行傳≫, 是其本法, 而又多乖
戾. 【≪隋書≫ <經籍志>】

안: ≪구양상서≫·≪대하후상서≫·≪소하후상서≫는 모
두 ≪금문상서≫이다. 유향이 비부秘府에 수장된 ≪고문
상서≫로 경문經文을 교정할 때에 다른 글자와 빠진 대
쪽이 있었고, 가규가 또 세 학가가 전수하는 ≪상서≫와
≪고문상서≫의 동이同異를 찬술하였으니, 유향·가규
가 본 것은 ≪진고문상서眞古文尙書≫이다. 만약 ≪금문
상서≫였다면 세 학가가 전수한 ≪상서≫와 같아서 다른
곳이 없었을 것인데, 어찌 다른 글자와 빠진 대쪽이 있겠
으며, 또 어찌 동이同異를 찬술할 수 있겠는가? 이 때문

---

92 ≪오행전≫: ≪수서隋書≫ <경적지經籍志>에는 "≪尙書洪範五
行傳論≫ 十一卷 漢光祿大夫劉向注.", ≪구당서舊唐書≫ <경적
지經籍志>에는 "≪尙書洪範五行傳≫ 十一卷 劉向撰."으로 되어
있다.

에 <윤민[93]전尹敏傳>에서 "처음에는 ≪구양상서≫【≪금
문상서≫이다.】를 익혔고, 나중에는 ≪고문상서≫를 배웠
다."[94]고 하였으니, 동한東漢 시대의 이른바 ≪고문상서≫
라는 것은 ≪금문상서≫가 아님이 분명하다. 하물며 영가
永嘉의 난리에 ≪금문상서≫가 이미 없어졌는데, 어찌 다
시 남아있는 것이 있을 수 있겠는가? 후세의 배우는 자들
이 ≪고문상서≫·≪금문상서≫를 구분할 줄 몰라 편수
가 많은 것을 ≪고문상서≫, 적은 것을 ≪금문상서≫라
하고, 마침내는 금서今書 33편을 ≪금문상서≫라고 하였
으니, 잘못된 것이다.

按: ≪歐陽≫·≪大·小夏侯尚書≫, 皆≪今文≫也. 劉向
以≪古文≫校之, 而有異文脫簡, 賈逵又撰三家與≪古文
尚書≫同異, 則劉·賈所見者≪眞古文≫也. 若仍是≪今
文≫, 則與三家有同而無異, 何有異文脫簡, 又何撰同異之
有哉? 是以<尹敏傳>云: "初習≪歐陽尚書≫【卽≪今文≫】.
後受≪古文≫." 東漢所謂≪古文≫之非≪今文≫明矣. 況

---

93 윤민(?-?): 후한後漢 남양南陽 도양堵陽 사람으로 자字는 유계
　　幼季이다.
94 처음에는……배웠다: ≪후한서後漢書≫ 권109 상上 <유림전儒
　　林傳>에 나온다.

永嘉之亂, ≪今文≫已亡, 安得復有存者? 後世學者不知
≪古文≫·≪今文≫之分, 乃以篇數多者爲≪古文≫, 少
者爲≪今文≫, 遂以今書三十三篇爲≪今文≫, 謬矣.

　　공씨孔氏의 ≪상서정의≫에서 '유향이 ≪별록別錄≫
을 지었으나 ≪공안국상서전孔安國尙書傳≫을 보지 못
하였다.'고 하였는데, 후세의 살펴보지도 않고 남의 말
을 곧이듣는 자[耳食者]들이 마침내 유향이 ≪고문상
서≫를 못 보았다고 여겼다. 저 유향이 비부秘府에 수장
된 ≪고문상서≫로 ≪금문상서≫를 교정하였는데, 만일
≪고문상서≫를 못 보았다면 무엇을 가지고 교정하였겠
는가? 그렇다면 유향은 ≪진고문상서≫만 보았고, ≪위
고문상서≫를 못 본 것이다. 또 '중고문中古文'이라고 말
하였다면 공안국의 ≪고문상서≫를 공안국의 집안에서
이미 조정에 올린 것일 텐데, 어찌 집안에 보관한 일이 있
겠는가? 그렇다면 마융·정현이 서로 전한 ≪상서≫는
확실히 ≪고문상서≫이지 ≪금문상서≫가 아님이 분명
하다.

孔氏≪正義≫稱劉向作≪別錄≫不見≪孔傳≫, 後世耳食

者, 遂以爲劉向未見≪古文≫. 夫劉向以≪古文尙書≫校
≪今文≫, 若不見≪古文≫, 以何校之? 然則劉向但見≪眞
古文≫, 未見≪僞古文≫耳. 且云 '中古文', 則安國之≪古
文尙書≫, 已上於朝矣, 安有藏於家之事? 然則馬·鄭相傳
之≪尙書≫, 決爲≪古文≫而非≪今文≫明矣.

육박② ≪금문상서≫도 집의 벽속에 숨겨놓은 것이다 [六駁之二今文亦壁藏]

마융·유향이 전한 것이 ≪고문상서≫지 ≪금문상서≫가 아님은 따질 필요가 없다. 복생伏生의 ≪금문상서≫도 그의 집 벽속에 숨겨 놓은 책이다. 그러므로 아울러 그의 딸이 말로 전수한 일이 없고 25편과 문체가 서로 다를 수 없다.

無論馬·劉所傳之爲≪古文≫而非≪今文≫也, 卽伏
生之≪今文≫, 亦其壁中所藏之書, 并無其女口授之
事, 不得與二十五篇文體互異.

복생은 제남濟南 사람이다. 원래 진秦나라의 박사博士

였다. 효문제孝文帝[95] 때, ≪상서≫를 연구[治]할 수 있는 사람을 찾고자 하였으나 천하에 아무도 없었다. 그러다가 복생이 연구할 수 있다는 말을 듣고 그를 부르고자 하였다. 이때 복생은 나이가 90여 세였기 때문에 늙어서 경사京師까지 갈 수 없었다. 그래서 태상太常[96]을 불러 장고掌故 조조朝錯에게 가서 전수받게 하였다.

진秦나라가 분서焚書할 때, 복생이 집의 벽속에 ≪상서≫를 숨겨놓았다. 그 뒤 병란兵亂이 크게 일어나 이리저리 떠돌아 다녔다. 한漢나라가 평정하자 복생이 그 책을 찾았으나 수십 편이 없어지고 29편만 건졌는데, 제齊·노魯 지역의 사이에서 그것을 가르쳤다. 배우는 자들이 이를 계기로 ≪상서≫를 꽤 논의할 수 있었고, 산동山東의 큰 학자들은 ≪상서≫를 섭렵하여 가르치지 않는 이가 없었다.

복생은 제남의 장생張生 및 구양생歐陽生을 가르쳤으며, 구양생은 천승千乘의 예관兒寬을 가르쳤다.【≪한서≫

---

95 효문제(B.C. 202-B.C. 157): 전한前漢 5대 황제이다. 이름은 항恒, 묘호廟號는 태종太宗이다.
96 태상: 진秦나라의 봉상奉常을 한漢 경제景帝 6년에 태상太常으로 명칭을 바꾸고, 종묘예의宗廟禮儀를 맡고 아울러 박사博士를 뽑고 시험하는 일을 맡게 했다.

에는 '구양생교천승예관歐陽生教千乘兒寬'이 8자가 없고, '장생위박사張生爲博士' 5자가 있다.】 그리고 복생의 손자가 ≪상서≫를 연구했다고 하여 부름을 받았으나 환히 알진 못하였다. 이 이후로 노魯의 주패周覇[97] · 공안국 · 낙양洛陽의 가가賈嘉[98]가 ≪상서≫의 일을 꽤 논의할 수 있었다. 【≪사기≫ <유림열전>. ≪한서≫는 대략 같으나, 글이 다른 곳이 십여 곳, 더해진 곳이 한 곳, 덜어버린 곳이 십여 곳이다. 그러므로 중복하여 기록하지 않는다.】

伏生者, 濟南人也. 故爲秦博士. 孝文帝時, 欲求能治≪尙書≫者, 天下無有; 乃聞伏生能治, 欲召之. 是時伏生年九十餘, 老不能行. 於是乃詔太常, 使掌故朝錯往受之. 秦時焚書, 伏生壁藏之. 其後兵大起, 流亡. 漢定, 伏生求其書, 亡數十篇, 獨得二十九篇, 卽以教於齊 · 魯之間. 學者由是頗能言≪尙書≫; 諸山東大師, 無不涉≪尙書≫以教矣. 伏生教濟南張生及歐陽生, 歐陽生教千乘兒寬. 【≪漢書≫無此八字, 而有'張生爲博士'五字】 而伏生孫以治≪尙書≫

---

97 주패(?-?): 전한前漢 노魯 사람이다. 왕동王同에게 ≪역易≫을 배웠고, ≪상서尙書≫도 잘 논의하였다.

98 가가(?-?): 전한前漢 하남河南 낙양洛陽 사람으로 가의賈誼의 손자이다.

徵, 不能明也. 自此之後, 魯周霸·孔安國·洛陽賈嘉, 頗
能言≪尚書≫事【≪史記≫ <儒林列傳>. ≪漢書≫略同, 但文異
者十餘, 增者一, 刪者十餘耳. 故不重錄】

이 글을 살펴보면 복생伏生의 ≪금문상서≫는 바로 자
기 집의 벽속에 숨겨놓은 책이다. 그러므로 유흠劉歆이
<이박사서移博士書>에서 또한 "≪상서≫는 집의 벽속에
서 처음 나왔는데, 죽간이 썩어 부러지고 죽간을 엮은 끈
이 끊어져 흩어져 있었다. 그 책이 현재 있다[99]." 고 하였으
니, 29편의 책策이 현존하는데 조조朝錯가 어찌 자기가
직접 자기 눈으로 보기 어렵다 하여 부녀자가 말로 전수
하기를 기다릴 필요가 있겠는가? 또 복생이 ≪상서≫를
'연구[治]'할 수 있다고 했지 ≪상서≫를 '암송[誦]'할 수
있다고 하지 않았다. 그렇다면 그를 부르고자 한 이유는
복생이 그 뜻을 환히 잘 알고 있었기 때문이지 한갓 그 글
만 암송해서가 아니다. 조조가 전수받은 것은 ≪상서≫의
뜻[義]이다. 조조가 왜 뜻으로 계속해서 읽었겠는가? 한

99 ≪상서≫는……있다: ≪한서漢書≫ 권36 <유흠전劉歆傳>에 나
온다.

갓 그 글만 암송할 뿐이라면 장생張生 · 구양생歐陽生 등과 같은 복생의 문인들이 많았을 터인데, 누구에겐들 전수받지 못하겠는가? 또 그의 딸에게 의지한 뒤에 전수받을 필요도 없다. 이를 근거로 말해보면 복생은 말로 전수한 일이 전혀 없다.

이 25편이 천근하고 알기 쉬워 마융 · 정현이 서로 전한 ≪상서≫와 매우 비슷하지 않은 것은 바로 위魏나라 · 진晉나라 이후에 지어져 원래 이제二帝 · 삼왕三王[100]의 말이 아니기 때문일 뿐, 다른 이유는 없다. 대개 ≪위서僞書≫를 지은 사람이 스스로 그 글이 비슷하지 않음을 알아 남들이 자기를 비웃을까 염려하였기 때문에, 이 이야기를 위조하여 임시변통으로 꾸며댄 것이다. 후세의 배우는 자들이 그릇된 것을 따라 모두 믿어 의심하지 않는데, 어찌 ≪사기≫ · ≪한서≫를 당唐나라 이후의 사람들은 모두 다시 보지 않는가? 참으로 천하의 괴이한 일이다!

按此文, 則伏生之≪今文≫, 乃壁中所藏書. 故劉歆<移博士書>亦云: "≪尚書≫初出於屋壁, 朽折散絶; 今其書見

---

100 이제 · 삼왕: 이제二帝는 당요唐堯 · 우순虞舜, 삼왕三王은 하夏 우왕禹王 · 은殷 탕왕湯王 · 주周 문왕文王(또는 무왕武王)이다.

在.” 則是二十九篇之策現存, 錯何難自以目覽之, 而必待
夫女子之口授乎? 且云伏生能'治'《尙書》而不云能'誦'
《尙書》, 則是所以欲召之者, 謂伏生能通達其義, 非徒誦
其文也. 錯所受者, 《尙書》之義, 烏用以意屬讀? 若徒誦
其文, 則伏生之門人, 若張生·歐陽生等衆矣, 何人不可
以授? 又不必其女而後能授也. 由是言之, 伏生竝無口授
之事. 此二十五篇之所以淺近易知而與馬·鄭相傳之《尙
書》大不類者, 正以其作於魏·晉之後, 原非二帝·三王
之言故爾, 無他故也. 蓋作《僞書》者, (目)[自]¹⁰¹知其文
不類, 而恐人之譏己, 故僞造此說以彌縫之. 乃後之學者,
沿訛踵謬, 皆信之而不疑, 豈《史記》·《漢書》, 唐以後
之人, 皆不復觀乎? 眞天下之怪事也已!

위굉衛宏은 자字는 경중敬仲으로 동해東海 사람이다.
어려서 하남河南의 정흥鄭興과 함께 고문학古文學을 좋
아하였다. 처음에 구강九江의 사만경謝曼卿¹⁰²이 《모시
毛詩》를 잘하여 그 주석을 내었다. 위굉이 사만경에게 학

---

101 (目)[自]: 편정본編訂本에는 '目'으로 되어 있으나, 교간본校刊
本·통세본通世本에 의거하여 '自'로 바로잡았다.
102 사만경(?-?): 후한後漢 구강九江 사람이다. 위굉衛宏의 스승으
로 《모시毛詩》에 뛰어났다. 저서에 《시훈詩訓》이 있다.

문을 배우고, 이에 ≪모시서毛詩序≫를 지었으며 풍아風
雅[103]의 뜻을 잘 깨달았으니, 지금까지 세상에 전한다. 나중
에 대사공大司空 두림杜林에게 다시 ≪고문상서≫를 전수
받고 ≪훈지訓旨≫를 지었다. 당시 제남濟南의 서순徐巡
이 위굉을 스승으로 섬겼다가 나중에 다시 두림에게 배워,
역시 학자로 명성名聲이 드러났다. 이를 계기로 고문학古
文學이 크게 일어났다. 【≪후한서≫ <유림전>】

衛宏, 字敬仲, 東海人也. 少與河南鄭興, 俱好古學. 初, 九
江謝曼卿善≪毛詩≫, 乃爲其訓. 宏從曼卿受學, 因作≪毛
詩序≫, 善得風雅之旨, 于今傳於世. 後從大司空杜林, 更
受≪古文尙書≫, 作≪訓旨≫. 時濟南徐巡師事宏, 後更從
林學, 亦以儒顯. 由是古學大興. 【≪後漢書≫ <儒林傳>】

안: 이 글에서 ≪훈지訓旨≫를 지었다고 말하고 ≪서序≫
를 지었다고 말하지 않았으며, ≪모시서毛詩序≫를 지었
다고 말하고 ≪상서서尙書序≫를 지었다고 말하지 않았
으니, 세상에 전하는 위굉衛宏의 ≪서序≫는 위굉이 스스

---

103 풍아: ≪시詩≫의 국풍國風과 대아大雅 · 소아小雅라는 뜻으로,
≪시≫를 이른다.

로 지은 것이 아니다.

공안국이 ≪상서전尙書傳≫과 ≪상서서尙書序≫를
지었는데 반고班固가 몰랐다면, 재치 있게 말하여 "공안
국이 지은 책이 세상에 유행流行하지 않는다."고 하였을
것이다. 지금 위종蔚宗[104]은 송宋나라 원가元嘉[105] 때의 사
람인데, 매색梅賾이 정말로 동진東晉 때에 그 책을 조정
에 올렸다면 위굉의 ≪서序≫가 세상에 유행하였을 것인
데, 위종이 어째서 또한 그것을 몰랐겠는가?

또 '위굉이 ≪고문상서≫를 전수받고, 이를 계기로 고
문학古文學이 크게 일어났다.'고 하였다. 그러나 위굉이
정말로 ≪서序≫를 지어두었다면 반고가 익숙하게 보았
을 것인데, 왜 <유림전儒林傳>에서 복생이 말로 전수한
일을 전혀 싣지 않고 ≪사기≫의 글을 그대로 기록하였겠
는가? 대개 ≪위서僞書≫를 지은 사람이 스스로 그 글이

---

104 위종(398~445): 남북조시대南北朝時代 남조南朝 송宋나라의
　　역사가 범엽范曄이다. 위종蔚宗은 그의 자字이다. ≪후한서後
　　漢書≫를 편찬하였다.

105 원가: 남북조시대南北朝時代 남조南朝 송宋나라의 3대 황제 문제
　　文帝(이름은 유의륭劉義隆)의 연호年號(424~453)이다.

비슷하지 않음을 알아 남들이 자기를 비웃을까 염려하였기 때문이다. 이 때문에 이 이야기를 지어 공안국·위굉에게 의탁하여 임시변통으로 꾸며댄 것이다. 후세의 배우는 자들이 그릇된 것을 따라 모두 믿어 의심하지 않는데, 어찌 ≪사기≫·≪한서≫를 당唐나라 이후의 사람들은 모두 다시 보지 않는가? 참으로 천하의 괴이한 일이다!

按: 此文言作≪訓旨≫而不言作≪序≫, 言作≪毛詩序≫而不言作≪尙書序≫, 則世所傳宏≪序≫, 非所自作也. 孔安國之作≪書傳≫與≪序≫, 班固不知, 則巧爲之說曰: "書未行於世也." 今蔚宗, 乃宋元嘉時人, 梅賾果於東晉奏上其書, 宏≪序≫行於世矣, 蔚宗何以亦不之知? 且云: '宏受≪古文尙書≫, 由是古文大興.' 然則宏果有≪序≫, 班固見之熟矣, 何以爲<儒林傳>乃絶不載伏生口授之事, 而仍錄≪史記≫之文乎? 蓋由作≪僞書≫者, 自知其文不類而恐人之譏己, 是以造爲此說, 托之孔·衛, 以彌縫之. 乃後之學者, 沿訛踵謬, 皆信之而不疑, 豈≪史記≫·≪漢書≫, 唐以後之人, 皆不復觀乎? 眞天下之怪事也已!

육박③ 반고는 장패의 ≪위서≫를 배척하였다 [六駁 之三班固斥張霸僞書]

장패張霸의 ≪위서僞書≫는 102편이니, 결코 24편 이 아니다. 반고班固가 ≪한서≫에서 이미 그것을 배척하였으니, 도리어 ≪위서≫를 ≪고문상서≫라 고 여길 이치는 참으로 없다.

張霸之≪僞書≫, 乃百二篇, 幷非二十四篇. 班固≪漢 書≫業已斥之, 必無反以≪僞書≫爲≪古文≫之理.

　세상에 전하는 ≪백량편百兩篇≫이라는 것은 동래東萊 의 장패張霸에게서 나왔다. 29편을 나누고 합하여 수십 편 을 만들고, 또 ≪좌씨전左氏傳≫·≪서서書敍≫에서 뽑 아 처음부터 끝까지 지었으니, 모두 102편이다. 어떤 편은 몇 대쪽 밖에 안 되고 글의 뜻도 천박하고 비루하다. 성제 成帝[106] 때, 고문古文을 할 수 있는 자를 찾았는데, 장패가 ≪백량편≫을 만들었다고 하여 부름을 받았다. 비부秘府

---

106 성제(B.C. 52-B.C. 7): 전한前漢 11대 황제이다. 이름은 오鰲, 자字는 태손太孫이다.

에 보관되어 있는 책[中書]으로 교정해 보니 옳지 않았다.
장패는 아비에게 받았다고 핑계를 대었고, 아비에게는 제
자 위씨尉氏 번병樊竝이 있었다. 당시 태중대부太中大夫
평당平當[107] · 시어사侍御史 주창周敞이 임금에게 권하여
《백량편》을 학관에 세우게 하였다[108]. 나중에 번병이 모
반하자, 그제서야 그 책을 내쳤다.【《한서》 <유림열전>】

世所傳《百兩篇》者, 出東萊張霸, 分析合二十九篇以爲
數十, 又采《左氏傳》 · 《書敍》爲作首尾, 凡百二篇.
篇或數簡, 文意淺陋. 成帝時, 求其古文者, 霸以能爲《百
兩》徵. 以中書校之, 非是. 霸辭受父, 父有弟子尉氏樊竝.
時大中大夫平當 · 侍御史周敞, 勸上存之. 後樊竝謀反, 迺
黜其書.【《漢書》 <儒林列傳>】

안: 《한서》의 이 글에서 장패張霸의 책은 '글의 뜻이 천
박하고 비루하다.'고 일컬었고, 또 '비부秘府에 보관되어
있는 책으로 교정해 보니 옳지 않았다.'고 하였으니, 반씨

---

107 평당(?–B.C. 4): 전한前漢 양국梁國 하읍下邑 사람인데, 부풍扶
　風 평릉平陵으로 이주하였다. 자字는 자사子思이다.
108 학관에……였다: 안사고顏師古의 주注에 "存者, 立其學.('존'은
　그의 학문을 학관에 세우는 것이다.)"라고 하였다.

班氏가 매우 분명하게 장패의 책을 가짜라고 여긴 것이다.
그런데 어찌 <유림전儒林傳>을 지을 때에는 그것이 거짓
이라고 통렬하게 꾸짖고, <예문지藝文志>를 지을 때에는
또 그것이 진짜라고 깊이 믿고, <율력지律歷志>를 지을 때
에는 도리어 그 책을 인용하여 증거로 삼을 수 있겠는가?
반씨가 인용한 <이훈伊訓> · <무성武成>의 글은 장패의
≪위서僞書≫가 아니라 공자가 살던 오래된 집의 벽속에
서 나온 ≪진고문상서眞古文尙書≫임이 분명하다.

　≪한서≫에서 인용한 것이 진짜라면 양梁나라 · 진陳
나라 때에 나온 것은 가짜임을 알 수 있다. 하물며 장패가
찬술한 것이 102편이니 24편이 아니고, 29편을 나누어 만
들었으니 또한 별도로 24편이 있는 것이 아니다. 그런데
지금 공영달이 ≪위서≫를 표장表章하고자 하여 마침내
공공연히 공안국 이래로 서로 전한 ≪일서逸書≫ 16편 【바
로 24편이다.】을 가짜라고 하고, 다시 공공연히 102편을 24
편이라고 하니, 또한 지극히 망령된 짓이다. 또 16편의 말
은 반고에게서 시작하지 않고 ≪사기≫ <유림전儒林傳>
에서 말한 것이다. 사마천司馬遷은 한漢 무제武帝 때 사
람이고, 장패는 성제成帝 때 사람이다. 사마천이 ≪사

기≫를 지을 때, 어떻게 후세에 장패의 ≪위서≫가 있는 것과 아울러 그 편제篇第의 수량을 미리 알 수 있겠는가? 대개 공영달의 설은 전도顚倒되고 모순矛盾됨이 대부분 모두 이와 같으니, 배우는 자들이 조금이라도 여기에 마음을 둔다면 그 오류는 공격하지 않아도 저절로 깨질 것이다.

按: ≪漢書≫此文稱霸書'文意淺陋', 又云'以中書校之非是', 是班氏明明以張霸之書爲僞矣. 烏有作<儒林傳>則痛詆其僞, 作<藝文志>又深信其眞, 作<律歷志>反引其書爲證者哉? 班氏所引<伊訓>·<武成>之文, 非霸≪僞書≫, 而爲孔壁之≪眞古文≫明矣. ≪漢書≫所引者爲眞, 則梁·陳所出者爲僞可知也. 況霸所撰乃百二篇, 非二十四篇, 乃分析二十九篇爲之, 亦非別有二十四篇也. 今穎達但欲表章≪僞書≫, 遂公然以安國以來相傳之≪逸≫十六篇【卽二十四篇】爲僞, 復公然以百二篇爲二十四篇, 亦妄之至矣. 且十六篇之語, 不始於固, ≪史記≫<儒林傳>言之矣. 司馬遷, 漢武帝時人, 張霸, 成帝時人, 遷作≪史記≫, 何由預知後世之有張霸≪僞書≫, 并其篇第之多寡乎? 蓋凡穎達之說, 顚倒矛盾, 類皆如此, 學者少留意焉, 則其謬不攻自破矣.

육박④ ≪고문상서≫는 학관에 세워졌다 [六駁之四 古文尙書立學官]

공안국의 ≪고문상서≫가 당시에 이미 세상에 전해졌고, 왕망王莽 및 장제章帝[109] 때에 또 이미 학관에 세워졌음은 ≪한서≫ · ≪후한서≫에 기록되어 있는 것이 매우 분명하다. ≪고문상서≫가 모두 흩어져 없어지기 전이니 학자들이 모두 그것을 보지 못하였다는 것을 받아들일 수 없다.

孔安國≪古文≫, 當時已傳於世, 王莽及章帝時, 又已立於學官, 兩≪漢≫之書所載甚明, 並未散軼, 不容諸儒皆不之見.

공안국이 간대부諫大夫가 되었을 때, 도위조都尉朝[110]

---

109 장제(57-88): 후한後漢 3대 황제이다. 휘諱는 달炟, 묘호廟號는 숙종肅宗이다.

110 도위조(?-?): 전한前漢 노魯 사람이다. ≪한서≫ <유림전儒林傳>의 주注에서 복건服虔은 "도위都尉는 성姓, 조朝는 이름이다." 라고 하였다. 그러나 주수창周壽昌은 "아마도 도위都尉는 관명官名이고, 그의 성姓은 잃어버린 듯하다. 전하는 사람 가운데 도위로서 경經을 전수하는 자가 적지 않다."라고 하였다.(王先謙, ≪漢書補注≫) 진몽가陳夢家는 '도위조가 하후도위

에게 전수하였고, 사마천司馬遷도 공안국에게 고사故事를 물었다. 사마천이 <요전堯典>·<우공禹貢>·<홍범洪範>·<미자微子>·<금등金縢> 같은 편을 기록한 것에는 《고문상서》의 내용이 많다. 도위조는 교동膠東의 용생庸生[111]에게 전수하였다. 용생은 청하淸河의 소자少子 호상胡常[112]에게 전수하였으며, 《춘추곡량전春秋穀梁傳》에 밝다고 하여 박사博士·부자사部刺史가 되었고, 또 《춘추좌씨전》에 주석하였다. 호상은 괵虢의 서오徐敖[113]에게 전수하였다. 서오는 우부풍右扶風[114]의 부관[掾]이 되었고, 또 《모시毛詩》에 주석하였으며, 왕황

夏侯都尉인 듯하다고 의심하였으나, 정원민程元敏은 "장생張生의 제자이자 하후승夏侯勝의 사조師祖인 하후도위는 금문今文을 익혔고, 또 조조라고 이름 하지 않았다."고 하여 진몽가의 설은 잘못이고 주수창의 설이 옳다고 하였다.(程元敏, 《尙書學史上》 <13.漢尙書學(乙之上)>)

111 용생(?-?): 전한前漢 교동膠東 사람으로 이름은 담譚이며, 공안국孔安國의 재전再傳 제자이다.

112 호상(?-?): 전한前漢 청하淸河 사람으로 자字는 소자少子이다.

113 서오(?-?): 전한前漢 괵虢 사람이다.

114 우부풍: 한대漢代에 경기京畿를 다스리던 벼슬이다. 경조윤京兆尹·좌풍익左馮翊과 함께 삼보三輔라 한다.

王璜[115] · 평릉平陵의 자진子眞 도운塗惲[116]에게 전수하였다. 자진은 하남河南의 군장君長 상흠桑欽[117]에게 전수하였다. 왕망 때, 여러 학가[學]가 모두 학관에 세워졌다. 유흠劉歆이 국사國師가 되자, 왕황 · 도운 등이 모두 존귀해지고 벼슬이 높아졌다. 【≪한서≫ <유림열전>】

安國爲諫大夫, 授都尉朝, 而司馬遷, 亦從安國問故. 遷書載 <堯典> · <禹貢> · <洪範> · <微子> · <金縢>諸篇, 多≪古文≫說. 都尉朝授膠東庸生. 庸生授淸河胡常少子, 以明≪穀梁春秋≫爲博士 · 部刺史, 又傳≪左氏≫. 常授號 徐敖. 敖爲右扶風掾, 又傳≪毛詩≫, 授王璜 · 平陵塗惲子 眞. 子眞授河南桑欽君長. 王莽時, 諸學皆立. 劉歆爲國師, 璜 · 惲等皆貴顯. 【≪漢書≫ <儒林列傳>】

8년[118]에 학자들에게 조령을 내려 저마다 뛰어난 재주

---

115 왕황(?-?): 전한前漢 낭야琅邪 사람으로 자字는 평중平仲이다. 비직費直에게 ≪역易≫을, 서오徐敖에게 ≪모시毛詩≫를 전수 받았고, ≪고문상서≫에 주석하였다.

116 도운(?-?): 전한前漢 부풍扶風 평릉平陵 사람으로 자字는 자진 子眞이다.

117 상흠(?-?): 전한前漢 하남河南 사람으로 자字는 군장君長이다.

118 8년: 후한後漢 장제章帝 건초建初 8년으로 서기西紀 83년이다.

를 가진 유생幼生을 뽑아 ≪춘추좌씨전≫ · ≪춘추곡량전≫ · ≪고문상서≫ · ≪모시≫를 전수하게 하였다. 이를 계기로 네 가지 경전이 마침내 세상에 유행하였다. 가규賈逵가 뽑은 제자 및 문하생을 모두 천승왕국千乘王國[119]의 낭郞으로 제수하여 아침부터 저녁까지 황문서黃門署에서 수업을 받도록 하였다. 배우는 자들이 모두 매우 기뻐하고 부러워하며 사모하였다. 【≪후한서≫ <가규전>】

八年, 乃詔諸儒, 各選高才生受≪左氏≫ · ≪穀梁春秋≫ · ≪古文尙書≫ · ≪毛詩≫. 由是四經, 遂行於世. 皆拜逵所選弟子及門生爲千乘王國郎, 朝夕受業黃門署. 學者皆欣欣羨慕焉. 【≪後漢書≫ <賈逵傳>】

이 글을 살펴보면 ≪고문상서≫가 공안국때에 이미 사람들에게 전해지고 세상에 유행하였으며, 왕망王莽 때에 이르러 학관에 세워졌으며, 동한東漢 장제章帝 때에 이

---

119 천승왕국: 천승군千乘郡은 전한초前漢初에는 제군齊郡에 속하였으나, 한漢 무제武帝 때 제군齊郡을 나누어 천승군千乘郡을 만들었다. 후한後漢 때 천승국千乘國을 세웠고, 뒤에 낙안국樂安國이라고 이름을 고쳤다. 건초建初 8년 당시 천승국의 왕은 유항劉伉(?-93)이었다. 유항은 장제章帝의 장자長子로 건초 4년에 천승왕千乘王에 봉封해졌다. 시호諡號는 정貞이다.

르러 다시 학관에 세워지고, 게다가 황제에게 중시되어 ≪고문상서≫를 익힌 사람이 모두 관직에 제수되어 세상에서 부러워하며 사모하는 대상이 되었다. 어찌 학자들이 모두 그것을 보지 못하였는데, 양梁나라 · 진陳나라 때에 이르러 갑자기 나올 수 있겠는가?

대체로 ≪한서≫ <예문지藝文志>에서 이른바 '학관에 나열되지 못하였다.'는 것은 박사 및 제자를 두지 못하였다는 말이지 그 책이 세상에 유행하지 않고 집안에만 보관되었음을 말하는 것이 아니며, 무제武帝 때 학관에 나열되지 못하였다는 말이지 역시 끝내 학관에 나열되지 못한 것은 아니다. 또 ≪모시≫ · ≪춘추좌씨전≫ · ≪춘추곡량전≫이 무제 때에 모두 학관에 나열되지 못하였다가 모두 왕망 때에 이르러서야 학관에 세워졌으며, 장제 때에 이르러 다시 학관에 세워졌다. 다 세상에 유행하여 마융 · 정현 · 복건服虔 · 두예杜預가 모두 그것을 보고 전주箋註할 수 있었는데, ≪고문상서≫만 마침내 학관에 나열되지 못하였기 때문에 그것을 본 사람이 하나도 없다고 하는 것은 어째서인가? 심하구나! 배우지 않고 남의 말을 곧이듣는 자[耳食者]가 많음이여!

按此文, 則《古文尙書》, 當孔安國時, 已傳於人而行於
世, 至王莽時而立於學官, 至東漢章帝時而再立於學官, 且
爲帝所崇重, 習《古文》者皆授官, 而爲世所欣慕矣, 安得
諸儒皆不之見, 至梁·陳時而突出乎? 蓋《漢》<志>所
謂 '未列於學官'者, 謂未置博士及弟子耳, 非謂其書不行於
世, 但藏於家也; 謂武帝時未列於學官耳, 亦非終已不列於
學官也. 且《毛詩》·《左氏》·《穀梁春秋》, 當武帝
時, 皆未列於學官, 皆至王莽時而始立, 至章帝時而再立,
何以皆行於世, 馬·鄭·服·杜, 皆得見之而箋註之, 獨
《古文尙書》, 遂以不列學官之故, 致無一人之見之乎? 甚
矣, 不學而耳食者多也!

육박⑤ 《진서》에는 《고문상서》를 전수하고 전수 받은 일이 없다 [六駁之五晉書無古文授受事]

《상서정의》에서 '정충鄭冲이 《고문상서》를 전
수하고 황보밀皇甫謐이 《공안국상서전孔安國尙
書傳》 58편의 글에서 가려 뽑아 《제왕세기帝王世
紀》를 지었으며, 매색梅賾에 이르러 그 책을 조정
에 올렸다.'고 하였으나, 《진서晉書》를 살펴보면

이런 일이 전혀 없다.

≪正義≫稱'鄭沖傳≪古文尙書≫, 皇甫謐探之作
≪世紀≫, 至梅賾奏上其書於朝', 考之≪晉書≫, 並
無此事.

<본기本紀>에는 이에 대한 글이 없다.

<本紀>無文.

<유림전儒林傳> 안에 이 일을 기록하지 않았다. 소유
蘇愉·양류梁柳·장조臧曹·매색梅賾도 모두 전기傳記
가 없다.

<儒林傳>中, 不載此事. 蘇愉·梁柳·臧曹·梅賾, 亦皆
無傳.

<정충전鄭沖傳> 안에 '고귀향공高貴鄕公[120]이 ≪상서≫

---

120 고귀향공(241-260): 삼국시대三國時代 위魏나라의 4대 황제
　　조모曹髦가 제위에 오르기 전의 작위이다. 자字는 언사彦士로
　　문제文帝 조비曹丕의 손자이자 동해東海 정왕定王 조림曹霖의
　　아들이다. 정시正始 5년(244)에 고귀향공에 봉해졌다. 고귀향
　　高貴鄕은 담현郯縣 소속이다.

를 강론할 때에 정충鄭冲이 경전을 가지고 친히 전수하였다.'는 말이 있을 뿐, 강론한 내용이 바로 공씨孔氏의 58편이라는 글은 전혀 없다.

<鄭冲傳>中, 但有高貴鄕公講≪尙書≫, 冲執經親授之語, 幷無所講乃孔氏五十八篇之文.

<황보밀전皇甫謐傳> 안에 양류梁柳가 태수가 되었는데 황보밀이 예禮를 표하지 않은 한 가지 일은 있으나, 양류가 ≪고문상서≫를 전한 것과 황보밀이 그것을 얻었다는 글은 전혀 없다.

<皇甫謐傳>中, 但有梁柳爲太守, 謐不爲加禮一事, 竝無柳傳≪古文尙書≫及謐得之之文.

안: 매색梅賾이 정말로 이 책을 조정에 올렸다면, <본기本紀>에서 이 일을 기록하지 않았는데 <유림전儒林傳> 안에서 어찌 한 마디도 전혀 언급이 없을 수 있겠는가? 바로 그 일이 없을 뿐만 아니라 소유蘇愉 등 세 사람의 이름도 전혀 없으니, 그렇다면 세 사람도 자허子虛·오유烏有처럼 가상의 인물이다.

또 일반적으로 일을 기록하는 문체는 반드시 연월年月을 쓰는데, ≪상서정의≫·≪수서隋書≫는 이 일을 기록하면서 모두 어느 황제의 때·어느 해의 일인지 말하지 않았다. 왜냐하면 당시에 본래 이 일이 없어서 시일時日을 기록하면 사람들이 조사하여 거짓임을 알 수 있기 때문이다. 그러므로 ≪위서僞書≫를 전한 사람이 이렇게 모호한 말을 만들어 사람들에게 그 진위를 변별하지 못하게 하고, 공씨孔氏의 도청도설道聽塗說을 마침내 따라서 기록하였을 뿐이다.

게다가 58편의 글은 위魏나라 이전에는 세상에 유행하지 않았다. 위나라의 임금이 ≪상서≫를 강론할 때, 정충鄭沖이 가진 것이 정말로 공씨의 58편과 연관된다면 공안국의 ≪전傳≫을 어찌 대서특필大書特筆하지 않고 단지 ≪상서≫라고만 할 수 있겠는가? 이미 ≪상서≫라고만 하였다면 마융·정현의 29편임을 알 수 있다.

양류梁柳가 태수가 되었을 때 황보밀이 예禮를 표하지 않은 것은 자질구레한 일일 뿐이다. 그런데도 전기傳記 안에 기록하였다. 만일 황보밀이 정말 양류에게 ≪고문상서≫를 얻어 ≪제왕세기≫를 지었다면 이것은 바로 경술

經術이 드러나느냐 마느냐 하는 것이요 저작著作을 하게 된 본원本原인데, 어찌 도리어 생략하여 기록하지 않을 수 있겠는가?

아아! ≪사기≫ · ≪한서≫ · ≪후한서≫는 사람들이 다 같이 읽은 책이다. 바로 명백하게 ≪금문상서≫로써 서로 교정한 ≪고문상서≫를 ≪금문상서≫라 하며, 명백하게 따로 102편이 있는데 24편이라 하며, 명백하게 그 책을 벽속에 숨긴 것을 말로 전수했다고 하며, 명백하게 학관에 세우고 제자를 두었는데 사사로이 집안에 보관했다고 한다. 저들이 다 같이 읽은 ≪사기≫ · ≪한서≫에 대해서도 검은 것을 희다고 하기를 어려워하지 않는데, 하물며 사람들이 많이 읽지 않은 ≪진서晉書≫ 또한 어찌 없는 것을 있다고 하기 어려워하겠는가?

按: 梅賾果嘗奏上此書, <本紀>卽不之載, <儒林傳>中, 豈得竝無一言及之? 乃非惟無其事, 亦幷無蘇愉等三人之名. 然則三人亦皆子虛 · 烏有者也. 且凡紀事之體, 必書年月, 而≪尙書正義≫ · ≪隋書≫記此事, 皆不言爲某帝之時 · 某年之事, 蓋緣當時本無此事, 係之以時, 則人覆檢而知其誣, 故傳≪僞書≫者, 爲此含混之詞,

使人無從辨其眞僞, 孔氏道聽塗說, 遂從而錄之耳. 且夫
五十八篇之書, 魏以前未行於世也. 當魏主講≪尙書≫之
時, 冲所執者, 果係孔氏之五十八篇, ≪傳≫豈得不大書
特書, 而乃但云≪尙書≫? 旣但云≪尙書≫, 則卽馬 · 鄭
之二十九篇, 可知矣. 柳爲太守, 謐不加禮, 瑣事耳. 然猶
載之傳中. 若謐果從柳得≪古文尙書≫, 而作≪帝王世
紀≫, 此乃經術之顯晦, 著作之本原, 何得反略之而不記
乎? 嗟夫! ≪史記≫ · 兩≪漢≫之書, 人所共讀者也. 乃
明明與≪今文≫相校之≪古文≫, 而謂之≪今文≫; 明
明別有百二篇, 而謂之卽二十四篇; 明明壁藏其書者, 而
謂之口授; 明明立學官, 置弟子, 而謂之私藏於家. 彼其於
共讀之≪史≫ · ≪漢≫, 尙不難以黑爲白, 況人不多讀之
≪晉書≫, 亦何難以無爲有乎?

육박⑥ 정현 · 공안국의 훈고와 ≪위서≫의 상호모순 相互矛盾 [六駁之六鄭孔解詁與僞書之牴牾]

매색梅賾이 이 책을 조정에 올린 적이 없을 뿐만 아
니라 정충鄭冲도 이 책을 본 적이 없으며, 공안국도

이 책이 있는지 몰랐다. ≪논어집해論語集解≫[121]를 살펴보면 알 수 있다.

非但梅賾未嘗奏上此書也, 卽鄭冲亦未嘗見此書, 孔安國亦不知有此書, 考之≪論語集解≫可見.

공자孔子가 말하였다. "≪상서≫에 '효도여! 오직 효도하고 형제에게 잘하여 한 집안의 정사政事에 행한다.'고 하였으니, 이 또한 정사를 하는 것이다. 어찌 조정에 나아가 정사하는 것만이 정사하는 것이겠는가?"[122]

주석: "포함包咸[123]이 말하였다. '효호유효孝乎惟孝는 큰 효를 찬미하는 말이다. 우어형제友於兄弟는 형제에게 잘함이다. 시施는 행함이다. 행하는 것에 정사의 도道가 있다면 조정에 나아가 정사를 하는 것과 같다."【≪논어집해≫】

---

121 논어집해: 삼국시대三國時代 위魏나라의 하안何晏, 정확하게는 하안何晏·순의荀顗·조희曹羲·정충鄭冲·손옹孫邕이 함께 편찬한 책으로 '집해논어集解論語'·'하안집해何晏集解' 등으로 불린다. 모두 20권이며, 별도의 10권본이 함께 전한다.

122 공자가……것이겠는가: ≪논어≫ <위정爲政>에 나온다.

123 포함(B.C. 6-65): 후한後漢 회계會稽 곡아曲阿 사람으로 포함苞咸이라고도 하며, 자字는 자량子良이다.

子曰: "≪書≫云: '孝乎惟孝, 友於兄弟, 施於有政.' 是亦爲
政, 奚其[爲][124]爲政?" 註: "包曰: '孝乎惟孝, 美大孝之詞.
友於兄弟, 善於兄弟. 施, 行也. 所行有政道, 與爲政同.'"
【≪論語集解≫】

안: ≪논어집해≫는 정충과 하안이 함께 찬집纂輯한 것이
다. 인용한 포함包咸의 말은 '효호유효孝乎惟孝'를 구절로
삼았고, '시어유정施於有政'을 한 집안의 정사로 여겼다.
그런데 지금 ≪위서僞書≫의 이 문장에는 '효호孝乎' 두 글
자가 없고, '시어유정施於有政'이 '극시유정克施有政'으로
되어 있으니, 바로 백성을 다스리는 정사를 가리켜 말한 것
으로 포함이 말한 것과 매우 다르다. 만일 정충이 정말로
이 책을 보았다면 어찌 다시 포함의 말을 받아들이겠는가?
지금 하안·정충이 이미 포함의 주석을 옳다고 여겼다면
분명히 이 책을 본 적이 없을 것이다.

按: ≪集解≫, 乃鄭冲與何晏同纂輯者. 所引包說, 以'孝
乎惟孝'爲句, 以'施於有政'爲一家之政. 今≪僞書≫此文,

---

124 [爲]: 편정본編訂本에는 '奚其爲政'이라고 되어 있으나, 교간본
校刊本·통세본通世本과 ≪논어≫에는 '奚其爲爲政'이라고 되
어 있다. 여기에 의거하여 '爲'를 보충하였다.

無‘孝乎’二字, 以‘施於有政’作‘克施有政’, 乃指治民之政而
言, 與包所說迥異. 若冲果見此書, 豈容復采包說? 今何‧
鄭旣以包訓爲是, 則其未嘗見此書明矣.

말하였다. "나 소자 리履는 감히 검은 희생을 사용하여 감
히 위대한 천제天帝께 분명히 고합니다."[125]

　　주석: "공안국이 말하였다. '리履는 은殷 탕왕湯王의
이름이다. 이것은 걸桀을 칠 때 하늘에 고한 글이다.……
≪묵자墨子≫에서 <탕서湯誓>를 인용한 곳에도 그 말이
이와 같다.'"【≪논어집해≫】

曰: "予小子履, 敢用玄牡, 敢昭告于皇皇后帝." 註: "孔曰:
‘履, 殷湯名. 此伐桀告天之文.……≪墨子≫引<湯誓>, 其
辭若此.'"【≪論語集解≫】

안: 지금 ≪위서僞書≫의 이 글은 바로 탕왕湯王[126]이 하
夏나라를 멸망시킨 뒤에 제후와 백성에게 알린 것으로 되
어 있다. 공안국이 정말로 이 글을 보았다면 '걸桀을 칠 때

───────────

125 나……고합니다: ≪논어≫ <요왈堯曰>에 나온다.
126 탕왕(?-?): 천을天乙‧태을太乙‧성탕成湯이라고도 한다. 이
　　름은 리履이다. 상商나라 왕조王朝를 열었다.

하늘에 고했다.'고 해서는 안 된다. 또 지금의 ≪위서≫
<탕고湯誥>에 현재 이 글이 있는데, 공안국이 어찌 '지
금 ≪상서≫ <탕고>에 있다.'고 주석하지 않고, 도리어
≪묵자≫를 인용하여 증거로 삼았겠는가? 공안국이 이미
≪묵자≫를 증거로 삼았다면 공안국이 본 ≪고문상서≫
에는 이런 글이 전혀 없었음이 분명하다.

按: 今≪僞書≫此文, 乃湯滅夏之後, 告諸侯百姓者. 安國
果見此文, 不當謂之'伐桀告天.' 且今≪僞書≫<湯誥>,
現有此文, 安國何不注云'今≪尙書≫<湯誥>有之', 乃反
引≪墨子≫以爲證乎? 安國旣引≪墨子≫爲證, 則是安國
所見之≪古文尙書≫, 竝無此文也明矣.

"비록 주周나라의 공족公族[親]이 있더라도 상商나라의
어진 사람만 못하다."[127]

　　주석: "공안국이 말하였다. '공족이라도 어질지 않고 충

---

127 비록……못하다: ≪논어≫ <요왈堯曰>에 나온다.

성하지 않으면 죽이니, 관숙管叔[128]·채숙蔡叔[129]이 이런
사람들이다. 어진 사람은 미자微子[130]·기자箕子[131]를 이
르니, 귀순하면 등용한다.'"【≪논어집해≫】

"雖有周親, 不如仁人." 註: "孔曰: '親而不賢不忠則誅之, 管·
蔡是也. 仁人謂微子·箕子, 來則用之.'"【≪論語集解≫】

안: 이 주석은 이 말을 가지고 주周나라의 일을 일반적으로

---

128 관숙(?-?): 서주西周 사람으로 성姓은 희姬, 이름은 선鮮, 문왕
文王의 셋째 아들이다. 주周 무왕武王이 상商을 멸망시킨 뒤, 주
왕紂王의 아들 무경武庚을 은殷에 봉封하여 상商의 유민遺民을
통제하려 하였고, 이들이 반란하지 못하도록 자신의 동생 희선
姬鮮을 관管에, 희도姬度를 채蔡에, 희처姬處를 곽霍에 봉封하
여 그들을 감시·통제하게 하였다. 무왕武王이 죽고 나이 어린
성왕成王이 즉위하여 주공周公이 섭정攝政하자, 이에 불만을
품고 무경武庚과 함께 반란을 일으켰다. 반란이 진압된 뒤, 무
경武庚과 관숙管叔은 처형되었다.

129 채숙(?-?): 서주西周 사람으로 성姓은 희姬, 이름은 도度, 문왕
文王의 다섯 번째 아들이다. 관숙管叔·무경武庚 등과 함께 반
란을 일으켰으나 반란이 진압된 뒤, 멀리 유배되었다.

130 미자(?-?): 서주西周 사람이다. 주紂의 동모서형同母庶兄이다.
미微는 경기내京畿內의 국명國名, 자子는 봉작封爵, 본명本名은
계啓이다.

131 기자(?-?): 상商나라 사람으로 성姓은 자子, 이름은 서여胥餘
이다. 기箕에 봉封해져 기자箕子라고 부른다. 주왕紂王의 숙부叔
父라고도 하고 서형庶兄이라고도 한다.

논한 것이니, '주친周親'으로 주周나라의 공족公族을 가리켰고, '인인仁人'으로 상商나라의 현신賢臣을 가리켰다. 지금 ≪위서僞書≫의 이 글은 바로 무왕武王이 무리들에게 맹서하는 말이니, 관숙管叔·채숙蔡叔이 배반하기 전일뿐만 아니라 미자微子·기자箕子도 오히려 주周나라에 귀순하기 전이다. 공안국이 정말로 이 편을 보았다면 어찌 다시 이렇게 풀이한 것을 받아들일 수 있겠는가?

또 ≪위전僞傳≫에서 "'주周'는 지극히 가까움이다. 주紂의 가까운 친척이 많더라도 주周나라 공가公家에 어진 사람이 적은 것만 못함을 말한다."[132]고 하여, 도리어 '주친周親'을 상商나라에 붙이고, '인인仁人'을 주周나라에 붙여서 공안국의 ≪논어≫ 주석과 완전히 서로 반대된다. 그렇다면 ≪위서僞書≫·≪위전僞傳≫이 공안국에게서 나오지 않은 것이 분명하다.

按: 此註, 是以此言爲泛論周之事, 以'周親'指周之公族, 以'仁人'指商之賢臣也. 今≪僞書≫此文, 乃武王誓師之詞, 不惟管·蔡未叛, 微·箕亦尙未來. 安國果見此篇, 何容復

---

132 주는……말한다: ≪상서≫ <주서周書 태서泰書 중中>의 위공안국전僞孔安國傳에 나온다.

作此解? 且≪僞傳≫云 "'周', 至也. 言紂至親雖多, 不如周
家之少仁人." 反以 '周親' 屬商, 以 '仁人' 屬周, 與安國≪論
語≫之注正相悖. 然則≪僞書≫·≪僞傳≫之不出於安國
明矣.

    형씨邢氏[133]의 ≪논어정의論語正義≫에 "이 ≪논어≫
의 '수유주친雖有周親 불여인인不如仁人'이라는 글은 저
≪상서≫ <태서泰誓>의 글과 완전히 같다. 그러나 공안국
의 주석이 여기와 다른 것은 대개 공안국의 뜻에 저기서는
주紂를 칠 때 무리들에게 맹서하는 말이라 여기고, 여기서
는 주周나라 왕가王家의 정치하는 법을 일반적으로 말한
것이라 여겨서 양쪽으로 그 뜻을 통하게 하고자 했기 때문
에 다른 것이다."[134]라고 하였다. 그러나 저 성인聖人의 말
씀은 하나인데, 어찌 갑자기 저것이라 했다가 갑자기 이것
이라 할 수 있는가? 공안국이 어찌 한 입으로 두 말한 일이

---

133 형씨: 송宋나라 조주曹州 제양濟陽 사람 형병邢昺(932-1010)이
    다. 형병의 자字는 숙명叔明이다. 조명詔命을 받아 두호杜鎬·
    손석孫奭 등과 제경諸經의 의소義疏를 교정校定하였다. 저서에
    ≪논어정의論語正義≫, ≪이아의소爾雅義疏≫ 등이 있다.
134 이……것이다: 형병, ≪논어정의≫ <요왈堯曰>에 나온다.

있겠는가? 이 이치는 분명하여 알기 쉬운데, 공영달[135]은
오히려 ≪위전僞傳≫의 말을 자세하게 보전하려고 하였
으니, 또한 괴상하구나!

아아! 공안국은 서한西漢의 이름난 학자인데, 이와 같
이 망령된 사람들에게 무고誣告를 당하였다. 공영달은 자
기 조상을 위해 그 무고를 변론하지 못하고 도리어 유작
劉焯[136]·유현劉炫[137]의 말을 억지로 끌어다 붙여 표장表

---

135 공영달: 최술은 바로 앞 ≪논어정의≫의 말이 공영달이 한 말이
라고 착각한 듯하다. 그래서 여기의 주어를 '공영달'이라고 하
였다. 그러나 ≪논어정의≫의 말은 형병邢昺의 ≪논어정의論語
正義≫에 나오니, 이 주어도 '형병'으로 수정해야 옳다. 그러나
공영달이 조서를 받아 오경정의五經正義를 편찬할 때 ≪위공안
국상서전僞孔安國尙書傳≫을 내치지 않고 ≪상서정의≫의 저
본으로 삼은 것을 염두하고서 쓴 글이므로 주어를 '형병'으로
고치지 않고 그대로 '공영달'로 두었다. 이 아래도 여기에 준거
遵據한다.

136 유작(544-610): 수隋나라 신도信都 창정昌亭 사람으로 자字는
사원士元이다. ≪계극稽極≫, ≪역서曆書≫, ≪오경술의五經述
議≫ 등을 지었다. 유현劉炫과 함께 공부하였으며 당시 사람들
이 유현劉炫과 함께 '이유二劉'라 불렀다.

137 유현(약 546-613): 수隋나라 하간河間 경성景城 사람으로 자
字는 광백光伯이다. ≪논어술의論語述議≫, ≪춘추공매春秋
攻昧≫, ≪오경정명五經正名≫, ≪효경술의孝經述議≫, ≪춘
추술의春秋述議≫, ≪상서술의尙書述議≫, ≪모시술의毛詩述
議≫, ≪주시서注詩序≫, ≪산술算術≫ 등을 지었다.

章만 하여 후세의 학자들이 이 주석의 오류[紕繆]를 손가락질하고 걸핏하면 공안국에게 허물을 돌려 공안국에게 천년동안 억울한 누명[不白之冤]을 쓰게 만들었으니, 누구의 허물이겠는가? 이것이 내가 긴 한숨을 지으며 깊이 탄식하는 이유이다.

(孔)[邢][138]氏≪正義≫云: "此文與彼正同, 而孔註與此異者, 蓋孔意以彼爲伐紂誓衆之詞, 此泛言周家政治之法, 欲兩通其義, 故不同也." 夫聖人之言, 一也, 豈得忽以爲彼, 忽以爲此. 安國寧有此一口兩舌之事乎? 此理顯然易見, 而穎達猶欲曲全≪僞傳≫之說, 抑亦異矣! 嗟夫, 安國, 西漢名儒, 乃爲妄人所誣如是. 爲穎達者, 不能爲乃祖辨其誣, 顧反附會焯·炫而表章之, 以致後儒摘斯傳之紕繆, 動輒歸咎安國, 使安國蒙不白之冤於千載之上, 誰之過與? 此余之所爲長太息者也.

---

138 (孔)[邢]: 편정본編訂本·교간본校刊本에는 '孔'으로 되어 있으나, 통세본通世本에는 '邢'으로 되어 있고, 인용한 내용이 형병邢昺의 ≪논어정의論語正義≫에 나오므로 '邢'으로 바로잡았다.

≪위서≫의 저자와 그 보급연대 [僞書之著者及其推行 之年代]

58편의 경經 · 전傳은 공안국이 주석한 것으로 매색梅 賾이 조정에 올린 것이 아니다. 과연 누가 지은 것이며, 언 제 처음으로 세상에 유행하였는가?

강동지역 [江左][139] 사대부들이 경학經學에 모두 마음 을 두지 않고 이를 언급한 사람이 드문 것은 바로 자세하 게 검토할 수 없었기 때문이다. 그 당시 저술된 책을 근거 로 살펴본다면, 왕탄지王坦之[140]는 동진東晉 사람이고, 범 위종范蔚宗은 송宋나라 원가元嘉(문제文帝의 연호, 424— 453) 때의 사람이다. 가령 동진 초기에 이 책이 정말로 조 정에 올려져 세상에 유행하였다면 왕탄지 · 범위종은 반 드시 보지 않을 수 없었을 것이다. 그러나 왕탄지가 <폐장

---

139 강동지역: 동진東晉 및 남조南朝의 송宋 · 제齊 · 양梁 · 진陳나 라를 가리킨다.

140 왕탄지(330—375): 동진東晉 태원太原 진양晉陽 사람으로 자字 는 문도文度, 시호諡號는 헌獻이다. 유학儒學을 존숭하고 형명 학刑名學을 배척하였으며, ≪장자莊子≫를 세상에서 없애야 한 다는 <폐장론廢莊論>을 지었다.

론廢莊論〉을 지을 때 '인심人心'·'도심道心' 두 마디를
인용하면서 우서虞書라고 말하지 않았으니 【《당우고신록
唐虞考信錄》 안에 자세하게 소개하였다.[141]】, 왕탄지는 이 책을
못 본 것이다.

　범위종이 《후한서》〈유림전儒林傳〉을 지을 때 '가규
는 훈訓을 짓고, 마융은 전傳을 지었으며, 정현은 주注를
달아 풀이하였다. 이를 계기로 《고문상서》가 마침내 세
상에 드러났다.'고만 말하였다. 만일 별도로 25편이 있는
지 몰랐다면 범위종도 이 책을 못 본 것이다. 다만 양梁나
라의 유협劉勰[142]이 《문심조룡文心雕龍》을 지을 때서야
이 25편의 글을 인용하였다. 그렇다면 원가元嘉 이전에는
이 책이 세상에 유행한 적이 없고, 제齊나라·양梁나라 때
에 이르러서야 강동지역에 유행한 것이다.

　그러나 강동지역에만 유행하였을 뿐, 중원中原에는 여

---

141 《당우고신록》……소개하였다: 최술, 《당우고신록唐虞考信
　　錄》 권4 〈인이불어변《위서》인심도심지설引李紱語辨僞書
　　人心道心之說〉에 소개되어 있다.
142 유협(약 466−538 일설에는 약 465−532): 남북조시대南北朝時
　　代 남조南朝 양梁나라의 동완東莞 거莒 사람으로 자字는 언화彦
　　和이다. 《문심조룡文心雕龍》을 지었다.

전히 이 책이 없었다. 그러므로 ≪수서隋書≫ <경적지經籍志>에서 "양梁나라·진陳나라에서 강론한 것은 공안국·정현 두 학자[家]의 주석이었고, 제齊 왕조에서는 정현의 뜻[義]을 전할 뿐이었으며, 수隋나라에 이르러 공안국·정현의 주석이 나란히 유행하면서 정씨鄭氏의 주석이 매우 쇠미해졌다."고 하였다.

그렇다면 수隋나라가 진陳나라를 멸망시킨 이후에 이 책이 점차 북방에 전해져 유작劉焯·유현劉炫의 무리들이 진귀한 보물로 여겨 주석한 뒤에야 이 책이 크게 유행하여 정현의 주석이 점차 쇠미해진 것이다. 글을 엮은 사람에 이르러서는 매작梅鷟·거래巨來 이불李紱[143]이 모두 황보밀皇甫謐이 지은 것[144]이라고 하였다.

---

143 이불(1673-1750): 청淸나라의 강서江西 임천臨川 사람으로 자字는 거래巨來, 호號는 목당穆堂이다. ≪목당유고穆堂類稿≫, ≪목당속고穆堂續稿≫, ≪목당별고穆堂別稿≫가 있으며, ≪육자학보陸子學譜≫, ≪주자만년전론朱子晚年全論≫, ≪양명학록陽明學錄≫, ≪팔기지서八旗志書≫ 등을 지었다.

144 매작……것: 최술은 매작梅鷟의 저술을 보지 못하였다고 하였으니, 이것은 이불李紱의 <이거래서고문상서원사후보설李巨來書古文尚書冤詞後補說>에서 말한 "≪고문상서≫는 황보밀이 지은 것인 듯하다. 나중에 매작의 ≪상서고이尚書考異≫를 손에 넣어 살펴보니, 소견이 일치하는 것이 많았다. 그 서문에서

曰: 五十八篇經傳, 非孔安國所傳, 梅賾所奏上. 果何人所撰, 至何時始行於世邪? 曰: 江左士大夫, 於經學皆不留意, 罕有言及此者, 此不可詳考矣. 但據其時所著之書觀之, 王坦之, 東晉人也, 范蔚宗, 宋元嘉時人也, 藉令東晉之初, 此書果已奏上行世, 坦之·蔚宗, 必無不見之者. 而坦之著<廢莊論>, 引'人心'·'道心'二語, 不言其爲虞書【詳見≪唐虞考信錄≫中】, 是坦之未見此書也. 蔚宗著≪後漢書≫<儒林傳>, 但云'賈逵作訓, 馬融作傳, 鄭玄注解, 由是≪古文尙書≫, 遂顯於世, 若不知別有二十五篇者, 是蔚宗亦未見此書也. 直至梁劉勰作≪文心雕龍≫, 始引此二十五篇之文. 然則是元嘉以前, 此書初未嘗行於世, 至齊·梁之際, 始出於江左也. 然但行於江左已耳, 中原猶未有此書. 故≪隋書≫<經籍志>云: "梁·陳所講, 有孔·鄭二家; 齊代惟傳鄭義; 至隋, 孔·鄭竝行而鄭氏甚微." 然則是隋滅陳以後, 此書乃漸傳於北方, 劉焯·劉炫之輩, 以爲奇貨而註釋之, 然後此書大行而鄭註漸廢也. 至其撰書之人, 則梅鷟·李巨來, 皆以爲皇甫謐所作.

는 곧바로 ≪고문상서≫를 가리켜 황보밀이 지어 양류梁柳에게 전수하였다고 하였다." 한 말에 근거한 것인 듯하다.(本書 권2 <李巨來書古文尙書寃詞後補說> 참조)

그러나 내가 보기에는 그렇지 않다. 서진西晉 때에는 ≪금문상서≫ · ≪고문상서≫가 모두 세상에 보존되어 있었는데, 어찌 ≪고문상서≫를 가리켜 ≪금문상서≫라고 하면서 별도의 ≪고문상서≫를 지어 그 시대를 속일 수 있겠는가? 더군다나 황보밀이 정말로 이 책을 지었다면 반드시 세상에 유행하였을 것인데, 어찌 위종蔚宗도 모르며, 또 어찌 강동지역에는 성행하고 중원에는 도리어 없었겠는가? 그렇다면 이 책이 바로 남쪽으로 건너간 이후에 진晉나라 · 송宋나라 사이에 왕숙王肅을 높이는 사람이 위찬하여 정현의 뜻을 논박하고 왕숙의 설을 편 것일 뿐이다.

왜 그렇게 말하는가? ≪춘추좌씨전≫의 '그 기강을 어지럽혔다[亂其紀綱][145]'를 구설舊說에는 '하夏 걸왕桀王의 시대'라고 하였으나, 왕숙은 '태강太康의 세대'라고 하였으며[146], <무일無逸>의 '조갑祖甲에 있어서[其在

---

145 그……어지럽혔다: ≪춘추좌씨전≫ 애공哀公 6년 추칠월조秋七月條에 나온다.

146 구설에……하였으며: ≪춘추좌씨전정의春秋左氏傳正義≫ 공영달의 소疏에 다음과 같이 말하였다. "가의 · 복건 · 손염 · 두예는 모두 ≪고문상서≫를 보지 못하였기 때문에, ≪일서逸

祖甲]'를 마융·정현은 '무정無丁의 아들'이라고 하였으나, 왕숙은 '태갑太甲의 일'이라고 하였다[147]. 그러나 지금 ≪위경僞經≫에는 '그 기강을 어지럽혔다[亂其紀綱]'를 <오자지가五子之歌>에 넣었고, ≪위전僞傳≫에서는 '조갑祖甲'을 '태갑太甲'이라 하였으니[148], 분명하게 왕숙의 설을 조술祖述하여 선유先儒를 드러나지 않게 공격한 것이다. 왕숙의 학설을 높이는 학자가 위찬한 것임은 털끝만큼도 의심스러운 점이 없다.

대체로 한漢나라 말기에 경經을 말하는 사람들은 모두 정강성鄭康成을 높였으나, 왕숙이 출세함에 이르러서는 그의 문벌門閥을 믿고 비로소 정현의 설을 논란論難하기를 좋아하였다. 그의 설이 한두 군데 정현보다 뛰어난 점이 없진 않으나, 황당하고 어긋난 것이 실제로 많다. 다만

書≫라고 하였고, '하夏 걸왕桀王 때'라고 풀이하였다. 왕숙만은 '태강의 때'라고 하였다.[賈·服·孫·杜, 皆不見≪古文≫, 故以爲≪逸書≫, 解爲夏桀之時. 唯王肅云: '太康時也.']"

147 <무일>의……하였다: ≪상서정의≫ 공영달의 소疏에 다음과 같이 말하였다. "왕숙도 조갑祖甲을 태갑太甲이라고 하였다. 정현은 '조갑은 무정武丁의 아들 제갑帝甲이다.'라고 하였다.[王肅亦以祖甲爲太甲. 鄭玄云: '祖甲, 武丁子帝甲也.']"

148 조갑을……하였으니: ≪상서정의≫ 공안국의 전傳에 "탕의 손자 태갑이다.[湯孫太甲]"라고 하였다.

왕숙의 아비[149]는 위魏나라의 삼공三公이고 딸[150]은 진晉
나라의 태후였기 때문에, 그 무리들이 마침내 성대해지고
그의 설이 크게 유행하여 천하의 경經을 말하는 사람들은
두 파로 나뉘어 한쪽은 정현의 학문을 높이고 한쪽은 왕
숙의 학문을 높였다. 정현을 높이는 사람들은 왕숙을 폄
하하고 왕숙을 높이는 사람들은 정현을 논박하였다.

마침 영가永嘉의 난리를 만나 《금문상서》가 전해지
지 않아 강동지역의 학자들이 눈으로 보지 못하고 귀로
듣지 못하였다. 또 그 당시 뛰어난 인재들은 청담淸談에
힘쓰지 않으면 시부詩賦와 문장[筆札]에 마음을 다하여
경술經術을 하는 사인士人이 매우 적었다. 마융·정현이
전한 것이 《금문상서》의 편수와 같다는 것만 보고 마침
내 《금문상서》라고 오해하였다. 이 때문에 왕숙을 높이
는 학자가 이 책을 위찬하여 정씨를 공격하게 된 것이다.
책이 진晉나라·송宋나라 사이에 지어졌기 때문에, 제齊

---

149 왕숙의 아비: 왕랑王朗(?-228)이다. 삼국시대三國時代 위魏나
    라의 동해東海 담郯 사람으로 본명本名은 엄嚴, 자字는 경흥景
    興, 시호諡號는 성성成이다.
150 딸: 왕숙의 딸은 사마소司馬昭에게 시집가서 무제武帝 사마염
    司馬炎을 낳았다.

나라·양梁나라 즈음에 비로소 그 당대에 유행한 것이다. 공씨孔氏(공영달)가 다만 ≪위서僞書≫·≪위전僞傳≫의 설이 왕숙과 같은 것이 많음을 보았으나, 그 이유를 몰라 마침내 왕숙이 ≪공안국상서전孔安國尚書傳≫을 사적私的으로 보고나서 숨긴 것이 아닌가[151] 하였다.

以余觀之, 不然. 西晉之時, ≪今文≫·≪古文≫, 並存於世, 安能指≪古文≫爲≪今文≫, 而別撰一≪古文尚書≫以欺當世? 況讖果著此書, 必已行世, 何以蔚宗猶不之知; 又何以江左盛行而中原反無之? 然則此書乃南渡以後, 晉·宋之間, 宗王肅者之所僞撰, 以駁鄭義而伸肅說者耳. 何以言之? ≪左傳≫'亂其紀綱', 舊說以爲夏桀之時, 而肅以爲太康之世; <無逸>'其在祖甲', 馬·鄭以爲無丁之子, 而肅以爲太甲之事. 今≪僞經≫以'亂其紀綱'入<五子之歌>, ≪僞傳≫以祖甲爲太甲, 明明祖述肅說, 暗攻先儒. 其爲宗肅學者之所僞撰, 毫無疑義. 蓋漢末說經者, 皆宗康成, 逮王肅起, 恃其門閥, 始好與鄭爲難. 其說不無一二之勝於鄭, 而荒唐悖謬者實

---

151 왕숙이……아닌가: ≪상서정의≫ 공영달의 소疏에 다음과 같이 말하였다. "왕숙은 ≪상서≫에 주석하였으나, 그 말은 대부분 ≪공안국상서전孔安國尚書傳≫의 내용이니, 왕숙이 ≪고문상서≫를 보았지만 그 사실을 숨기고 말하지 않은 듯하다.[王肅注≪尚書≫, 其言多是≪孔傳≫, 疑肅見≪古文≫, 匿之而不言也.]"

多. 但肅父爲魏三公, 女爲晉太后, 以故其徒遂盛, 其說大行, 天下之說經者, 分爲二派, 一宗鄭學, 一宗王學. 宗鄭者黜王, 宗王者駁鄭. 適値永嘉之亂, ≪今文≫失傳, 江左學者目不之 見, 耳不之聞, 又其時俊桀之才, 非務淸談, 卽殫心於詩賦筆 札, 經術之士絶少, 但見馬·鄭所傳與≪今文≫篇數同, 遂誤 以爲≪今文≫. 由是宗肅學者, 得以僞撰此書以攻鄭氏. 書 旣撰於晉·宋之間, 故至齊·梁之際, 始行於當世也. 孔氏但 見≪僞書≫·≪僞傳≫之說多與肅同, 不知其由, 遂疑肅私 見≪孔(氏)[傳]¹⁵²≫而祕之.

저 왕숙王肅이 오로지 정씨鄭氏를 공격할 때, 만일 정 말로 이 책이 이전에 있어서 왕숙이 보고서 정씨의 잘못 을 공격하되, 반드시 이 책을 인용하여 증거로 삼아 '≪상 서≫ 어느 편에 이러이러하고, 어느 주석에 이러이러하 다.'라고 하였다면, 세상 사람들이 누가 감히 그의 설을 옳 지 않다고 하겠으며, 무엇 때문에 자기에게서 나와 그런 것 같다고 하겠는가? 그렇다면 ≪위서僞書≫가 왕숙의 설에서 채록된 것이지 왕숙의 설이 ≪위서≫에 뿌리를 둔

---

152 (氏)[傳]: 편정본編訂本에는 '氏'로 되어 있으나, 교간본校刊
本·통세본通世本에 의거하여 '傳'으로 바로잡았다.

것이 아님이 분명하다.

≪상서정의≫에서 일컬은 '황보밀이 양류梁柳에게서 이 책을 얻었다. 그러므로 ≪제왕세기≫를 지을 때 그 말을 실은 것이 많다.'는 것도 ≪위서≫를 지은 사람이 ≪제왕세기≫에서 채록한 것이다. 바로 ≪갈관자鶡冠子≫는 가의賈誼[153]의 〈복조부鵩鳥賦〉에서 채록하였는데도 사람들이 가의의 부賦는 ≪갈관자≫에서 채록하였다고 이르는 것과 같다. 다만 남북조시대 중기에 경전을 연구하고 옛 일에 정통하여 그 거짓을 두루 살펴 아는 사람이 없어서 마침내 그 책이 유행하게 된 것이다. 그러나 마융 · 정현이 뿌리를 둔 책이 아직 남아 있어 후세 사람들이 여전히 고찰하여 알 수 있었다.

당唐 태종太宗[154] 때에 이르러 공영달이 조서를 받들어 오경정의五經正義를 지었는데, 이미 그 진위眞僞를 변별할 수 없었고, 또 그 주석을 진짜 자기의 조상 공안국이 지은 것이라고 오해하여 마침내 ≪정현주鄭玄註≫를 버려두

---

153 가의(B.C. 200−B.C. 168): 전한前漢의 하남河南 낙양洛陽 사람이다. 〈과진론過秦論〉, 〈복조부鵩鳥賦〉, ≪신서新書≫ 등을 지었다.
154 태종(599−649): 당唐나라의 2대 황제이다. 본명은 이세민李世民, 시호諡號는 문황제文皇帝이다.

고 그것을 사용하였다. 이로부터 정씨의 고본古本이 마침 내 없어지게 되었고, 사인士人으로서 명경시明經試[155]에 응 시하는 사람들은 과문科文[功令][156]을 준수遵守하여 ≪위 전僞傳≫을 읽지 않는 이가 없어 25편의 글이 마침내 33편 의 경經과 나란히 중시되었으며, 익히면서도 밝게 분별하 지 않고 본래 그렇다고 여겨 끝내 ≪사기≫ · ≪한서≫ 이 래로 한漢나라 · 진晉나라의 여러 학자들이 서술한 것에 이 글이 전혀 없는데도 후세 사람의 위찬에서 나온 것임을 모 르게 된 것이다.

夫肅專攻鄭氏, 如果此書在前, 肅嘗見之, 其攻鄭氏之失, 必引此書爲證, 云'≪尙書≫某篇云云, 某傳云云', 世人誰 敢謂其說之不然, 何爲但若出之於己然者? 然則是≪僞 書≫之采於肅說, 非肅說之本於≪僞書≫明矣. 卽≪正 義≫所稱'皇甫謐從梁柳得此書, 故作≪帝王世紀≫, 多 載其語'者, 亦作≪僞書≫者之采於≪世紀≫, 正如≪鶡

---

155 명경시: 유학儒學의 경전經典을 시험하여 관원을 선발하는 과 거 시험의 한 분과이다.

156 과문: 문과시文科試에서 부과한 고시과목의 문체文體이다. 시 詩 · 부賦 · 표表 · 책策 · 의疑 · 의義가 과문의 주종인데, 이것 을 흔히 과문육체科文六體라고 한다.

冠子≫采賈誼之<鵩鳥賦>, 而人反謂誼賦之采於≪鶡冠
子≫耳. 但南北朝中, 無窮經博古之人, 察知其僞, 遂使其
書得行. 然馬·鄭之本書尙在, 後之人猶可考而知之. 至唐
太宗時, 孔穎達奉詔作五經正義, 旣不能辨其眞僞, 又誤以
其傳眞爲其祖安國所著, 遂廢≪鄭註≫而用之. 自是鄭氏
古本遂亡, 士人之應明經試者, 莫不遵功令, 讀≪僞傳≫,
二十五篇之文, 遂與三十三篇之經竝重, 習而不察, 以爲固
然, 竟不知≪史≫·≪漢≫以來, 漢·晉諸儒所述, 竝無此
文, 而出於後人之僞撰者矣.

≪공자가어≫의 위찬자 [家語之僞撰者]

그러나 지금 ≪상서≫ 25편은 왕숙王肅을 높이는 자가
위찬한 것일 뿐만 아니라 지금 전하는 ≪공자가어≫도 왕
숙의 무리가 위찬한 것이다. ≪한서≫ <예문지藝文志>에
"≪공자가어≫ 27권."이라고 하였고, 안사고顔師古[157]의
주석에 "지금 있는 ≪공자가어≫가 아니다." 라고 하였으

---

157 안사고(581－645): 당唐나라의 경조京兆 만년萬年 사람으로 이
　　름은 주籀, 사고師古는 자字이다. 오경정의五經正義 편찬에도
　　참여하고, ≪한서漢書≫에 주석을 달았다.

니, 지금의 ≪공자가어≫는 바로 후세 사람이 위찬한 것이지, 한대漢代에 전해진 공씨孔氏의 ≪공자가어≫가 아니다.

　지금 ≪공자가어≫ <서序>에 "정씨鄭氏의 학문이 유행한 것이 50년이다. 나 왕숙은 15살[成童]에 처음 학문에 뜻을 두었을 때부터 정씨의 학문을 배웠다. 그러나 문장을 살피면서 그에 대한 사실을 추구하며 그 앞뒤를 살펴보았으나, 의리義理가 타당하지 않고 모순[違錯]된 것이 많았다. 이 때문에 그 부분을 삭제하고 고친 것이다. 그러나 세상에서는 그 진실한 사정을 분명히 알지 못하고 전대前代의 스승을 구차하게 논박하여 남과 다른 견해를 드러낸다고 한다." 라고 하였다. 또 "공맹孔猛[158]이란 자가 있었는데, 집안에 자기 선인先人의 책이 있었다. 옛날에 서로 종유從遊하며 배울 때, 그가 잠깐 집에 돌아갔다가 그 책을 가지고 왔다. 그 책의 내용이 내가 논한 것과 자로 잰 듯이 딱 맞는 듯하였다."고 하였다.

---

158 공맹(?-?): ≪사고전서총목제요四庫全書總目提要≫ <자부子部1 유가류儒家類1 공자가어孔子家語>에 공맹孔猛은 공자孔子의 22세손이라고 하였다.

그렇다면 지금의 ≪공자가어≫는 왕숙의 무리가 지은 것으로, 왕숙을 돕고 정강성鄭康成을 공격한 것이다. 이 때문에 그 글이 왕숙과 같고 정현의 설과 서로 다른 것이 많다. 이 <서>를 왕숙이 지었다고 하나, 또한 정말로 왕숙이 스스로 지은 것인지 단정할 수 없고, 그의 무리가 지은 것인데 왕숙에게 이름을 의탁한 것인지도 의심스럽다. 이를 근거로 말해보면 옛 책을 위찬하는 것은 바로 왕숙의 무리가 잘하는 재주이다. 지금의 ≪위고문상서僞古文尚書≫도 왕숙의 설과 같고 정씨와 다른 것이 많으니, 왕숙의 무리가 한 것이 아니면 누가 한 것이겠는가?

然不但今≪尚書≫二十五篇, 爲宗王肅者之所僞撰也, 卽今所傳≪家語≫, 亦肅之徒之所僞撰. ≪漢書≫<藝文志>云: "≪孔子家語≫二十七卷." 師古註云: "非今所有≪家語≫." 是今≪家語≫, 乃後人所僞撰, 非漢所傳孔氏之≪家語≫也. 今≪家語≫<序>云: "鄭氏學行, 五十載矣. 自肅成童始志於學, 而學鄭氏學矣. 然尋文責實, 考其上下, 義理不安, 違錯者多. 是以奪而易之. 然世未明其款情, 而謂其苟駁前師, 以見異於人." 又云: "有孔猛者, 家有其先人之書. 昔相從學, 頃還家, 方取以來. 與予所論, 有若重規疊矩." 然則今之≪家語≫, 乃肅之徒所撰, 以助肅而攻康成

者. 是以其文多與肅同, 而與鄭說互異. 此<序>雖稱肅撰,
亦未必果肅所自爲, 疑亦其徒所作, 而託名於肅者. 由是言
之, 僞撰古書, 乃肅黨之長技. 今≪僞古文尙書≫, 亦多與
肅說同, 而與鄭氏異者, 非肅黨爲之, 而誰爲之乎?

≪효경≫의 ≪위공씨경전≫ [孝經之僞孔氏經傳]

또한 ≪상서≫에 ≪위공씨고문경전僞孔氏古文經傳≫
이 있을 뿐만 아니라, ≪효경≫도 ≪위공씨고문경전≫이
있다. ≪효경정의孝經正義≫에 "수隋나라 개황開皇[159] 14
년(594), 비서성祕書省의 학생 왕일王逸이 도성都城 시장
의 진인陳人이 거처하는 곳에서 책 한 권을 사서 저작랑
著作郞 왕소王邵[160]에게 보내 하간河間의 유현劉炫에게
보여주게 하였다."[161]고 하였다. 그렇다면 후세의 이른바

---

159 개황: 개황開皇은 수隋 문제文帝의 연호年號(581-600)이다.

160 왕소(?-?): '王劭'로도 쓴다. 수隋나라의 태원太原 진양晉陽 사
    람으로 자字는 군무君懋이다. ≪수서隋書≫, ≪독서기讀書記≫
    등을 지었다.

161 수 개황……하였다: ≪효경주소孝經注疏≫ <효경서孝經序> '어
    제서병주소御製序幷注疏'의 형병소邢昺疏에 나온다.

≪고문효경古文孝經≫이라는 것은 수대隋代에 출현한 것이지, 한漢나라의 학자들이 전한 공자가 살던 오래된 집의 벽속에서 나온 ≪고문효경≫이 아니다.

또 "개원開元[162] 7년(719), 국자박사國子博士 사마정司馬 貞[163]이 의론하여 '≪금문효경今文孝經≫은 한漢나라의 하 간헌왕河間獻王[164]이 얻은 안지본顔芝本이다. 유향劉向에 이르러 이것으로 ≪고문효경≫을 비교하며 교정하여 번잡 하고 의심스러운 것을 덜어내어 이 18장을 확정하였다. 그 ≪고문효경≫ 22장은 내조內朝[中朝]에서 마침내 그 책을 잃어버렸다. 근세의 학자들이 고문학[古學]을 높이고자 하 여 함부로 전학傳學[165]을 만들어 거짓으로 공씨孔氏를 일컫 고 걸핏하면 천착하여 고치고, 또 <규문閨門> 한 장을 위조 하여 22라는 수數에 호응시켰으니, 경문經文이 진짜가 아닐 뿐만 아니라 전문傳文도 보잘것없는 가짜다.'라고 하였다. 이

---

162 개원: 당唐 현종玄宗의 연호年號(713−741)이다.
163 사마정(?−?): 당唐나라의 하내河內 사람으로 자字는 자정子正이 다. ≪사기색은史記索隱≫, ≪보삼황기補三皇紀≫를 편찬하였다.
164 하간헌왕(?−B.C. 130): 성姓은 유劉, 이름은 덕德, 시호諡號는 헌獻이다. 전한前漢의 종실宗室로 경제景帝의 셋째 아들이다.
165 전학: 주석하는 학문분야이다.

로부터 명황明皇[166]이 스스로 ≪효경≫을 주석하여 천하에
반포하되 18장으로 확정하였다." [167]고 하였다. 그렇다면 남
북분왕南北分王의 시기[168]에는 경술經術이 황폐해져 호사
가好事家들이 위서僞書를 위조하여 당대를 미혹시키는
것이 바로 예사로 있는 일이었다. 저 22장만은 다행히 사
마정이 그 틀리고 잘못된 것을 논박해 두었기 때문에 세상
에 유행하지 않았다.

그러나 이 25편은 불행히도 공영달이 잘못 알고 공손히
받들어 진짜 책을 내치고 가짜를 이용하여 인재를 선발하

---

166 명황: 당唐 현종玄宗(685-762)의 별칭이다. 본명本名은 이융기
李隆基, 예종睿宗의 셋째 아들이다.

167 개원⋯⋯확정하였다: 주注 161와 같다.

168 남북분왕의 시기: 중국의 남북조시대南北朝時代로 진晉나라와
수隋나라의 중간시대에 해당한다. 남조南朝는 송宋 문제文帝부
터 제齊·양梁·진陳의 4왕조가 교체되며 나라를 세웠다가, 589
년 진陳나라가 수隋 문제文帝에게 멸망될 때까지를 가리킨다. 북
조北朝는 오호십육국五胡十六國의 혼란을 수습한 북위北魏 태무
제太武帝부터, 이 북위北魏가 동위東魏·서위西魏로 분열하고 동
위東魏는 북제北齊, 서위西魏는 북주北周로 교체되었다가 북주北
周가 북제北齊를 멸망시키고 화북지역華北地域을 통일하였으나,
얼마 못가 외척 양견楊堅(문제文帝)이 제위를 양위讓位 받고 건
국한 수隋나라가 남조 최후의 왕조 진陳나라를 멸망시키고 중국
을 통일할 때까지를 말한다.

여 마침내 당唐나라 사람이 받들어 영원히 전해야 할 책
[不刊之書]으로 만들어 버렸다. 애석하구나! 후세의 학
자들이 세 귀퉁이로 반증하지 못함[169]이여!

亦不但≪尚書≫有≪僞孔氏古文經傳≫也, 即≪孝經≫亦
有≪僞孔氏古文經傳≫. ≪孝經正義≫云: "隋開皇十四年,
祕書學生王逸, 於京市陳人處, 買得一本, 送與著作王邵,
以示河間劉炫." 則是後世所謂≪古文孝經≫者, 出於隋世,
非漢儒所傳孔壁之≪古文孝經≫也. 又云: "開元七年, 國
子博士司馬貞議曰: '≪今文孝經≫, 是漢河間王所得顔芝
本. 至劉向, 以此參校≪古文≫, 省除繁惑, 定此一十八章.
其≪古文≫二十二章, 中朝遂亡其本. 近儒欲崇古學, 妄作
傳學, 假稱孔氏, 輒穿鑿更改, 又僞作<閨門>一章, 以應
二十二之數, 非但經文不眞, 抑亦傳文淺僞.' 由是明皇自注
≪孝經≫, 頒於天下, 以十八章爲定." 則是南北分王之時,
經術荒廢, 好事者造爲僞書, 以惑當世, 乃其常事也. 但彼
二十二章者, 幸而有司馬貞駁其謬戾, 以故不行於世. 而此

---

169 세……못함: ≪논어≫ <술이述而>에 나오는 말이다. "알려고
노력하지 않으면 깨우쳐주지 않고, 표현하려고 애쓰지 않으면
말문을 틔워주지 않는다. 한 모퉁이를 들어 알려주었을 때, 세
모퉁이를 반증하지 못하면 다시 알려주지 않는다.[不憤不啓,
不悱不發. 擧一隅, 不以三隅反, 則不復也.]"

二十五篇者, 不幸而遇孔穎達謬相推奉, 黜眞書而用僞者
以取士, 遂致唐人奉爲不刊之書耳. 惜乎, 後世之儒之不能
以三隅反也!

≪위서≫가 그릇된 세 가지 원인 [僞書破綻三端]

25편의 글이 정말로 후세 사람이 지은 것에서 나왔다면
어쩌면 그리도 성인聖人의 말씀과 비슷한가?

어찌 비슷하겠는가? 후세의 배우는 자들이 살펴보지
않았을 뿐이다. 33편 가운데는 한 마디도 도학道學의 진
부陳腐한 말이 없다. 그러나 기록되어 있는 것으로 정사
政事를 행하고 사람을 등용하는 방략方略과 훈체訓體 ·
고체誥體 가운데 제후국의 임금 · 신하 · 백성과 말하는
것은 자신을 닦고 나라를 다스리는 요긴한 일이 아닌 것
이 하나도 없으니, 도道를 말하지 않으나 도가 그보다 큰
것이 없고 학문을 말하지 않으나 학문이 그보다 순수한
것이 없다. 그러나 저 25편은 그렇지 않다. 경經 · 전傳의
옛 글을 채록한 것 이외에는 대체로 모두 도학의 말이다.
그러나 살펴보면, 진부하고 천박하며 이단異端에서 뒤섞

여 들어온 것도 있다. 따라서 그 뜻義이 미치지 못하는 것
이 성인의 말씀과 비슷하지 않은 첫 번째 이유이다.

　33편 가운데는 일이 말보다 많고, 일도 모두 경經·전
傳과 서로 호응하여 의론할 만한 것이 없다. 그러나 25편
은, 말은 많으나 일은 적으며, 그 일이라는 것도 모두 제자
백가諸子百家·한漢나라의 학자들 주석에서 뒤섞어 채
록하여, 경經에서 살펴보면 전부 부합하지 않고 이치로
헤아려 봐도 사리에 맞지 않는 것이 많다. 따라서 그 일이
상도常道에서 벗어나는 것이 성인의 말씀과 비슷하지 않
은 두 번째 이유이다.

　33편은 우虞·하夏·상商·주周 네 왕조의 기록[書]
으로 멀리 네 왕조의 문장이니, 고금의 성쇠[升降]를 한
눈에 훑어 봐도 분명하고 전체典體·모체謨體·서체誓
體·고체誥體가 저마다 자기 문체가 있어 서로 섞이지 않
는다. 그러나 25편은 <대우모大禹謨>부터 <경명冏命>까
지 그 문장이 한사람의 손에서 나온 듯하고, 모체謨體·
훈체訓體·명체命體·고체誥體가 대략 서로 비슷하여
다시 분별할 것이 없다. 따라서 그 문장이 33편과 서로 비
슷하지 않은 것이 성인의 말씀과 비슷하지 않은 세 번째

이유이다.

옛날 송宋나라의 완일阮逸[170]이 ≪원경元經≫을 위조하고 수隋나라의 왕통王通[171]이 지은 것이라 일컬었으나, ≪하분왕씨서목河汾王氏書目≫에 없고 ≪당서唐書≫ <예문지藝文志>에도 없다. 게다가 당唐 경제景帝[172]【신요神堯[173]의 할아버지】의 휘諱를 피하여 '석호石虎'를 '계룡季龍'이라 하고, 또 당唐 신요神堯의 휘諱를 피하여 '대연戴淵'을 '약사若思'라고 하였다. 그러므로 직재直齋 진씨陳

---

170 완일(?-?): 송宋나라의 건주建州 건양建陽 사람으로 자字는 천은天隱이다. ≪역전易筌≫, ≪문중자주文中子注≫, ≪황우신악도기皇佑新樂圖記≫ 등을 지었다.

171 왕통(584-617): 수隋나라의 강주絳州 용문龍門 사람으로 자字는 중엄仲淹이다. 죽은 뒤 문인門人이 사사로이 '문중자文中子'라고 시호諡號하였다. ≪춘추≫를 모방하여 ≪원경元經≫을 지었고, 또 ≪중설中說≫(≪문중자文中子≫라고도 함)을 지었다.

172 경제: 북주北周 무천武川 사람으로 당唐 고조高祖 이연李淵의 할아버지 이호李虎이다. 서위西魏의 개국공신開國功臣으로 농서군공隴西郡公의 작위를 받았으며 후에 당국공唐國公에 봉해졌다. 시호諡號는 양양襄이다. 당唐 고조高祖 무덕武德(618-626) 초에 경황제景皇帝로 추존追尊되었다. 묘호廟號는 태조太祖, 능호陵號는 영강永康이다.

173 신요: 당唐 고조高祖 이연李淵(566-635)의 존칭尊稱이다. 이연의 자字는 숙덕叔德이다.

氏[174]가 그것이 가짜임을 알아 '완일이 마음만 수고로울 뿐 날로 보잘 것 없어져, 스스로 가릴 수 없었다.'[175]고 한 것이다.

지금 이 25편은 ≪사기≫에도 없고 반고班固의 ≪한서≫와 범엽范曄의 ≪후한서≫에도 없으며, 가규·마융·정강성이 주석한 것에도 없으며, 조기·두예·위소 같은 학자들도 모두 보지 못하였으며, 그 가운데 이단異端의 말, 소설小說의 일, 위魏나라·진晉나라의 짝을 맞추어 대구對句[排偶]를 배열하는 글[176]을 뒤섞어 33편의 책과 수준이 현격하게 다르니, 완일이 위조한 책과 비교

---

174 직재 진씨: 진진손陳振孫(?-약 1261)을 가리킨다. 송宋나라의 호주湖州 안길安吉 사람으로 자字는 백옥伯玉, 직재直齋는 호號이다. 장서가藏書家이자 목록학자目錄學者로 장서藏書가 무려 5만 천여 권이었다고 한다. 조공무晁公武의 ≪군재독서지郡齋讀書志≫를 모방하여 ≪직재서록해제直齋書錄解題≫를 지었다.

175 완일이……없었다: 진진손, ≪직재서록해제直齋書錄解題≫ 권4 <정사류正史類>에 나온다.

176 짝을……글: 위魏나라·진晉나라 때에 형성되어 당唐나라·송宋나라 때에 성행한 사륙변려문四六騈儷文을 말한다. 변문騈文·변려문騈儷文·변려체騈儷體·사륙문四六文이라고도 한다. 4자와 6자를 기본으로 대구對句를 이루어 수사적으로 미감美感을 주는 문체이다. 변騈은 한 쌍의 말이 마차를 끈다는 뜻이고, 려儷는 짝이라는 뜻이다.

해 보면 더욱 분별하기 쉽다. 애석하구나! 후세의 배우는
자들이 그 이름에 놀라 모두 살피지 못함이여!

曰: 二十五篇之文, 果出後人所撰, 何其似聖人之言也? 曰:
烏得似? 後世學者不之察耳. 三十三篇中, 無一道學陳腐之
語. 然其所載行政用人之略, 及訓‧誥中所與其君及群臣
百姓言者, 無一非修身經國之要務, 不言道而道莫大焉, 不
言學而學莫純焉. 其二十五篇則不然. 自其所采經傳舊文
而外, 大率皆道學語. 然按之, 乃陳腐膚淺, 亦有雜入於異
端者. 其義不逮, 一也. 三十三篇之中, 事多於言, 事亦皆與
經傳相應, 無可議者. 二十五篇, 則言多而事少, 其事皆雜
采於諸子及漢儒之注說, 考之於經, 旣不合, 揆之以理, 亦
多謬. 其事不經, 二也. 三十三篇, 四代之書, 迥然四代之
文, 古今升降, 一望了然, 典‧謨‧誓‧誥, 各有其體, 不
相混也. 二十五篇, 則自<大禹謨>至<冏命>, 其文如出
一手, 謨‧訓‧命‧誥, 約略相似, 更無分別. 其文不類, 三
也. 昔宋阮逸僞造≪元經≫, 稱隋王通所撰, 而≪河汾王
氏書目≫無之, ≪唐≫<藝文志>亦無之. 且避唐景帝【神
堯之祖】諱, 稱石虎爲季龍, 又避唐神堯諱, 稱戴淵爲若思.
以故直齋陳氏得知其僞, 謂'逸心勞日拙, 自不能掩.' 今此
二十五篇, ≪史記≫無之, 班‧范兩≪漢≫之書無之, 賈

達·馬融·鄭康成之所傳亦無之, 趙岐·杜預·韋昭諸儒
皆不之見, 而其中雜以異端之言, 小說之事, 魏·晉排偶組
練之文, 與三十三篇之書, 高下懸絕, 較之阮逸僞書, 尤爲
易辨. 惜乎, 後世學者, 震於其名, 而皆不之察也!

≪위서≫가 경·전을 표절하다[僞書剽竊經傳]

경經·전傳에서 인용한 ≪상서≫의 글은 25편 가운데
모두 있는데, 어찌 가짜라고 말하는가?

바로 ≪위서僞書≫를 지은 사람이 경·전의 글을 표절
하여 그 가운데 넣었기 때문이다. 자네는 저 철기鐵器를 보
지 못하였는가? 주조한 것은 흔적이 없으나 수리한 것은 흔
적이 있다. 일반적으로 경·전에 인용된 글로 모두 33편 안
에 있는 것은 앞뒤의 문의文義와 모두 자연스럽게 서로 이
어진다. 그러나 25편 안에 있는 것은 그 앞뒤가 이어지는 곳
에 모두 꿰맞춘 흔적이 있다. 흔적이 있고 없고는 지극히
분별하기 쉽다.

또 그 가운데 전기傳記에서 인용한 ≪일서逸書≫의 글
에서 표절한 것이 있고, 또한 전기에서 본래 말한 것으로

기록[書]을 인용한 것이 전혀 아닌 데도 표절한 것도 있다. '육부삼사六府三事[177]'는 극결郤缺[178]이 스스로 경문經文을 풀이한 것이고, '덕을 같이 하면 의를 헤아리게 된다[同德 度義][179]'는 장홍萇弘[180]이 스스로 자기의 견해를 표현한 것인데, 어찌 끌어다가 경經에 넣는가? '악惡을 제거할 때 에는 근본에 힘써야 한다[除惡務本][181]'에 이르러서는 바로 권모가權謀家가 말한 것이니, 더욱 성인聖人의 입에

---

177 육부삼사: ≪춘추좌씨전≫ 문공文公 7년 진극결언어조선자조晉 郤缺言於趙宣子條에 나오는 말인데, ≪상서≫ <우서虞書 대우모 大禹謨>에 인용되었다. 육부六府는 수水‧화火‧금金‧목木‧ 토土‧곡穀, 삼사三事는 정덕正德‧이용利用‧후생厚生이다.

178 극결(?-?): 춘추시대春秋時代 진국晉國 사람이다. 극성자郤成 子라고도 한다. 시호諡號는 성成이다.

179 덕을……된다: ≪춘추좌씨전≫ 소공昭公 24년 춘왕정월조春王 正月條에 나오는 말인데, ≪상서≫ <주서周書 태서泰誓 상上> 에 인용되었다.

180 장홍(?-B.C. 492): 춘추시대春秋時代 사람이다. 주周 경왕敬王 의 대부大夫이다.

181 악을……한다: ≪춘추좌씨전≫ 애공哀公 원년元年 춘春 초자위 채조楚子圍蔡條에 나오는 말인데, ≪상서≫ <주서周書 태서泰 誓 하下>에 인용되었다. ≪춘추좌씨전≫에는 "樹德莫如滋, 去疾 莫如盡.(은덕恩德을 베풀 때에는 그 은덕이 더욱 불어나게 하는 것만 한 것이 없고, 해악害惡을 제거할 때에는 그 해악이 다 제 거되게 하는 것만 한 것이 없다.)"이라고 되어 있다.

부합符合할 수 없다.

경·전의 뜻을 채택하면서 그 말을 고친 경우가 있다. '신하가 되지 않는 자가 있었는데 동쪽으로 정벌하였다[有攸不爲臣 東征]'[182]는 그 첫 구를 삭제하고 주紂를 치는 데에 옮겨놓았으니 옳은가? '천하가 어찌 감히 그 뜻을 넘을 수 있겠는가?[天下曷敢有越厥志]'[183]는 '여予'라고 고치고 무왕武王에게 붙여 놓았으니, 오류를 범한 것이다.

경·전의 말을 채택하면서 그 뜻을 잃은 경우가 있다. '주周나라의 공족公族이 상商나라의 어진 신하만 못하다[周親之不如仁人]'[184]는 자기가 그 친척을 편애하지 않는 다고 해야 옳다. '주周나라의 친척'을 주紂에게 붙이는 것은 조리에 맞지 않는다. '좋은 계책을 우리 임금에게 돌리는 것[嘉謀之歸于我后]'[185]은 신하가 스스로 서로 면려하

---

182 신하가……정벌하였다: ≪맹자≫ <등문공滕文公 하下>에 나오는 말인데, ≪상서≫ <주서周書 무성武成>에 인용되었다.

183 천하가……있겠는가: ≪맹자≫ <양혜왕梁惠王 하下>에 나오는 말인데, ≪상서≫ <주서周書 태서泰誓 상上>에 인용되었다.

184 주나라의……못하다: ≪논어≫ <요왈堯曰>에 나오는 말인데, ≪상서≫ <주서周書 태서泰誓 중中>에 인용되었다.

185 좋은……것: ≪예기禮記≫ <방기坊記>에 나오는 말인데, ≪상서≫ <주서周書 군진君陳>에 인용되었다.

는 것이라고 해야 옳다. 성왕成王이 그것으로 관리를 임명한다고 하면 말을 잘못한 것이다. 이것이 표절을 숨길 수 없는 경우이다.

또 ≪상서≫는 모두 100편인데, 모든 경·전에 인용된 것이 대략 이미 25편 안에 다 있다. 그렇다면 그 나머지 42편【58편 이외에, 여전히 ≪일서逸書≫ 42편이 있어야 한다.】을 경·전에서 끝내 그 한 마디도 인용한 것이 없단 말인가? 이 때문에 전기傳記에서 인용한 것이 33편 안에 있는 것은 적고, 25편 안에 있는 것은 많은 것이다. 어째서인가? 저기서는 진실로 전기의 말을 모아 글을 정리했기 때문이다. 전기를 인용한 것으로 살펴보면 가짜임을 숨길 수 없을 것이다.

曰: 經傳所引≪尙書≫之文, 二十五篇之中皆有之, 何以言其僞也? 曰: 此作≪僞書≫者, 剽竊經傳之文入其中耳. 子不見夫鑄器乎? 鑄者無痕, 而補者有痕. 凡經傳所引之語, 在三十三篇中者, 與上下文義, 皆自然相屬; 在二十五篇中者, 其上下承接, 皆有補綴之迹, 其有痕無痕, 至易辨也. 且其中有傳記所引≪逸書≫之文而剽竊之者, 亦有傳記之所自言, 並非引書, 而亦剽竊之者. '六府三事', 卻缺自解經

文, ‘同德度義’, 蓋弘自抒己見, 豈得牽帥之以入經? 至於
‘除惡務本’, 乃權謀之士所言, 尤不得入聖人口中也. 有采
經傳之意, 而改其詞者. ‘有攸不爲臣, 東征’, 刪其首句, 而
移之伐紂, 可乎? ‘天下曷敢有越厥志’, 改以爲‘予’, 而屬之
武王, 謬矣! 有采經傳之詞而失其意者. ‘周親之不如仁人’,
謂己不私其親, 可也. 以周親屬之紂, 則不倫. ‘嘉謀之歸于
我后’, 臣下自相勉勵, 可也. 成王以之命官, 則失言. 此剽
竊之不能掩者也. 且≪尙書≫凡百篇, 而凡經傳所引, 略已
盡於二十五篇之中. 然則其餘四十二篇【五十八篇外, 尙當有
≪逸書≫四十二篇】, 經傳逡無引其一語者乎? 是以傳記所引,
在三十三篇中者少, 在二十五篇中者多. 何者? 彼固專以裒
集傳記之語成文者也. 卽以其引傳記觀之, 而其僞已不能
掩矣!

≪위서≫를 식별하기는 쉽지 않다[識別僞書之不易]

하夏·상商·주周 세 왕조에는 세 왕조의 문체가 있고,
양한兩漢에는 양한의 문체가 있으며, 위魏나라·진晉나
라 이후는 문체가 더욱 변하였는데, 25편의 문체를 어찌
후세의 문인이 위조할 수 있겠는가? 이는 진실로 위조했
다고 의심할 수 없다.

위조할 수 있는 자가 많다. 위나라 · 진나라 시대에는 문사들이 옛 사람의 글을 모방하기 좋아하는 이가 많았는데, 그 습관이 여전하였다. 예를 들어 하후담夏侯湛[186]의 <곤제고昆弟誥>는 소리와 모습이 엄연히 ≪상서≫이다. 만일 자기의 이름을 숨기고 옛 사람의 이름을 얹어 무식한 사람에게 보게 한다면 어찌 다시 그것이 가짜라고 의심하는 사람이 있겠는가?

송宋나라의 문언박文彦博[187]이 영흥군永興軍을 맡았을 때, 저수량褚遂良[188]의 <성교서聖敎序> 묵적墨蹟을 얻어 자제子弟들에게 1본을 임모臨摹하게 하였다. 소속 관원에게 잔치를 베풀고는 진본眞本과 임모본臨摹本 2본을 나란히 내어 좌객坐客에게 구별하게 하였는데, 객들이 모두 임모한 것을 진적眞蹟이라고 하였다. 저 서법書法은

---

186 하후담(243-291): 서진西晉 초국譙國 초譙 사람으로 자字는 효약孝若이다.

187 문언박(1006-1097): 송宋나라의 분주汾州 개휴介休 사람으로 자字는 관부寬夫이다. 시호諡號는 충렬忠烈이다. 저서에 ≪노공집潞公集≫이 있다.

188 저수량(596-658 또는 597-659): 당唐나라의 항주杭州 전당錢塘 사람으로 자字는 등선登善이다. 우세남虞世南 · 구양순歐陽詢 · 설직薛稷과 함께 당唐나라 초기初期 4대 서예가로 불린다.

보잘것없는 것인데도 불구하고 이와 같은데, 하물며 알기 어려운 문체이겠는가?

아아! ≪관자管子≫·≪안자춘추晏子春秋≫·≪갈관자鶡冠子≫는 대체로 모두 후세 사람이 위찬한 것이다. 소명태자昭明太子[189]가 편찬한 <고당高唐>·<풍부風賦>·<황곡원가黃鵠怨歌> 따위에 이르러서는 후세 사람들에 의해 위작된 것이 더욱 많다. 전해짐이 차츰차츰 오래되어 사람들이 마침내 진짜라고 믿지 않는 이가 없었다. 그러므로 세상에서 가짜로서 진짜를 어지럽힌 것은 실로 학술이 있으면서 문장을 잘하는 사람인 뒤라야 변별할 수 있다. 많은 세속의 눈은 강아지풀을 보고 기장이 아니라고 하는 사람이 없으며, 물고기 눈을 보고 진주가 아니라고 하는 사람이 없다. 아아! 어찌 알 수 있겠는가?

옛날 수隋나라의 우홍牛弘[190]이 천하의 흩어져 없어

___

189 소명태자(501-531): 남북조시대南北朝時代 남조南朝 양梁 무제武帝 소연蕭衍의 장남이다. 이름은 통統, 자字는 덕시德施이다. 즉위하기 전에 죽었다. ≪문선文選≫을 편찬하였고, 별도로 ≪소명태자집昭明太子集≫이 있다.

190 우홍(546-611): 수隋나라의 안정安定 순고鶉觚 사람으로 자字는 이인里仁이다.

진 책을 찾아 구입하라고 주청하자, 유현劉炫이 마침내 책 100여권을 위조하여 ≪연산역連山易≫·≪노사기魯史記≫ 등으로 제목을 달고, 베껴서 위로 관부에 보내 상賞을 받아갔다. 후에 어떤 사람이 그것을 고소하자, 곧바로 제명除名되었다.

그렇다면 옛 책을 위조하는 것은 옛 사람의 예삿일이다. 고소하는 사람을 만나지 않았다면 지금까지 반드시 성인聖人의 말씀으로 받들었을 것이다. 예나 지금이나 이와 같은 것을 어찌 다 말할 수 있겠는가? 다만 배우지 않고 남의 말을 곧이듣는 자[耳食者]들 때문에 말하기 어려울 뿐이다. 비록 매색梅賾이 정말로 이 책을 조정에 올렸는지는 여전히 실증할 만한 근거가 없는데, 하물며 이러한 일이 전혀 없음에랴? 이는 성인聖人의 정사政事와 언행言行에 관계된 것이 작지 않기 때문에 내가 책망과 비방을 무릅쓰고 고찰하여 변별한 것이다.

曰: 三代有三代之文, 兩漢有兩漢之文, 魏·晉以還, 文體益變, 二十五篇之文, 豈後世文人之所能贗爲? 此固不得疑爲僞也. 曰: 能贗爲者多矣! 魏·晉之世, 文士多好摩擬古人之文, 其習尙然也. 若夏侯湛之<昆弟誥>, 其聲音笑

貌, 儼然≪尙書≫矣. 試隱其名而加以古人之名, 使無識
之人觀之, 豈復有疑其僞者乎? 宋文彦博帥永興, 得褚遂
良<聖敎序>墨蹟, 因令子弟臨摹一本; 會宴僚屬, 乃竝出
二本, 令坐客別之, 客皆以摹者爲眞蹟也. 夫書法, 其淺者
也, 猶且如是, 況文之難知乎? 嗟夫, ≪管≫·≪晏≫·
≪鶡冠≫諸子, 大率皆後人所僞撰. 至於昭明所撰<高
唐>·<風賦>·<黃鵠怨歌>之屬, 爲後人所擬作者尤
多. 乃傳之日久, 而人遂莫不信以爲眞. 故凡世之以僞亂眞
者, 惟實有學術而能文章者, 然後乃能辨之. 悠悠世俗之目,
其視莠莫非稷也, 視魚目莫非珠也. 烏乎! 其能知之? 昔隋
牛(宏)[弘][191]奏請購求天下遺逸之書, 劉炫遂僞造書百餘
卷, 題爲≪連山易≫·≪魯史記≫等, 錄上送官, 取賞而
去. 後有人訟之, 坐除名. 然則僞造古書, 乃昔人之常事. 使
不遇訟之者, 則至今必奉爲聖人之言矣. 古今之如此者, 豈
可勝道? 特難爲不學而耳食者言耳. 縱使梅賾果嘗奏上此
書, 尙不可據爲實, 況竝無此事乎? 此所關於聖人之政事言
行者非小, 故余不辭尤謗而考辨之.

---

191 (宏)[弘]: 편정본編訂本·교간본校刊本·통세본通世本 모두
'宏'으로 되어 있으나, 청淸 고종高宗(건륭제乾隆帝)의 본명 '弘
曆'의 '弘'을 피휘避諱한 것이므로 '弘'으로 되돌려놓는다.

古文尚書辨偽

고문상서변위 권2

옛 사람들이 ≪상서≫의 진위眞僞를 의론한 것을 모으다 [集前人論尙書眞僞]

25편이 가짜임은 나 한사람의 사적인 견해[言]가 아니라 옛 사람들도 진실로 그러한 견해가 있었다. 당唐나라의 학자들은 의심하였으나 말하지 못하였고, 송宋나라의 학자들은 말하였으나 결단하지 못하였으며, 남송南宋 말기에 이르러서야 조씨趙氏(조여담)[192]가 그것이 가짜임을 결단해 말하였다. 이 이후로 25편을 가짜라고 말하는 자들이 더욱 많아졌다. 그러나 세상의 배우는 자들이 모두 과거공부[擧業]에 온 마음을 기울여 깊게 살펴보지 않았을 뿐이다. 지금 그 한두 개를 아래에 간략하게 기록한다.

---

192 조씨: 조여담趙汝談(?-1237)이다. 송宋나라의 종실宗室로 여항餘杭에 살았다. 자字는 이상履常, 호號는 남당南塘, 시호諡號는 문각文恪 또는 문의文懿이다. ≪통감通鑑≫, ≪두시杜詩≫ 등을 주석하였으며, 저서에 ≪개헌시집介軒詩集≫이 있다.

二十五篇之僞, 非述一人之私言也, 古人固已有之. 蓋唐儒疑而未言, 宋儒言而未決, 至南宋之末, 趙氏始決言其僞. 自是以後, 言者益多. 但世之學者, 咸篤志於擧業, 不深考耳. 今略載其一二於左.

한유[193]가 《위서》를 의심하다 [韓愈疑僞書]

한자韓子가 〈진평회서비표進平淮西碑表〉[194]에서 말하였다. "그것이 《상서》에 실린 것으로는 〈요전堯典〉·〈순전舜典〉, 하서夏書의 〈우공禹貢〉, 상서商書[殷]의 〈반경盤庚〉, 주서周書의 오고五誥[195]이다."

韓子〈進平淮西碑表〉云: "其載於《書》, 則〈堯〉·〈舜〉二典, 夏之〈禹貢〉, 殷之〈盤庚〉, 周之五誥."

---

193 한유(768-824): 당唐나라의 하남河南 하양河陽 사람으로, 자字는 퇴지退之이다. 스스로 군망창려郡望昌黎라고 하였기 때문에, 세상에서 한창려韓昌黎라고 불렀다. 시호諡號는 문공文公이다. 저서에 《창려선생집昌黎先生集》이 있다.

194 진평회서비표: 온전한 명칭은 '진찬평회서비문표進撰平淮西碑文表'이다.

195 오고: 《상서》 주서周書의 〈대고大誥〉·〈강고康誥〉·〈주고酒誥〉·〈소고召誥〉·〈낙고洛誥〉를 말한다.

<진학해進學解>에서 말하였다. "주서周書의 오고五誥 · 상서商書[殷]의 <반경盤庚>은 글의 뜻이 난삽難澁하여 매우 읽기 어렵다."

<進學解>云: "周誥 · 殷<盤>, 詰曲聱牙."

안: 하서夏書에서 <우모禹謨>라고 하지 않고 <우공禹貢>이라 하고, 상서商書[殷] · 주서周書에서 <탕고湯誥> · <무성武成>이라 하지 않고 도리어 <반경盤庚> · 오고五誥라고 한 것은 그 글이 천박하고 고루하며 평이하기 때문이다. 한자韓子가 진실로 그것을 의심하였으나 글로 표현하지 않았을 뿐이다.

按: 於夏不稱<禹謨>而稱<禹貢>, 於殷 · 周不稱<湯誥> · <武成>而反稱<盤庚> · 五誥, 則是其文淺陋平弱, 韓子固已疑之, 但未形於文耳.

주희가 ≪위서≫를 의심하다 [朱熹疑僞書]

≪주자어록朱子語錄≫에서 말하였다. "공안국이 경經을 풀이한 것이 가장 터무니없는 말이다. 보아하니 ≪공

총자孔叢子≫ 등에서 나왔다."[196] 이어서 ≪상서≫에 대해
말하였다. "내가 공안국의 책은 가짜 책이라고 의심하였
었다."[197]

≪朱子語錄≫云: "孔安國解經, 最亂道, 看來只是≪孔叢
子≫等做出來." 因說≪書≫云: "某嘗疑孔安國書, 是假書."

　또 말하였다. "공안국의 ≪상서≫는 동진東晉 때에 이
르러서야 나왔고, 이보다 앞선 시대의 학자들은 모두 본
적이 없으니, 매우 의심스럽다."[198]

又云: "孔≪書≫是[199]東晉方出, 前此諸儒, 皆不曾見, 可疑
之甚."

안: 주자朱子의 이 말은 분명히 25편을 위찬僞撰으로 여
긴 것이다. 애석하도다! 그가 문인門人과 말만 하였을 뿐,

---

196 공안국이……나왔다: ≪주자어류≫ 권78 <상서尚書1 강령綱
　　領> 영永의 기록(33번째 조목)에 나온다.
197 내가……의심하였었다: ≪주자어류≫ 권78 <상서尚書1 강령綱
　　領> 대아大雅의 기록(34번째 조목)에 나온다.
198 공안국의……의심스럽다: ≪주자어류≫ 권78 <상서尚書1 강령
　　綱領> 대아大雅의 기록(34번째 조목)에 나온다.
199 是: ≪주자어류≫에는 '是'가 '至'로 되어 있다.

스스로 ≪서전書傳≫을 지어 그 거짓된 것을 다 폐기하고
그 참된 것을 보존하지 못하였구나.

按: 朱子此語, 則是明以二十五篇爲僞撰矣. 惜其但與門人
言之, 未嘗自爲≪書傳≫, 盡廢其僞, 而獨存其眞也.

오역[200]이 ≪위서≫를 의심하다 [吳棫疑僞書]

오씨吳氏가 말하였다. "복생伏生은 이미 늙었을 때에 전
수하였고, 공안국은 옛글자[201]를 예서隸書로 옮겨 적어 확정
하되 알 수 있는 것만을 확정하였다. 그러나 한 편과 한 대
쪽 안에 알 수 없는 것이 없진 않았을 것이다. 이에 이것으
로 글을 지은 본래 의미와 저 선후본말先後本末의 뜻을 다
찾고자 하였으니, 그 또한 어렵다고 할 만하다. 그리고 공안
국이 더 얻은 글은 지금 편목篇目이 다 남아있는데, 모두 글

---

200 오역(약 1100-1154): 송宋나라의 건주建州 건안建安(어느 곳
　　에는 서주舒州) 사람으로 자字는 재로才老이다. 저서에 ≪서
　　비전書裨傳≫, ≪자학보운字學補韵≫, ≪논어지장論語指掌≫,
　　≪초사석음楚辭釋音≫ 등을 지었으나, 지금은 ≪운보韻補≫만
　　전한다.
201 옛글자: 과두문자蝌蚪文字를 말한다. 주注 6번 참조.

이 매끄럽고 조리가 있어 복생의 ≪상서≫가 글 뜻이 난삽하여 매우 읽기 어렵고 심지어 구두를 끊을 수 없는 것이 있는 것과는 같지 않다. 저 우虞·하夏·상商·주周 네 왕조의 기록은 지은이가 한 사람이 아닌데, 두 사람의 손에 이르러 마침내 두 체제가 확정되었을까? 그 또한 말하기 어렵다."

吳氏曰: "伏生傳於旣耄之時, 而安國爲隷古定, 特定其所可知者, 而一篇之中, 一簡之內, 其不可知者, 蓋不無矣. 乃欲以是盡求作書之本意, 與夫本末先後之義, 其亦可謂難矣. 而安國所增多之書, 今篇目具在, 皆文從字順, 非若伏生之≪書≫, 詰曲聱牙, 至有不可讀者. 夫四代之書, 作者不一, 乃至二人之手, 而遂定爲二體乎? 其亦難言矣!"

또 <태서泰誓>를 논하였다. "탕왕湯王·무왕武王은 모두 무력으로 천명天命을 받았다. 그러나 탕왕의 말은 여유롭고 무왕의 말은 박절하였으며, 탕왕이 걸桀의 죄를 하나하나 따져 열거함은 공손하고 무왕이 주紂의 죄를 하나하나 따져 열거함은 오만하였으니, 배우는 자들이 유감이 없을 수 없다. 아마도 그 글이 뒤늦게 나와서 혹 모두 당시의 본래 글은 아닌 듯하다.”

又論<泰誓>云: “湯·武皆以兵受命. 然湯之辭裕, 武王之
辭迫; 湯之數桀也恭, 武王之數紂也傲; 學者不能無憾. 疑
其書之晚出, 或非盡當時之本文也.”

채침[202]이 ≪위서≫를 의심하다 [蔡沈疑僞書]

　구봉九峯 채씨蔡氏가 말하였다. “살펴보건대, 한漢나
라의 학자들은 복생伏生의 책을 ‘금문今文’이라 하고, 공
안국의 책을 ‘고문古文’이라고 한다. 지금 남아있는 것으
로 살펴보면 ≪금문상서≫는 어렵고 까다로운 곳이 많으
나 ≪고문상서≫는 도리어 평이하다. 어떤 사람은 ‘≪금
문상서≫는 복생의 딸이 조조晁錯에게 말로 전수할 때부
터 잘못되었다.’고 한다. 그렇다면 선진先秦 시대의 옛 책
에서 인용한 글이 모두 이와 같아야 할 것인데, 반드시 그
렇지는 않은 듯하다. 어떤 사람은 ‘기록하는 실제적인 말

---

202 채침(1167-1230): 송宋나라의 건주建州 건양建陽 사람으로 자
　　字는 중묵仲默이다. 배우는 자들이 구봉선생九峯先生이라 불렀
　　다. 주희朱熹의 명으로 ≪서집전書集傳≫을 편찬하였다.

은 잘하기 어렵고, 윤색하는 아름다운 말은 좋게 하기 쉽
다. 그러므로 훈체訓體·고체誥體·서체誓體·명체命體
가 난이도가 다른 점이 있다.'고 하니, 이것이 근사하다.
그러나 복생은 책을 보지 않고 암송하였는데, 그 어려운
것만 얻었고, 공안국은 과두문자로 되어 있는 옛 책으로
서 뒤섞이고 닳아 없어진 나머지를 고정考定하였는데 도
리어 그 쉬운 것만 얻었으니, 또 분명하게 알 수 없는 점이
있다." [203]

九峯蔡氏曰: "按: 漢儒以伏生之書爲'今文', 而謂安國之書
爲'古文'. 以今考之, 則≪今文≫多艱澁, 而≪古文≫反平
易. 或者以爲'≪今文≫自伏生女子口授晁錯時失之', 則先
秦古書所引之文, 皆已如此, 恐其未必然也. 或者以爲'記錄
之實語難工, 而潤色之雅詞易好, 故訓·誥·誓·命有難
易之不同', 此爲近之. 然伏生倍文暗誦, 乃偏得其所難, 而
安國考定於科斗古書錯亂摩滅之餘, 反專得其所易, 則又
有不可曉者."

---

203 살펴보건대……있다: 주희朱熹의 말이라고도 한다. 이 말은
≪회암선생주문공문집晦庵先生朱文公文集≫ 권65 <잡저雜著
상서尙書>와 권82 <발跋 서임장소간사경후書臨漳所刊四經後
서書>에도 보인다.

또 <목서牧誓> 마지막에 발문을 달아 말하였다. "이 편은 엄숙하면서도 온후하여 <탕서湯誓>와 서로 표리가 되니, 참으로 성인聖人의 말씀이다. <태서泰誓>·<무성武成>은 한 편의 내용이 한 사람의 입에서 다 나오지는 않은 듯하다. 아마 이 편만 온전한 글인 듯하다."

又跋<牧誓篇>後云: "此篇嚴肅而溫厚, 與<湯誓>相表裏, 眞聖人之言也. <泰誓>·<武成>, 一篇之中, 似非盡出於一人之口. 豈獨此爲全書乎!"

안: 오역吳棫·채침蔡沈 두 선생이 분별한 것이 명확하다. 문체文體가 다름을 구별하고, 다시 의리義理에 어긋난 것이 있음을 논박하였으니, 후세의 배우는 자들이 다시 무엇을 의심하겠는가? 말로 전수하였다는 설은 원래 그런 일이 없었다. 내용은 앞 권의 <≪고문상서≫의 진위와 원류를 체계적으로 고찰하다> 안에 남김없이 갖춰 놓았다.

按: 吳·蔡兩先生所辨明矣. 旣以文體不同別之, 復以義理有乖駁之, 後學復何疑焉? 惟口授之說, 原無其事, 說已詳前卷<眞僞源流通考>中.

조여담이 ≪위서≫를 의심하다 [趙汝談疑僞書]

직재直齋 진진손陳振孫의 ≪직재서록해제直齋書錄解題≫에서 말하였다. "≪남당서설南塘書說≫ 3권은 조여담趙汝談이 지었다. ≪고문상서≫가 진짜가 아니라고 의심한 것이 5조목이다. 주문공朱文公(주희)이 의심한 적은 있지만, 이처럼 결단하지는 못하였다."

陳直齋≪書錄解題≫云: "≪南塘書說≫三卷, 趙汝談撰. 疑≪古文≫非眞者五條. 朱文公嘗疑之, 而未若此之決也."

안: 오역吳棫·채침蔡沈은 이에 대해 모두 의심이 없진 않았으나, 끝내 그것이 가짜임을 결단하여 말하지 못하였다. 어찌 오랫동안 빌려서 돌려주기 어렵고 오랫동안 굳어져 되돌리기 어려워 비록 현명한 사람이라도 그 사이에서 우물쭈물함을 벗어나지 못하는 격이 아니겠는가? 이런데도 조씨趙氏(조여담)만이 위찬僞撰이라고 대놓고 배척하였으니, 남보다 크게 뛰어난 식견이 있지 않다면 어찌 이와 같이 할 수 있겠는가? 내가 그 책을 보지 못한 것이 애석하다.

按: 吳·蔡於此皆不能以無疑, 然終未敢決言其偽. 豈非久
假難歸, 極重難返, 雖賢者, 亦不免游移其間乎? 乃趙氏獨直
斥爲僞撰, 非有大過人之識, 安能如是? 惜余未得見其書也.

근세 이래로 그것이 가짜임을 배척한 자가 더욱 많다. 매
작梅鷟·고염무顧炎武[204]·주이존朱彝尊·이불李紱 같은
여러 선생은 모두 논저論著가 있다. 애석하게도 나는 학문
이 얕고 궁벽한 데에 살아 매작·주이존 두 사람의 책을 보
지 못하고, 겨우 거래巨來 이불李紱의 <고문상서고古文尚
書考>[205] 가운데에서 무늬 한 점만 보았을 뿐이다. 지금 고
염무·이불 두 사람의 설說을 아래에 기록한다.

近世以來, 斥其僞者尤多. 若梅·顧·朱·李諸先生, 咸有
論著. 惜余學淺居僻, 未見梅·朱二君之書, 僅於李巨來<古

---

204 고염무(1613－1682): 명말청초明末清初 강남江南 곤산昆山 사
　람이다. 본명은 계곤繼坤이나 강絳으로 개명改名하였다. 자字
　는 충청忠淸이다. 남경南京이 함락된 뒤에 이름을 염무炎武로
　고치고 자字는 영인寧人, 호號는 정림亭林이라고 하였다. ≪일
　지록日知錄≫, ≪천하군국리병서天下郡國利病書≫, ≪조역지
　肇域志≫, ≪음학오서音學五書≫, ≪정림시문집亭林詩文集≫
　등이 있다.
205 <고문상서고>: 청淸 이불李紱, ≪목당초고穆堂初稿≫ 권19 <고
　考 상上>에 들어 있다.

文尙書考>中, 見其一斑也. 今載顧·李兩家之說於左.

고염무가 ≪위서≫를 의심하다 [顧炎武疑僞書]

영인寧人 고염무顧炎武가 <태서泰誓>를 논하였다. "상商나라의 덕택德澤이 깊어 조그만 땅도 그의 소유가 아님이 없으며 한 백성도 그의 신하가 아님이 없다. 무왕武王이 주紂를 칠 때, '독부獨夫 수受가 크게 흉학함[威]을 지으니, 바로 너희 세세로의 원수이다.'라 하고, '이러므로 나 소자가 크게 너희 여러 군사를 거느리고서 너희의 원수를 다 죽이려 한다.'고 하였으니, 어찌 이렇게까지 하겠는가? 주紂의 불선함은 또한 그의 몸에 그쳐야 하는데, 그의 선대先代까지 아울러 원수로 여겼으니, 아마도 <태서>의 글이 위魏나라·진晉나라 사이의 사람이 위찬한 것에서 나온 것이 아니겠는가? 오씨吳氏(오역)·채씨蔡氏(채침)는 이미 견해가 여기에 미쳤으나, 단지 주석가의 신분으로서 그것이 가짜임을 대놓고 말하지 못하였을 뿐이다."[206]

---

206 상나라……뿐이다: 청淸 고염무顧炎武, ≪일지록日知錄≫ 권2 <태서泰誓>에 나온다.

顧寧人論<泰誓>云: "商之德澤深矣, 尺地莫非其有也, 一
民莫非其臣也. 武王伐紂, 乃曰 '獨夫受, 洪惟作威, 乃汝世
讎', 曰'肆予小子, 誕以爾衆士, 殄殲乃讎', 何至於此? 紂之
不善, 亦止其身, 乃至幷其先世而讎之, 豈非<泰誓>之文,
出於魏・晉間人之僞撰者邪? 吳氏・蔡氏, 蓋已見及乎此,
特以註家之體, 未敢直言其僞耳."

이불이 ≪위서≫를 의심하다 [李紱疑僞書]

거래巨來 이불李紱의 <고문상서고古文尚書考>에서
말하였다. "≪고문상서≫는 일반적으로 ≪금문상서≫에
없는 것으로 한 사람의 손에서 나온 듯하니, 대체로 한漢
나라나 위魏나라 사람이 위조한 것이다. 주자朱子도 그것
을 의심한 적이 있었으나, 끝내 존중하고 감히 폐기하지
못한 것은 '인심人心'・'도심道心' 몇 마디의 말을 제왕帝
王이 전수한 심법心法으로 여겨 송宋나라 이래의 이학자
理學者들이 숭상하여 우러른 것이기 때문이다.

나의 벗 편수編修 만사동萬斯同[207]이 '이 몇 마디의 말

207 만사동(1638-1702): 청淸나라의 절강浙江 은鄞 사람으로 자字

로 그것이 위조임을 증명할 수 있다. 「위危」・「미微」두
마디는 ≪순자荀子[208]≫에서 나왔고, ≪순자≫는 또 그것
을 ≪도경道經≫에서 얻었으니, ≪상서≫의 말이 아니다.
매작梅鷟이 일찍이 그것을 말하였다.'고 하였다.

내가 자세히 살펴보니, ≪순자≫ <해폐解蔽>에 '순舜
이 천하를 다스릴 때에는 직접 일로 가르쳐 지도하지 않
았는데도 만물이 이루어졌다. 한 마음의 위태로움을 잘
분별[處]하여 편안하게 하면 평안하고 영화로움이 가득
할 것이다. 한 마음의 은미隱微함을 기르면 자기도 모르
게 평안하고 영화로울 것이다. 그러므로 ≪도경≫에서
「인심은 위태롭고 도심은 은미하다.」고 한 것이다. 위태
로움과 은미함의 기미는 현명한 군자인 뒤에야 알 수 있
다.'고 하였다. 순자가 위태로움과 은미함을 논한 것이 이
와 같은데, ≪도경≫을 인용하여 증거로 삼았다면 ≪상

───────────

는 계야季野, 호號는 석원石園이다. ≪명사고明史稿≫의 편수編
修에 참여하였다. 저서에 ≪역대사표歷代史表≫, ≪기원휘고紀
元彙考≫, ≪유림종파儒林宗派≫, ≪군서변의群書辨疑≫, ≪석
원시문집石園詩文集≫ 등이 있다.

208 순자(약 B.C. 313−B.C. 238): 전국시대戰國時代 조趙나라 사람으
로 이름은 황황, 자字는 경경卿이다. 한대漢代 사람은 선제宣帝의
휘휘諱를 피하여 소경小卿이라 불렀다. ≪순자荀子≫를 지었다.

서≫에는 반드시 '인심은 위태롭고 도심은 은미하다.'는
말이 없을 것이다. 어째서인가?

李巨來<古文尙書考>云: “≪古文尙書≫, 凡≪今文≫所
無者, 如出一手, 蓋漢·魏人贋作. 朱子亦嘗疑之, 而卒尊
之而不敢廢者, 以‘人心·道心’數語爲帝王傳授心法, 而宋
以來理學諸儒所宗仰之者也. 余友萬編修云: ‘卽此數言,
可證其贋. 危微二語出於≪荀子≫, 而≪荀子≫又得之於
≪道經≫, 非≪尙書≫語也. 梅鷟嘗言之矣.’ 余覆考之, 蓋
≪荀子≫ <解蔽篇>言‘舜之治天下也, 不以事詔而萬物成.
處一之危, 其榮滿側. 養一之微, 榮矣而未知. 故≪道經≫
曰:「人心之危, 道心之微.」危微之幾, 惟明君子而後能知
之.’ 荀子之論危微者如此, 而引≪道經≫以爲證, 則≪尙
書≫必無‘人心惟危, 道心惟微’之語. 何也?

　순자荀子는 이사李斯[209]의 스승이니, 그가 지은 책은
≪시詩≫·≪서書≫가 불태워지기 전에 이루어졌다. 순

---

209 이사 (?-B.C. 208): 진秦나라 상채上蔡 사람으로 법가류法家流의
　　정치가이다. 진나라의 여불위呂不韋에게 발탁되어 두루 장사長
　　史를 거쳐 객경客卿에 제수되었다. 시황始皇이 천하를 통일한 뒤
　　에 정위廷尉, 승상丞相에 임명되었다. 군현제郡縣制를 주장하고
　　분서갱유焚書坑儒를 단행하여 사학私學을 금지시켰다.

자가 보통 ≪시≫ · ≪서≫를 인용할 때, '시운詩云' · '서운書云'을 아울러 일컬었으나, 여기서 유독 '도경왈道經曰'이라고 일컬었다면 진秦나라의 분서焚書[210] 전에 순자가 본 ≪상서≫에는 '위危' · '미微'라는 말이 없었을 것이다.

양경楊倞[211]이 견강부회하고 영합하여 주석에 '지금의 우서虞書에 이 말이 있는데, 「도경」이라고 한 것은 대체로 도道가 있는 경經이라는 뜻이다.'라고 하였으니, 한漢나라 이전에 ≪역易≫ · ≪시詩≫ · ≪서書≫ · ≪춘추春秋≫를 '경經'이라고 한 적이 없고, ≪논어≫ · ≪맹자≫에서 인용한 것에도 '경經'이라는 글자가 없음을 모른 것

---

210 분서: 진秦 시황제始皇帝 34년(B.C. 213), 제齊 출신의 박사博士 순우월淳于越이 당시 시행한 중앙집권적 군현제郡縣制를 반대하고 옛 제도인 봉건제封建制 부활을 주장하자, 승상丞相 이사李斯가 이를 배척하고 아울러 유생儒生들이 옛일을 가지고 지금을 비난하거나 사적으로 조정을 비방하는 일을 금지할 것 등을 주장하였다. 시황제가 이사의 건의를 받아들여 ≪진기秦記≫ 이외 열국列國의 역사서를 불태우고, 박사관博士館 이외에 개인이 소장한 ≪시詩≫ · ≪서書≫ 및 제자서諸子書 등의 책을 관부官府에 신고하여 불태우고 개인소장을 금지하였다. 단 의약醫藥 · 복서卜筮 · 농업農業 등에 관련된 책은 제외하였다.

211 양경 (?-?): 당唐나라 괵주虢州 홍농弘農 사람이다. ≪순자주荀子注≫를 지었다.

이다. 또 공자·맹자를 유가儒家라 하고, 황제黃帝[212]·노자老子를 도가道家라고 한 것은 전국시대戰國時代부터 한대漢代까지 다른 말이 없었다. 도가의 책은 '경經'이라고 하였으니, ≪노자도덕경老子道德經≫·≪장자남화경莊子南華經≫·≪열자충허경列子沖虛經≫·≪관윤자문시경關尹子文始經≫ 같은 것이 모두 이러한 예이다. ≪도경≫이 ≪상서≫가 아님은 분명하다.

<경해經解>는 ≪대기戴記[213]≫에서 나왔다고 해서 반드시 공자의 말이 되는 것은 아니다. 그러나 <경해>라는 편篇 전체에 '경經'자가 없으니 그 '경經'이라는 제목은 한漢나라의 학자들이 표제標題한 것일 뿐이다. ≪효경≫도 한대漢代 사람이 성현聖賢의 서언緒言을 베껴 모아 만든 것이다. 그렇지 않다면 한漢나라 이전에 그것을 언급한 사람이 한 사람도 없어서는 안 된다.

荀子爲李斯之師, 其所著書, 在≪詩≫·≪書≫未燔之前.

---

212 황제: 중국의 건국신화에 나오는 제왕으로 중국을 처음으로 통일한 군주로 숭배된다. 전국시대戰國時代에 황제黃帝의 정치에 관한 황학黃學이 출현하였으며, 한漢나라 초기에 유행하였다.
213 대기: ≪예기禮記≫의 다른 이름이다. ≪소대기小戴記≫라고 하며, 한漢나라의 대성戴聖이 편찬한 예禮로 총 49편이다.

荀子凡引《詩》·《書》, 竝稱'詩云'·'書云', 而此獨稱
'道經曰', 則秦火之前, 荀子所見之《尙書》, 無危微語也.
楊倞勉强遷就, 註云: '今虞書有此語, 而云道經者, 蓋有道
之經.' 不知漢以前, 從未嘗稱《易》·《詩》·《書》·
《春秋》爲經, 《論語》·《孟子》所引, 亦無經字. 且
孔·孟爲儒家而黃·老爲道家, 自戰國至漢無異辭. 道家
之書則曰經, 如《老子道德經》·《莊子南華經》·《列
子冲虛經》·《關尹子文始經》, 皆是. 《道經》之非
《尙書》也, 明矣. <經解>出於《戴記》, 未必爲孔子之
言. 然通篇無經字, 其經目則漢儒所署耳. 《孝經》亦漢人
鈔撮聖賢緖言爲之. 不然, 不應漢以前無一人語及之也.

　한漢 무제武帝 때에 이르러서야 오경박사五經博士가
설치되었다. 한漢나라 초기에는 황제黃帝·노자老子를
숭상하여 유학자들이 그들을 사모하고, 이를 계기로 도
가류道家流도 본받아 각기 자신이 연구한 책을 높여 '경
經'이라 하고 스스로 '경사經師'라 일컬었다. 이는 방온龐
蘊[214]의 《어록語錄》을 승려들이 칭찬하자, 송대宋代 유

---

214 방온(?-808): 당唐나라의 거사居士이다. 형주衡州 형양衡陽 사
　람으로 자字는 도현道玄이다. 세상에서 방거사龐居士라 일컬

가儒家의 제자 중에 무식한 자들도 자기 스승의 말을 기록하여 '어록'이라고 이름 붙인 것과 같다. 진秦나라 이전에는 ≪역≫·≪시≫·≪서≫·≪춘추≫를 '경經'이라고 한 것을 들어 본 적이 없다. '위危'·'미微'라는 말이 ≪도경道經≫에서 나왔지 ≪상서≫에서 나오지 않았음을 알고 나서야 ≪고문상서≫가 위조된 것이 너무나도 명백함을 알았다.

至漢武帝, 始設五經博士. 蓋漢初尙黃·老, 儒者慕焉, 因亦效道家者流, 各尊其所治之書爲經, 自稱曰經師. 此如龐蘊≪語錄≫, 惟僧人稱之, 而宋儒弟子之無識者, 亦錄其師之言, 名以語錄焉耳. 其在秦以前, 未聞稱≪易≫·≪詩≫·≪書≫·≪春秋≫爲經也. 知危微之語, 出於≪道經≫, 而非出於≪尙書≫, 然後知≪古文尙

았다. 정원貞元 초에 석두石頭 희천希遷을 뵙고 선지禪旨를 얻은 다음, 마조馬祖 도일道一의 문하에서 2년 동안 참학參學하였다. 단하丹霞 천연天然·약산藥山 유엄惟儼·제봉齊峰·백령百靈·송산松山·대동大同 보제普濟·본계本谿·대매大梅 법상法常·측천則川·낙보洛浦·석림石林·앙산仰山 혜적慧寂 등의 선사禪師들과 많은 문답을 주고받는 등 탁월한 기용이 있었다. 평생 거사居士로 살았지만, 독자적인 깨달음의 경지를 얻어 진단震丹의 유마거사維摩居士라고 불렸다. 양주자사襄州刺史 우적于頔이 편찬한 ≪방거사어록龐居士語錄≫ 3권이 있다.

書≫之贋, 較然明白.

어떤 사람이 말하였다. "공자가 살던 오래된 집의 벽속에서 나온 책은 사마천司馬遷도 공안국에게 고사故事를 물었기 때문에 반고班固가 「사마천의 책에 <요전堯典>·<우공禹貢>·<홍범洪範>·<미자微子>·<금등金縢> 같은 편을 기록한 것은 ≪고문상서≫의 내용이 많다.」고 하였다. 반고는 한대漢代 사람이니, 그의 말을 근거로 삼을 수 없는가?"

반고의 말이 옳다. 그러나 사마천이 인용한 것은 공안국이 공자가 살던 오래된 집의 벽속에서 얻은 ≪진고문상서眞古文尚書≫이지 지금 있는 ≪고문상서≫가 아니다. 수수秀水의 주이준朱彝尊이 그것을 상고했었다. ≪사기≫ 가운데 <오제본기五帝本紀>에 인용된 <요전堯典>·<순전舜典>, <하본기夏本紀>에 인용된 <우공禹貢>·<고요모皐陶謨>·<익직益稷>·<감서甘誓>, <은본기殷本紀>에 인용된 <탕서湯誓>·<고종융일高宗肜日>·<서백감려西伯戡黎>, <주본기周本紀>에 인용된 <목서牧誓>·<보형甫刑>, <노세가魯世家>에 인용된 <금등

金縢>·<무일無逸>·<비서費誓>, <연세가燕世家>에 인용된 <군석君奭>, <송세가宋世家>에 인용된 <미자微子>·<홍범洪範>은 모두 ≪금문상서≫에 있는 것이니, 근거로 삼기에 부족하다. 인용한 것이 ≪고문상서≫에 있고 ≪금문상서≫에 없는 것은 <은본기>에 인용된 <탕고>, <주본기>에 인용된 <태서> 2편뿐이다. 그러나 그 말이 모두 지금 전하는 ≪고문상서≫와 전혀 서로 비슷하지 않다.

대체로 공안국이 얻은 공자가 살던 오래된 집의 벽속에서 나온 ≪고문상서≫는 확실히 그 책이 있었으나, 다만 지금 세상에 유행하는 ≪고문상서≫는 아니다. 사마천이 직접 공안국에게 고사를 물었는데 인용한 말이 전혀 비슷하지 않다면 지금의 ≪고문상서≫는 다시 무엇에 의지하여 천하 사람에게 신임을 얻겠는가? 그렇다면 ≪상서≫ 가운데 이른바 믿을 만하다는 것은 모두 의심스러운 것이다."

或謂 "孔壁之書, 司馬遷亦從安國問故, 故班固謂 「遷書載 <堯典>·<禹貢>·<洪範>·<微子>·<金縢>諸篇, 多 ≪古文≫說」, 班固, 漢人, 其言不可據乎?" 曰: 班說是也. 然

司馬遷所引者, 安國所得於壁中之≪眞古文尙書≫, 非今所
有之≪古文尙書≫也. 秀水朱氏彝尊, 嘗考之矣. ≪史記≫
中, <五帝本紀>引<二典>, <夏本紀>引<禹貢>・<皐陶
謨>・<益稷>・<甘誓>, <殷本紀>引<湯誓>・<高宗肜
日>・<西伯戡黎>, <周本紀>引<牧誓>・<甫刑>, <魯世
家>引<金縢>・<無逸>・<費誓>, <燕世家>引<君奭>,
<宋世家>引<微子>・<洪範>, 皆≪今文尙書≫所有, 不足
爲據. 其所引爲≪古文≫所有而≪今文≫所無者, 惟<殷本
紀>所引<湯誥>, <周本紀>所引<泰誓>二篇而已. 然其
辭皆與今所傳≪古文尙書≫, 絶不相類. 蓋安國所得壁中
≪古文≫, 信有其書, 而特非今世所行之≪古文尙書≫也.
司馬遷親問故於安國, 而所引之辭絶不類, 則今之≪古文
尙書≫, 復何所恃以取信於天下也哉? 然則≪尙書≫之所
謂可信者, 皆其可疑者也."

안: 100여 년 이래로 독서하여 탁월한 식견이 있는 자는
영인寧人 고염무顧炎武 선생보다 뛰어난 이가 없고, 유추
類推하여 박학博學한 자는 거래巨來 이불李紱 선생보다
뛰어난 이가 없다. 그런데 모두 ≪공씨경전孔氏經傳≫을
가짜라고 여겼다면 이 25편이 공안국의 ≪고문상서≫가

아님이 분명하다.

거래巨來가 '공안국이 얻은 공자가 살던 오래된 집의 벽속에서 나온 ≪고문상서≫는 확실히 그 책이 있었으나 다만 지금 세상에 유행하는 ≪고문상서≫가 아니다.'라 고 일컬은 것은, 살펴 보건대 여전히 자세하지 않은 점이 있다. 대체로 공안국이 얻은 공자가 살던 오래된 집의 벽 속에서 나온 ≪고문상서≫는 지금 33편의 책으로 ≪금문 상서≫와 편수는 같고 문자는 서로 다름을 앞 권에서 이 미 자세하게 말하였다. 사마천이 인용한 것과 반씨班氏 (반고)가 일컬은 것은 모두 이것이다. 이 밖의 16편은 이른 바 ≪상서일편尙書逸篇≫이라는 것이 이것이다. ≪금문 상서≫가 영가永嘉의 난리에 없어지면서 사람들이 마침 내 33편을 ≪금문상서≫라고 오인誤認하였을 뿐이다. 별 도로 ≪고문상서≫가 있었는데, 지금 없어진 것이 아니 다. 그러므로 지금 덧붙여 바로잡는다.

按: 百餘年以來, 讀書有卓識者, 無過於顧寧人先生, 所推 爲博學者, 無過於李巨來先生, 而皆以≪孔氏經傳≫爲僞, 則此二十五篇之非安國≪古文≫, 明矣. 惟巨來稱'安國 所得壁中≪古文≫, 信有其書, 而特非今世所行之≪古文

尙書≫'者, 考之尙有未詳. 蓋安國壁中之≪古文≫, 則今
三十三篇之書, 與≪今文≫篇數同, 而文字互異, 前卷固已
詳言之矣. 司馬遷所引, 班氏所稱, 皆此也. 此外十六篇, 則
所謂≪尙書逸篇≫者, 是也. 但≪今文≫亡於永嘉, 而人遂
誤以三十三篇爲≪今文≫耳. 非別有≪古文≫而今亡之也.
故今補而正之.

거래 이불李紱의 〈서≪고문상서원사≫후〉[215]에 대해 보충하는 말 [李巨來書古文尙書寃詞後補說]

　　서하西河 모기령毛奇齡[216]이 ≪고문상서원사古文尙書
寃詞≫를 지었는데, 25편을 가짜가 아니라고 하였다. 【이
책을 보지는 못하였다.】 거래巨來가 이 글을 지어 변론하였
는데, 세상 사람들의 의혹을 규명하기 매우 충분하다. 지
금 여기에 요점만 간단히 적는다. 그러나 그 가운데에도

---

215 〈서≪고문상서원사≫후〉: 청淸 이불李紱, ≪목당초고穆堂初
稿≫ 권45 〈제발題跋 상上〉에 들어 있다.

216 모기령(1623−1716): 명말청초明末淸初 때의 절강浙江 소산蕭
山 사람이다. 자字는 대가大可・제우齊于・우일于一, 호號는 초
청初晴・추청秋晴, 본명은 신甡이다. 강희康熙 18년(1679) 박학
홍사과博學鴻詞科에 천거되고, 한림원검토翰林院檢討에 임명
되어 ≪명사明史≫ 편찬에 참여했다. 염약거閻若璩의 ≪고문상
서소증古文尙書疏證≫을 반박하여 ≪고문상서원사古文尙書寃
詞≫를 지었다. 저술을 모두 모은 ≪서하합집西河合集≫ 400여
권이 있다.

미진하고 원만하지 못한 것이 있다. 그러므로 다시 그 미비한 부분을 보충하여 뒤에 덧보태 기록한다.

毛西河有≪古文尙書寃詞≫, 以二十五篇爲非僞【此書未見】. 巨來作此辨之, 深足以糾世人之惑. 今摘錄之於此. 然其中亦尙有未盡未周者, 故復補其未備, 附錄於後.

≪진서≫에는 ≪고문상서≫를 전수하고 전수받은 일이 없다 [晉書無古文授受事]

내가 어려서 ≪상서정의≫를 읽을 때 ≪고문상서≫의 수수授受를 살펴보니, ≪진서晉書≫를 인용하여 "진晉나라의 태보太保 정충鄭冲이 부풍扶風의 소유蘇愉에게 전수하고, 소유는 천수天水의 양류梁柳에게 전수하고, 양류는 성양城陽의 장조臧曹에게 전수하고, 장조는 여남汝南의 매색梅賾에게 전수하였다."고 하였다. 지금 전하는 ≪이십오사二十五史≫ 안의 ≪진서≫를 살펴보면 그 말이 전혀 없으니, ≪상서정의≫는 무엇에 근거한 것인지 모르겠다.

≪진서≫ 정충의 본전本傳을 살펴보면 '고귀향공高貴鄕公이 ≪상서≫를 강론할 때에 정충이 경經을 가지고 친

히 전수하였다.'고만 하였을 뿐, ≪고문상서≫에 대한 말은 전혀 없다. 또 정충이 손옹孫邕[217]·조희曹羲[218]·순의荀顗[219]·하안何晏 등과 함께 ≪논어≫에 대한 여러 대가들의 훈주訓註를 모아 ≪논어집해論語集解≫라고 이름을 붙이고 위魏나라의 조정에 올렸다고 일컬었지, 경학을 누구에게 전수하였는지는 듣지 못하였다. 또 정충이 위나라에 출사하여 사공司空·사도司徒에 이르렀으며, 상도향공常道鄕公[220]이 즉위하였을 때에는 태보太保에 제수되어 삼사三司의 윗자리에 자리하였으며, 수광후壽光侯에 봉해지고 나서 사마소司馬昭[221]에게 아부하였으며, 사마

---

217 손옹(?−?): 삼국시대三國時代 위魏나라의 청주淸州 낙안樂安 사람이다. 하안何晏 등과 ≪논어집해論語集解≫를 편찬하였다.

218 조희(?−249): 삼국시대三國時代 위魏나라의 패국沛國 초초 사람이다. 하안何晏 등과 ≪논어집해論語集解≫를 편찬하였다.

219 순의(?−274): 서진西晉 영천潁川 사람으로 자字는 경천景倩, 시호諡號는 강康이다. 임회후臨淮侯에 봉해졌으며, 시중侍中·태위太尉 등을 지냈다.

220 상도향공(246−302): 삼국시대三國時代 위魏나라의 5대 황제 조환曹奐의 제위에 오르기 전前 작위이다. 자字는 경명景明, 무제武帝 조조曹操의 손자이자 연왕燕王 조우曹宇의 아들이다. 감로甘露 2년(257)에 안차현安次縣 상도향공常道鄕公에 봉해졌다. 처음 이름은 황황이었으나 즉위한 뒤에 환奐으로 고쳤다.

221 사마소(211−265): 삼국시대三國時代 위魏나라의 하내河內 온

염司馬炎[222]이 제위帝位를 찬탈할 때에 이르러서는 정충
이 실제 선양禪讓한다는 명령서[策]를 바쳤고, 태부太傅
에 제수되고, 승진한 작위가 공公이었으니, 공광孔光[223]·
장우張禹[224]의 죄에 비해 더욱 심한 점이 있다. 이 무리들
의 경학에 관한 학술을 또 어디에 쓰겠는가? 하물며 소
유·장조·매색, 이 사람들이 ≪진서≫에 전혀 없음에랴!

양류는 <황보밀전皇甫謐傳>에 덧붙여 드러내었는데,

溫 사람으로 자字는 자상子上이다. 조모曹髦를 폐위시키고 조
환曹奐을 옹립하고, 스스로를 진왕晉王에 봉하였다. 묘호廟號
는 진晉 태조太祖, 시호諡號는 문황제文皇帝로 추증되었다.

222 사마염 (236-290): 진晉나라의 1대 황제이다. 위魏 원제元帝의
선양禪讓을 받아 낙양洛陽에 도읍하고 진晉나라를 세웠다. 사
마소司馬昭의 아들이며, 어미는 왕숙王肅의 딸이다. 하내河內
온溫 사람으로 자字는 안세安世, 묘호廟號는 세조世祖, 시호諡
號는 무제武帝이다.

223 공광(B.C. 65-5): 전한前漢 노魯 사람으로 자字는 자하子夏이
다. 공자孔子의 14대손이다. 경학에 밝았다. 시호諡號는 간렬후
簡烈侯이다.

224 장우(?-B.C. 5): 전한前漢 하내河內 지斟 사람으로 자字는 자
문子文, 시호諡號는 절후節侯이다. ≪노논어魯論語≫를 바탕으
로 ≪제논어齊論語≫를 참고하여 합쳐 한 책으로 만들었는데,
≪장후론張侯論≫이라 일컫는다. 후한後漢 영제靈帝 때, 희평
석경熹平石經의 저본底本으로 삼았다. 지금 통행하는 ≪논어≫
가 바로 ≪장후론≫이다.

또한 태수太守[郡]에 임명되었다고만 말했지 ≪고문상서≫를 얻은 일은 전혀 없다. 서하西河 모기령毛奇齡이 지은 ≪고문상서원사古文尙書冤詞≫에도 ≪상서정의≫에서 인용한 ≪진서≫ <황보밀전>에 근거하여 "황보밀이 고종 사촌동생 양류에게 ≪고문상서≫를 얻었다. 그러므로 ≪제왕세기帝王世紀≫를 짓는 가운데 그 말을 기록한 것이 많다."고 하였으나, 지금 전하는 ≪진서≫ <황보밀전>에는 이 말이 전혀 없으니, 모씨毛氏는 바로 조공무晁公武[225]가 ≪군재독서지≫에서 말한 ≪18가 진서≫[226]를

---

225 조공무(1105-1180): 송宋나라의 제주濟州 거야巨野 사람으로 자字는 자지子止, 호號는 소덕선생昭德先生이다. 소흥紹興 11-17년(1141-1147)까지 사천전운사四川轉運使 정도井度의 종관從官이었다. 정도는 장서가 많기로 유명하였는데, 조공무晁公武의 호학好學에 감탄하여 만년晩年에 자신이 소장한 책을 전부 조공무에게 기증하였다고 한다. 이를 조공무가 임지任地의 관아官衙, 즉 군재郡齋에서 동이同異를 비교하고 대지大旨를 논술하여 완성한 것이 ≪군재독서지郡齋讀書志≫이다. 저서에 ≪소덕문집昭德文集≫, ≪석경고이石經考異≫, ≪계고후록稽古后錄≫, ≪중용대전中庸大傳≫, ≪소덕당고昭德堂稿≫, ≪역고훈전易詁訓傳≫, ≪숭고초창嵩高樵唱≫ 등이 있었으나, 지금은 모두 없어지고 ≪군재독서지≫만 남아 있다.

226 ≪18가 진서≫: ≪수서隋書≫ 권32 <경적지經籍志>를 보면, 정사부正史部에 왕은王隱의 ≪진서晉書≫·우예虞預의 ≪진서晉書≫·주봉朱鳳의 ≪진서晉書≫·하법성何法盛의 ≪진중흥

인용하여 말한 것이다.

　《당서唐書》〈예문지藝文志〉를 살펴보면, 당唐나라
초기에는 《진서》에 비록 7가家[227]가 있었으나 어제서

서晉中興書》·사령운謝靈運의 《진서晉書》·장영서臧榮緒
의 《진서晉書》·소자운蕭子雲의 《진서晉書》·소자현蘇子
顯의 《진사초晉史草》 8가와 편년부編年部에 육기陸機의 《진
기晉紀》·간보干寶의 《진기晉紀》·조가지曹嘉之의 《진기
晉紀》·습착치習鑿齒의 《한진양추漢晉陽秋》·등찬鄧粲의
《진기晉紀》·손성孫盛의 《진양추晉陽秋》·유겸지劉謙之
의 《진기晉紀》·왕소지王韶之의 《진기晉紀》·서광徐廣의
《진기晉紀》·단도란檀道鸞의 《속진양추續晉陽秋》·곽계산
郭季産의 《속진기續晉紀》 11가, 도합 19가이다. 18가라고 한 것
에 대해 청淸 포기룡浦起龍은 '아마 습착치의 《한진양추》가 유
독 한漢나라를 주로 하고 위魏나라를 배척하여 다른 의론을 하기
때문에 마침내 폐기하여 사용하지 않은 것일까?[豈緣習氏書獨主
漢斥魏, 以爲異議, 遂廢不用歟?]'라고 추정하였다(《史通通釋》
권12〈外篇 古今正史〉晉史十八家)

227 7가: 《수서隋書》〈경적지經籍志〉정사부正史部에 보이는 8가
　진사晉史 가운데 《구당서舊唐書》〈경적지經籍志〉와 《신당
　서新唐書》〈예문지藝文志〉에는 소자현蘇子顯의 《진사초晉史
　草》가 보이지 않는다. 따라서 소자현을 뺀 나머지를 7가라고
　부른 것인 듯하다. 《구당서》〈경적지〉와 《신당서》〈예문
　지〉에 소경창蘇景暢의 《진사초晉史草》가 편년부編年部에 보
　인다. 소자현과 소경창이 동일한 인물인 듯하나 확인할 수 있는
　전거가 없다. 동일인물이라 하더라도 정사부正史部에서 편년
　부編年部로 옮겨진 이상 굳이 《진사초》를 정사부에 포함시켜
　8가라고 할 필요는 없다.

御製書[228]가 나오자 나머지는 반드시 지은이의 이름을 일
컬었다. ≪상서정의≫에서 인용한 것에는 아무개의 ≪진
서≫라고 일컫지 않았으니, 반드시 ≪어제진서御製晉
書≫일 것이다. 또 ≪어제진서≫는 정관貞觀[229] 연간에 완
성되었고, ≪당서唐書≫<유학전儒學傳>에서 ≪상서정
의≫는 영휘永徽[230] 연간에 우지녕于志寧[231] 등이 교정하
여 비로소 천하에 반포하였다고 하였으니, ≪상서정의≫
는 본래 당연히 ≪어제진서≫를 인용한 것이지 다른 ≪진
서≫를 인용한 것이 아니다. 모씨(모기령)가 ≪고문상
서≫를 위해 억울하다고 큰 소리로 부르짖으며 책을 지어
주장을 세웠으나, 인용한 것이 성기고 어설퍼 공씨孔氏
(공영달)의 ≪상서정의≫와 다름이 없으니, 어찌 후세에
게 전하여 천하 사람들의 입에 재갈을 물릴 수 있겠는가?

---

228 어제서: 바로 다음에 나오는 ≪어제진서御製晉書≫로서 당唐
    태종太宗의 칙명으로 방현령房玄齡 · 저수량褚遂良 · 허경종許
    景宗 등이 찬수한 ≪진서晉書≫ 130권을 말한다.
229 정관: 당 태종의 연호(627-649)이다.
230 영휘: 당 고종의 연호(650-655)이다.
231 우지녕(588-665): 당唐나라의 경조京兆 고릉高陵 사람으로 자
    字는 중밀仲謐, 시호諡號는 정정이다. 저서에 ≪간원諫苑≫이
    있다.

余少時讀≪尙書正義≫, 考≪古文≫授受, 引≪晉書≫云:
"晉太保鄭沖授扶風蘇愉, 愉授天水梁柳, 柳授城陽臧曹,
曹授汝南梅賾." 考之≪晉書≫, 絶無其語, 不知≪正義≫
何所據也. 按≪晉書≫鄭沖本傳, 止云'高貴鄉公講≪尙
書≫, 沖執經親授'而已, 竝未有≪古文≫之說. 又稱沖與孫
邕·曹羲·荀顗·何晏, 共集≪論語≫諸家訓註之書, 名
曰≪論語集解≫, 奏之魏朝, 未聞有經學授之何人. 又沖仕
魏至司空司徒, 常道鄉公卽位, 拜太保, 位三司上, 封壽光
侯, 而阿附司馬昭; 比炎篡位, 沖實奉禪策, 拜太傅, 進爵爲
公, 視孔光·張禹之罪, 又有甚焉. 此輩經術, 又安用哉? 況
蘇愉·臧曹·梅賾, ≪晉書≫竝無其人! 惟梁柳附見<皇
甫謐傳>, 亦止言其作郡, 竝無得≪古文尙書≫之事. 毛西
河氏作≪古文尙書寃詞≫, 亦據≪正義≫引≪晉書≫<皇
甫謐傳>, 云: "謐從姑子外弟梁柳, 得≪古文尙書≫, 故作
≪帝王世紀≫中, 多載其語", 則<謐傳>竝無之. 毛氏乃引
晁公武≪十八家晉書[232]≫爲辭. 按≪唐書≫<藝文志>, 唐
初, ≪晉書≫雖有七家, 御製書出, 餘必稱名. ≪正義≫所

---

232 진서: 조공무晁公武, ≪군재독서지郡齋讀書志≫에는 '진서晉書'
    가 '진사晉史'로 되어 있다. 18가家라고 한 것은 ≪진서晉書≫와
    ≪진기晉紀≫를 포괄한 명칭이니, '진사晉史'로 쓰는 것이 옳을
    듯하다.

引, 未稱某人≪晉書≫, 必≪御製晉書≫矣. 且≪御製晉
書≫, 成於貞觀, 而≪唐書≫<儒學傳>謂≪尙書正義≫,
永徽中, 于志寧等校正, 始布天下, 則≪正義≫自當引≪御
製晉書≫, 不當他引也. 毛氏爲≪古文尙書≫稱冤, 大聲疾
呼, 著書立說, 而所引疎闊, 與孔氏≪正義≫無異, 安足以
傳信後世, 而箝天下之口也哉?

안: 모씨毛氏가 ≪18가 진서十八家晉書≫를 가지고 풀이
하였으나 억지로 우기다가 이치를 잃은 것에 불과할 뿐이
다. 가령 다른 ≪진서晉書≫에 그 내용이 정말 있다면 정
관貞觀 연간에 완성된 ≪진서≫에서 반드시 삭제할 이치
가 없다. 성인聖人의 경전이 세상에 알려지고 알려지지 않
는 것은 천하의 큰일인데, 수백 년 동안 없어졌던 책이 하
루아침에 갑자기 나타났는데, 어찌 생략하고 말하지 않을
수 있겠는가? ≪진서≫를 편수한 자들이 공씨孔氏의 책과
원수짐이 없는데, 무엇 때문에 곳곳마다 모두 그 문장을 삭
제하였겠는가? 하물며 당시에는 한창 이 책을 떠받들어 진
짜라고 여겼는데, 이유 없이 그 문장을 삭제하였다면 더욱
인정人情과 도리道理에 들어맞지 않는다. 그렇다면 다른
≪진서≫에는 원래 이 말이 없기 때문에 정관 연간에 완성

된 ≪진서≫에도 쓸데없이 이 문장을 보탤 수 없었을 것이다. 이는 ≪위서僞書≫를 전한 자들이 이 말을 가설假設하여 당시를 속였고, 공씨가 도청도설道聽塗說인데도 다시 조사하지 않았을 뿐이니, 자세히 설명할 필요도 없다. 모씨(모기령)가 당연하다고 생각하는 설을 가지고 옛 책의 진위眞僞를 결정하려고 하였으니, 사리에 맞지 않는다. 거래(이불)의 이 변론은 세상 사람들의 의혹을 제대로 바로잡을 수 있다. 그러므로 지금 덧보태 논한다.

按: 毛氏以≪十八家晉書≫爲解, 不過强詞奪理而已. 假使他≪晉書≫果有之, 貞觀≪晉書≫, 必無刪之之理. 聖經顯晦, 天下之大事也, 數百年亡軼之書, 一旦忽出, 豈容略而不言? 修≪晉書≫者, 與孔氏之書無仇也, 何爲處處皆削其文? 況當時方崇奉此書以爲眞, 乃無故削其文, 尤不近於情理. 然則是他≪晉書≫, 原無此語, 故貞觀≪晉書≫, 亦不能鑿空而增此文也. 此蓋傳≪僞書≫者, 假設此言, 以欺當世, 孔氏道聽塗說, 而未及覆核耳, 不必曲爲之說也. 毛氏乃欲以想當然之說, 定古書之眞僞, 謬矣! 去來此辨, 深足以正世人之惑, 故今補而論之.

≪위서≫와 황보밀의 관계 [僞書與皇甫謐之關係]

　살펴보니 진晉나라 때에 풍부하게 책을 지은 사람으로
는 황보밀皇甫謐 만한 이가 없다. ≪상서정의≫에서 양류
梁柳를 끌어다 관련시킨 것에 근거해 보면, ≪고문상서≫
는 황보밀이 지은 것인 듯하다. 나중에 매작梅鷟의 ≪상
서고이尚書考異≫를 손에 넣어 살펴보니, 소견所見이 서
로 일치하는 것이 많았다. 그 서문에서는 곧바로 ≪고문
상서≫를 가리켜 황보밀이 지어 양류에게 전수했다고 하
였다.[233] 별도로 근거한 것이 있는가? 아니면 또한 ≪진서
晉書≫ <황보밀전皇甫謐傳>에 양류를 언급한 것을 근거
로 나름대로 추측한 것인가? "다른 사람이 지닌 마음을 내
가 헤아린다." [234]고 하였으니, ≪고문상서≫가 황보밀에

---

233 그……하였다: 명明 매작梅鷟, ≪상서고이尚書考異≫의 원서原
　　序에는 '황보밀이 ≪고문상서≫를 지어 양류에게 전수하였다.'는
　　말이 나오지 않는다. 다만 ≪상서고이≫ 권1 <공안국≪상서주≫
　　십삼권孔安國尚書註十三卷>에 "동진東晉의 ≪고문상서≫는 바
　　로 황보밀에게서 나왔다. 황보밀보다 앞서 전수받은 사람은 누구
　　인가? 정충鄭冲·소유蘇愉·양류梁柳인데, 달리 검증할 것이 없
　　다.[東晉之≪古文≫, 乃自皇甫謐而突出, 何者前乎謐而授之者? 曰
　　鄭冲·曰蘇愉·曰梁柳, 而他無所徵也.]"라는 말이 보인다.
234 다른……헤아린다: ≪맹자≫ <양혜왕梁惠王 상上>에 나온다.

게서 지어진 것을 10에 6-7할은 믿을 만하다.

考, 晉時著書之富, 無若皇甫謐者, 嘗因≪正義≫所引牽連
梁柳, 卽疑≪古文≫爲謐所作. 後得梅鷟≪尙書考異≫觀
之, 所見多相合者. 其序文, 則直指≪古文尙書≫, 爲謐作
以授梁柳. 其別有所據也? 抑亦因<謐傳>及梁柳, 而臆揣
之耶? "他人有心, 予忖度之", ≪古文≫之作自謐, 可信十
之六七矣.

안: 거래巨來(이불)가 25편을 가짜라고 한 것은 옳다. 그
러나 매씨梅氏(매작)를 따라 황보밀이 지었다고 한 것은
여전히 옳지 않은 듯하다. 황보밀이 지은 책이 비록 황당
하고 사리에 맞지 않은 것이 많으나 간혹 채택한 것이 너
무 잡스러운 것과 자기의 의견을 억지로 끌어다 붙인 점
은 있겠지만, 만약 공연公然히 위경僞經을 지어 세상을
속이는 것으로 말하면 황보밀은 오히려 이러한 지경에 이
르지는 않았을 것이다. 또 황보밀이 지은 ≪제왕세기帝
王世紀≫에는 탕湯의 뒤에 외병外丙·중임仲壬[235]두 세
대가 있어 ≪맹자≫·≪사기≫와 부합하는데, ≪위전僞

---

235 외병·중임: 모두 탕湯의 아들이다.

傳≫에서 <이훈伊訓>을 풀이하여 "탕湯이 붕어하시고 달을 넘겨 태갑太甲이 즉위하였다."[236]고 하여 황보밀의 설과 서로 정반대가 되니, 황보밀이 지은 것이 아님이 매우 분명하다. 매씨는 다만 ≪위서僞書≫・≪위전僞傳≫에 ≪제왕세기≫의 글을 채록한 것이 많기 때문에, 황보밀이 지었다고 추측하였으나 사리에 맞지 않다. 그러므로 지금 바로잡는다.

按: 巨來以二十五篇爲僞, 是也. 惟從梅氏以爲皇甫謐作, 尙恐未然. 謐所著書, 雖多荒謬, 然或采摘太雜, 及附會以己意, 則有之矣. 若公然撰僞經以欺世, 則謐尙未至是. 且謐所著≪帝王世紀≫, 湯之後有外丙・仲壬兩代, 與≪孟子≫・≪史記≫合, 而≪僞傳≫釋<伊訓篇>云: "湯崩, 踰月太甲卽位." 與謐說正相反, 其非謐所著明甚. 梅氏但因≪僞書≫・≪僞傳≫多采≪世紀≫之文, 遂猜度之以爲謐作, 誤矣. 故今正之.

---

236 탕이……즉위하였다: ≪상서정의≫ <이훈伊訓> '유원사십유 이월을축惟元祀十有二月乙丑' 공안국의 전傳에 나온다.

옛 책은 위조될 수 있다 [古書可贋造]

나의 벗 영고靈皐 방포方苞[237]가 '한漢나라 이래의 문장이 모두 있는데 누가 위조할 수 있겠는가'라고 한 것은 후세 사람들이 경經을 본떠 스스로 글[文字]을 지은 적이 없기 때문에 서로 비슷하지 않을 뿐임을 모르는 것이다. 원보原父 유창劉敞[238]이 ≪예경禮經≫의 세 '의義'[239]를 보충하여 지을 때, ≪대기戴記≫를 뒤섞었는데 지나침은 있고 못 미침은 없었다. 하물며 여러 책에서 찾아 모으고 ≪상서≫의 원문을 인용하여 증거로 삼고, 특히 자기의 의견을 그 사이에 나란히 붙이고 이어 점점 더 보충하여 엮었으니, 어찌 비슷하지 않겠는가? 여구부黎邱部의 귀신 때문에 비록

---

237 방포(1668-1749): 청淸나라의 안휘安徽 동성桐城 사람으로 자字는 봉구鳳九·영고靈皐, 만년晩年의 호號는 망계望溪이다. 고문가古文家로서 동성파桐城派의 창시자이다. 저서에 ≪주관집주周官集注≫, ≪주관석의周官析疑≫, ≪예기석의禮記析疑≫ 등이 있다.

238 유창(1019-1068): 송宋나라의 임강군臨江軍 신유新喩 사람으로 자字는 원보原父, 호號는 공시公是이다. 저서에 ≪춘추권형春秋權衡≫, ≪칠경소전七經小傳≫, ≪공시집公是集≫이 있다.

239 세 의: 송宋 유창劉敞, ≪공시집公是集≫ 권37 <사상견의士相見義>·<공사대부의公食大夫義>·<치사의致仕義>를 말한다.

아비이나 자기 자식을 구별하지 못하며[240], 배우 맹孟이 손숙오孫叔敖의 의관衣冠을 입었으나 초왕楚王이 사랑하지 않을 수 없는 격[241]이다.

吾友方靈皐謂漢以來文章具在, 孰能贗爲之者, 不知後人特未嘗摹經而自作文字, 故不相似耳. 劉原父嘗補作≪禮經≫三義, 雜之≪戴記≫, 有過之無不及. 況搜集群書, 徵引≪尙書≫原文, 特以己意聯屬其間, 因稍加補綴, 何不似之有? 黎邱鬼, 雖父, 不能辨其子; 優孟爲叔敖衣冠, 楚王不得不愛也.

안: 경經을 본뜨는 것이 경經과 비슷하게 하기 위한 것임은 말할 필요도 없다. 그러나 그 모습이 비슷한 것은 겉모

---

240 여구부의……못하며: ≪여씨춘추呂氏春秋≫ 권22 <신행론愼行論 의사疑似>에 나온다. 양梁나라 북쪽에 여구부黎邱部라는 고을이 있었는데, 이곳에는 사람의 자손과 형제들의 모습을 잘 흉내 내는 괴이한 귀신이 있었다. 이곳에 사는 한 노인이 이 귀신 때문에 자기의 진짜 아들을 칼로 찔러 죽였다고 한다. 이 말은 거짓으로 진실을 해침을 비유한다.

241 배우……없는: ≪사기史記≫ 권126 <골계열전滑稽列傳>에 나온다. 여기서 유래한 고사가 '우맹의관優孟衣冠'이다. 사이비似而非한 것, 곧 그럴 듯하게 꾸며 진짜인 것처럼 행세하는 경우·남의 것을 모방하여 독창성과 예술성이 전혀 없는 경우 등을 비유한다.

습의 한두 부분만 비슷할 뿐, 결국은 당시의 풍기風氣를 벗어나지 못한다. 한번 그 책을 가져다 읽어보면, 문세文勢는 대비對比와 대구對句[排偶]를 뒤섞은 것이 많고, 구법句法은 대부분 문장을 다듬는 과정[煅煉]을 거쳤으나 훌륭한 말과 천박한 말이 간간이 나와 뒤섞여 늘어놓은 것이 33편과 조금도 서로 비슷하지 않으니, 한번만 보면 진晉나라 이후 사람의 필법임을 알 수 있다. 그것으로 세속의 사람을 속인다면 넉넉하겠지만, 그것으로 글을 아는 사람의 눈에 들인다면 진실로 가짜임을 숨길 수 없다. 자첨子瞻 소식蘇軾[242]이 금화金華에서 돼지를 샀다가 도중에 돼지가 달아나버리자, 다시 다른 돼지를 사서 달아난 돼지를 대신하였는데, 객이 오히려 찬미한 것과 같다.[243]

---

242 소식(1037-1101): 송宋나라의 미주眉州 미산眉山 사람으로 자字는 자첨子瞻, 또는 화중和仲, 호號는 동파거사東坡居士, 시호諡號는 문충文忠이다. 저서에 ≪동파칠집東坡七集≫, ≪동파지림東坡志林≫, ≪동파악부東坡樂府≫, ≪구지필기仇池筆記≫, ≪논어설論語說≫ 등이 있다.

243 자첨……같다: 전거는 미상未詳. 금화저金華猪는 머리와 엉덩이 부분만 검은 돼지이다. 금화 지역의 특산물로 육질이 뛰어나 맛이 좋다고 한다. 소식이 금화저를 잃고 겉모습만 비슷한 다른 돼지로 대체하였는데 객이 찬미한 것으로 바로 앞 '세속의 사람을 속인다면 넉넉하다.'는 말을 소식의 고사로 비유한 것이다.

그러나 홍점鴻漸 육우陸羽[244]를 만났다면 반드시 강수江
水를 담수潭水라고 함에 이르지 않았을 것이다.[245]

按: 謂摹經所以似經, 固也. 然特其貌似, 貌之一二分似耳,
究之不脫當時風氣. 試取其書讀之, 文勢則多雜排偶, 句法
則率經煅煉, 名言淺語, 間出錯陳, 與三十三篇, 毫不相類,
一望而知爲晉以後人之筆. 以之欺世俗之人, 則有餘; 以之
入知文者之目, 則固不能掩也. 猶之乎蘇子瞻市豬於金華,
中道而逸, 買豬代之, 而客猶贊其美, 使其遇陸鴻漸, 必不
至以江水爲潭水也.

---

244 육우(733-약 804): 당唐나라의 복주復州 경릉竟陵 사람으로 자
字는 홍점鴻漸이다. 일명一名 질질疾이라고도 한다. 자字는 계자
季疵, 호號는 상저옹桑苧翁·경릉자竟陵子·동강자東岡子이
다. 차茶를 좋아하여 ≪다경茶經≫을 지었다.

245 홍점……것이다: 옛날에 고관高官이 임지任地로 갈 때 강수江
水 가에서 육우陸羽를 만나자, 함께 차를 품평하자고 하고는 노
복奴僕에게 강수를 건너 담수潭水 10여 동이를 떠오게 하였다.
담수를 떠서 돌아오는 배가 풍랑을 만나 동이의 물이 반이나 엎
어지자 강수를 떠서 대신하였다. 노복이 돌아온 뒤에 육우가 물
을 흩날려 보고는 "이것이 아니다."라고만 하였다. 동이를 반쯤
넘어서자, 그제야 "이것이 담수이다."라고 하였다고 한다.

≪진서≫ 〈순숭전〉의 '고문상서 공씨'라는 말을 변론하다 [辨晉書荀崧傳古文尚書孔氏語]

우안: 한漢나라부터 위魏나라 · 진晉나라까지 ≪고문상서≫를 말하는 자는 사람들의 말이 한결같아 구실로 삼을 만한 것[假借]이 없다. 그러므로 모기령毛奇齡 · 방포方苞 두 사람이 비록 있는 힘을 다하여 ≪위서僞書≫를 떠받들었으나 모두 털끝만한 증거도 없으니, 그 잘못은 말할 필요도 없다. 당唐나라 정관貞觀 연간에 편찬한 ≪진서晉書≫ 안의 "≪상서≫는 정씨鄭氏, ≪고문상서≫는 공씨孔氏."라는 두 마디 말이 꽤 세상을 어지럽힐 수 있으나, 그 오류도 뚜렷하여 알기 쉽다.

모기령 · 방포가 비록 모두 언급하진 않았으나 세상 사람들의 독서가 철저하지 못하고 경거망동輕擧妄動하는 자가 많으니, 수백 년 뒤에 다시 이것을 의심하는 자가 있을까 염려스럽다. 그러므로 아래와 같이 덧붙여 변론한다.

又按: 自漢下逮魏 · 晉, 言≪古文尚書≫者, 衆口如一, 無可以假借者. 故毛 · 方兩家, 雖極力崇奉≪僞書≫, 而皆毫無證據, 其失不待言矣. 惟唐貞觀中所纂≪晉書≫內二語, 頗足惑世, 然其誤亦顯然易見. 毛 · 方雖皆未之及, 然世人讀書, 粗心浮氣者多, 恐數百年後, 復有以此獻疑者, 故附辨之如左.

   ≪진서晉書≫ <순숭전荀崧傳> 가운데 박사博士를 줄인 일을 기록하여 그 글 안에 "≪상서≫는 정씨鄭氏, ≪고문상서≫는 공씨孔氏." 라고 하였으니, 진晉나라 당시에 이미 이 ≪위서僞書≫가 있었던 듯하다. 그러나 <순숭전> 가운데 기록된 것을 살펴보면 ≪춘추좌씨전≫에는 두 학가學家, ≪역≫·≪시≫·≪주관周官≫·≪예기≫·≪논어≫·≪효경≫에는 저마다 한 학가이니, ≪상서≫ 두 학가를 더하면 박사 10인이라고 해야 하는데, 어째서 9인이라고만 하였을까?[246] 앞뒤가 딱 들어맞지 않으니 공씨 한 학가를 잘못 넣은 것임은 의심할 것도 없다.

---

246 어째서……하였을까: ≪진서晉書≫ 권75 <순숭전荀崧傳>에 나온다. "이때(원제元帝) 비로소 학교의 제도를 손질하고 박사의 수를 줄여 ≪주역≫은 왕씨王氏, ≪상서≫는 정씨鄭氏, ≪고문상서≫는 공씨孔氏, ≪모시毛詩≫는 정씨鄭氏, ≪주관周官≫·≪예기≫는 정씨鄭氏, ≪춘추좌씨전≫은 두씨杜氏·복씨服氏, ≪논어≫·≪효경≫은 정씨鄭氏를 전공한 박사博士 각각 1인을 두었으니, 도합 9인이다. ≪의례儀禮≫·≪춘추공양전春秋公羊傳≫·≪춘추곡량전春秋穀梁傳≫ 및 정씨鄭氏의 ≪역易≫은 모두 생략하여 박사를 두지 않았다.[時方修學校, 簡省博士, 置≪周易≫王氏, ≪尙

또 ≪진서≫ <직관지職官志>를 살펴보면 '진晉나라는
위魏나라의 제도를 받아들여 박사 19인을 두었고, 강동지
역에서 새로 일어난 동진東晉[江左][247]에서는 박사의 수
를 줄여 9인을 두었다.'[248]고 하였다. 위魏나라에서는 본래
≪공안국상서전孔安國尙書傳≫을 학관에 나열하지 않았
는데, 진晉나라에서 어찌 그것을 둘 수 있겠는가? ≪수서
隋書≫에도 '남제南齊 건무建武[249] 연간에 ≪공안국상서
전≫이 비로소 국학에 나열되었다.'[250]고 하였다. 여러 책을
합하여 보면 '공씨孔氏'라는 글자가 잘못 들어간 것임은 물

書≫鄭氏, ≪古文尙書≫孔氏, ≪毛詩≫鄭氏, ≪周官≫·≪禮記≫
鄭氏, ≪春秋左傳≫杜氏·服氏, ≪論語≫·≪孝經≫鄭氏博士各一
人, 凡九人, 其≪儀禮≫·≪公羊≫·≪穀梁≫及鄭≪易≫皆省不
置.]"

247 동진: 316년에 진晉나라의 4대 황제 민제愍帝가 전조前趙의 장
수 유요劉曜에게 항복하고 처형되어 진나라가 멸망하자, 삼국
시대三國時代 오吳나라의 옛 도읍지 건업建業(남경南京)에 있
던 진나라의 왕족 사마예司馬睿(원제元帝)가 건업을 도읍으로
삼아 동진東晉을 세웠다.

248 진나라는……두었다: ≪진서晉書≫ 권24 <직관지職官志>에 나
온다. "진나라 초기에는 위나라의 제도를 받아들여 박사 19인을
두었다.……동진東晉 초에는 박사의 수를 9인으로 줄였다.[晉
初承魏制, 置博士十九人.……及江左初, 減爲九人.]"

249 건무: 남제南齊 명제明帝의 연호(494-498)이다.

250 남제……나열되었다: ≪수서隋書≫ 권32 <경적지經籍志>에 나

を필요도 없는 것이다

제대로

을 필요도 없는 것이다

《晉書》<荀崧傳>中, 記簡省博士事, 內云:"《尙書》鄭氏, 《古文尙書》孔氏." 似當晉時已有此《僞書》者. 然按<傳>中所載, 《春秋左傳》二家, 《易》·《詩》·《周官》·《禮記》·《論語》·《孝經》各一家, 加以《尙書》二家, 當爲博士十人, 何以但云九人? 前後不符, 其爲誤衍孔氏一家, 無疑. 且考<職官志>, 稱晉承魏制, 置博士十九人, 江左減爲九人. 魏旣未嘗以《孔傳》列學官矣, 晉安得而有之? 而《隋書》亦稱齊建武中, 《孔傳》始

온다. "진晉나라에서 세세로 비부祕府에 보존된 것에 《고문상서》의 경문은 있는데, 지금 전傳이 있는 것은 없다. 영가의 난리에 《구양상서歐陽尙書》·《대하후상서大夏侯尙書》·《소하후상서小夏侯尙書》가 모두 없어졌다. 제남 복생의 전傳은 유향 부자가 지은 《오행전五行傳》만이 그 본법本法이나 또 어긋난 것이 많다. 동진東晉에 이르러 예장내사 매색이 처음 공안국의 전傳을 얻어 조정에 올렸으나, 당시에 또 <순전> 1편이 빠져 있었다. 남제南齊 건무연간에 오흥吳興의 요방흥이 대항大桁에서 그 책(<순전>)을 구입하여 조정에 올렸으니, 마융과 정현이 주석한 것에 비해 28자가 많았다. 이에 비로소 국학에 나열하였다. [晉世祕府所存, 有《古文尙書》經文, 今無有傳者. 及永嘉之亂, 歐陽·大, 小夏侯《尙書》並亡. 濟南伏生之傳, 唯劉向父子所著《五行傳》, 是其本法而又多乖戾. 至東晉, 豫章內史梅賾, 始得安國之傳, 奏之, 時又闕<舜典>一篇. 齊建武中, 吳姚方興, 於大桁市得其書, 奏上, 比馬·鄭所注, 多二十八字, 於是始列國學.]"

列國學. 合觀諸書, 孔氏之文之爲誤衍, 不待問者.

　대체로 지금의 ≪진서晉書≫는 바로 당唐나라 사람이 7가家의 ≪진서≫에서 채택하여 모아 기록한 것이다. 정씨鄭氏(정현)가 본래 ≪고문상서≫에 주석하였기 때문에, ≪구진서舊晉書≫에 '≪고문상서≫'라는 글자가 있는 것인데, 당唐나라 초기에 사람들이 모두 ≪위공씨경전僞孔氏經傳≫을 가리켜 ≪고문상서≫라고 하였다. ≪진서≫를 찬수한 자가 ≪고문상서≫라고 일컬은 것을 공씨孔氏(공안국)의 ≪위서僞書≫라고 착오를 일으켰기 때문에, 마침내 '정씨' 이외에 별도로 '공씨'라는 글자를 내어 그 숫자가 서로 맞지 않게 된 것일 뿐이다. 또 ≪상서≫는 ≪고문상서≫가 아니면 ≪금문상서≫이고, ≪금문상서≫가 아니면 ≪고문상서≫인데, 지금 '≪상서≫는 정씨, ≪고문상서≫는 공씨'라고 하였다. 그렇다면 정씨라고 한 것은 금문今文인가? 고문古文인가?

　대체로 수隋나라 · 당唐나라 사이의 학자들은 전적으로 사부詞賦를 높여 경술經術을 깊게 알지 못하였고, 당唐나라 초기에 큰 난리의 뒤를 이어 조정의 신하 가운데 학문이 있는 자가 적었다. 그러므로 감히 마융·정현이 고문을 배웠는지 금문을 배웠는지 확정하지 못하였다. 금문을 배웠다고 하면 영가永嘉의 난리에 금문이 이미 없어졌고, 고문을 배웠다고 하면 또 58편인 공씨의 위경偽經·위전僞傳이 별도로 있어 정현이 배운 것과 서로 다르다. 그러므로 어쩔 수 없이 이 두 가지로 애매한 말[騎牆之語]을 한 것이다.

蓋今之《晉書》, 乃唐人采七家《晉書》, 而纂錄之者. 鄭氏本傳《古文尚書》, 是以《舊晉書》有《古文尚書》之文, 而當唐初, 人皆指《僞孔氏經傳》爲《古文》. 纂《晉書》者, 因悞以所稱《古文尚書》者, 爲孔氏《僞書》, 遂於鄭氏之外, 別出孔氏之文, 以致其數不相合耳. 且《尚書》, 非《古文》則《今文》, 非《今文》則《古文》, 今乃云 '《尚書》鄭氏, 《古文尚書》孔氏'. 然則鄭氏者, 今文耶? 古文耶? 蓋隋·唐間學者, 專尙詞賦, 不甚通於經術, 而唐初承大亂之後, 廷臣之有學問者少, 故不敢定馬·鄭之爲古文·今文. 謂爲今文, 則永嘉之亂, 今文已亡; 謂爲古文, 則又別有五十八篇僞孔氏之經傳, 與鄭互異, 故不得已而爲是兩可騎牆之語耳.

　예로부터 자진自進하여 편수한 역사서는 좋은 것이 많고, 사신詞臣[251]이 함께 편수한 것은 안 좋은 것이 많다. 자진하여 편수한 자는 반드시 소견이 있고, 평소에도 반드시 자세히 고찰하였을 것이다. 그렇지 않으면 어그러지고 그릇되어 후세에 비웃음거리가 될까 염려한다. 그러므로 좋은 것이 많으니, ≪사기史記≫・≪한서漢書≫・≪후한서後漢書≫・≪남사南史≫・≪북사北史≫ 같은 책[252]이 이것이다. 사신詞臣이 함께 편수한 책은 대부분 관직으로 일을 시켜 반드시 모두 학술이 있지 않고 평소에도 여기에 마음을 둔 적이 없으며, 또 그 일을 전담하지 않아 서로 모순되는 것이 있더라도 전적으로 책임지는 이가 없다. 그러므로 좋은 것이 적다.

　이 때문에 복생伏生의 책은 본래 벽 안에 감춰뒀던 것에 속하는데 ≪수서隋書≫에서 '복생이 28편을 말로 전

---

251 사신: 문학文學으로 시종하는 신하. 한림翰林 같은 벼슬이 여기에 해당한다.
252 ≪사기≫……책: ≪사기≫는 전한前漢의 사마천司馬遷이, ≪한서≫는 후한後漢의 반고班固가, ≪후한서≫는 남조南朝 송宋나라의 범엽范曄이, ≪남사≫와 ≪북사≫는 당唐나라의 이연수李延壽가 편찬하였다.

수했다.'[253]고 하며, 두림杜林은 본래 공씨孔氏(공안국)
의 ≪고문상서≫를 전하였는데 ≪수서≫에서 '≪금문
상서≫가 뒤섞인 것으로 공씨의 구본舊本이 아니다.'[254]
라고 하였으니, 모두 세속에 떠도는 말에 익숙하여 ≪사
기≫·≪한서≫ 같은 여러 책을 가져다 그 시비是非를 조
사하여 바로잡은 적이 없어서이다. 대체로 예로부터 사신
詞臣이 함께 편수한 책은 이와 같이 근거할 만하지 않은
것이 많으니, 유지기劉知幾[255]의 ≪사통史通≫에 그것을
말한 것이 자세하다. ≪수서隋書≫·≪진서晉書≫는 모
두 당唐나라 초기 사람이 찬수한 것이니, 다시 어찌 <순숭
전荀崧傳> 안에 이 '공씨孔氏'라는 글자를 잘못 넣은 것을
괴이하게 여기겠는가?

大抵古來自修之史多佳, 詞臣共修者多不佳. 自修者, 必有
其所見, 其平日亦必詳考之, 否則恐有舛誤, 貽譏後世, 故

---

253 복생이……전수했다: ≪수서隋書≫ 권32 <경적지經籍志>에 나온다.
254 ≪금문상서가≫……아니다: ≪수서隋書≫ 권32 <경적지經籍
    志>에 나온다.
255 유지기(661-721): 당唐나라의 서주徐州 팽성彭城 사람으로 자
    字는 자현子玄, 시호諡號는 문文이다. 저서에 ≪사통史通≫이
    있다.

佳者多, ≪史記≫·≪兩漢≫·≪南·北史≫等書, 是也.
詞臣共修之書, 則多以官使之, 未必皆有學術, 其平日亦未
嘗留心於此, 而又不專其事, 卽有牴牾, 莫適任咎, 故佳者
少. 是以伏生之書, 本屬壁中所藏, 而≪隋書≫稱'伏生口
授²⁵⁶二十八篇', 杜林本傳孔氏≪古文尙書≫, 而≪隋書≫
稱'雜以≪今文≫, 非孔舊本', 皆習於世俗流傳之語, 而未嘗
取≪史≫·≪漢≫諸書, 核正其是非耳. 蓋凡古來詞臣共
修之書, 多不可據如此, 劉知幾≪史通≫, 言之詳矣. ≪隋
書≫·≪晉書≫, 皆唐初人所纂, 復何怪乎<荀崧傳>中之
誤衍此文也?

---

256 授: ≪수서隋書≫ 권32 <경적지經籍志>에는 '傳'으로 되어 있다.

〈요전〉에서 〈순전〉을 분리해냈다는 것에 대해 고찰하여 변론하다 [堯典分出舜典考辨]

　지금 세상에 전하는 《상서》는 첫머리에 〈요전堯典〉·〈순전舜典〉 두 편이 있다. 〈요전〉은 '왈약계고曰若稽古'부터 시작하여 '제왈흠재帝曰欽哉'에서 끝나고, 〈순전〉은 '왈약계고曰若稽古'부터 시작하여 '척방내사陟方乃死'에서 끝난다. 과거공부[擧業]를 익히는 자는 그것을 어려서부터 읽어 '《고문상서》가 참으로 이와 같다.'고 여긴다. 그러나 이는 당唐나라의 공영달孔穎達이 고친 판본으로 수隋나라 이전의 《상서》 원문에는 본래 〈요전〉과 〈순전〉이 한 편으로 이어져 있으며 '왈약계고曰若稽古' 이하 28자가 없었음을 모른 것이다. 배우는 자들이 모두 과거 科擧를 위해서만 헤아리고 옛 것을 살펴보지 않아, 무엇이 《고문상서》인지 《금문상서》인지 모를 뿐만 아니라 심

지어 ≪고문상서≫·≪금문상서≫의 명칭이 있는지조차
도 모른다. 하물며 <순전>이 후세 사람에 의해 분리된 것임
을 알 수 있겠는가? 내가 ≪당우고신록唐虞考信錄≫에서
확실하게 변론하였다.[257] 지금 이어서 ≪고문상서≫의 진위
眞僞를 자세히 고찰하여 다시 그 본말本末과 시비是非를
아래와 같이 자세하게 진술한다.

今世所傳≪尙書≫, 首有<堯典>·<舜典>兩篇. <堯
典>自'曰若稽古'起, 至'帝曰欽哉'止; <舜典>自'曰若稽
古'起, 至'陟方乃死'止. 習擧業者, 幼而讀之, 以爲≪古文
尙書≫果如是矣. 不知此乃唐孔穎達所改之本, 自隋以前
≪尙書≫原文, 本係一篇, 而無'曰若稽古帝舜'以下二十八
字. 但學者皆爲擧業計, 不考之古, 非惟不知孰爲≪古文≫,
孰爲≪今文≫, 甚至竝不知有≪古文≫·≪今文≫之名者,
況能知<舜典>之爲後人所分乎? 余於≪唐虞考信錄≫,
固已辨之. 今因詳考≪古文尙書≫眞僞, 復縷陳其本末是
非如左.

---

257 ≪당우고신록≫에서……변론하였다: 특히 ≪당우고신록≫ 권1
  <서례삼칙序例三則>에 자세한 내용이 나온다.

복생의 〈순전〉 [伏生舜典]

복생伏生이 전한 ≪금문상서≫에는 통틀어 〈요전堯典〉이
라 하고, 결코 〈순전舜典〉을 별도로 나누지 않았다.

　○≪금문상서≫ 28편【편목은 〈≪고문상서≫진위원류통고〉
안에 자세히 소개하였다.】에는 첫머리를 〈요전〉이라 하고, '왈
약계고제요曰若稽古帝堯'부터 시작하여 '제왈흠재帝曰欽
哉'에 이르며, 곧바로 '신휘오전愼徽五典 운운'을 이어 '척
방내사陟方乃死'에 이르러 끝난다. 따라서 두 편으로 나누
지 않았을 뿐만 아니라 '왈약계고제순曰若稽古帝舜' 이하
28자도 없다. 그렇다면 전국시대戰國時代・서한西漢 이래
로 통틀어 〈요전〉이라고 하였을 것이다.

伏生所傳≪今文尙書≫, 通爲〈堯典〉, 竝不別分〈舜典〉. ○
≪今文尙書≫凡二十八篇【篇目詳見〈≪古文尙書≫源流眞僞
考〉中】, 首爲〈堯典〉, 自'曰若稽古帝堯'起, 至'帝曰欽哉',
卽繼以'愼徽五典云云', 至'陟方乃死'止, 不惟不分兩篇, 亦
無'曰若稽古帝舜'以下二十八字. 則是戰國・西漢以來, 通
爲〈堯典〉矣.

공씨(공안국)의 ⟨순전⟩ [孔氏舜典篇]

공안국孔安國이 전한 ≪고문상서≫에도 통틀어 ⟨요전堯
典⟩이라 하였고, 별도로 ⟨순전舜典⟩이 있었으나, ⟨요전⟩
에서 나뉘어져 나온 것은 아니다.

○ ≪고문상서≫는 28편 외에 16편【편목은 ⟪≪고문상서≫
진위원류통고⟫[258] 안에 이미 소개하였다.】을 더 얻었는데, 이 안
에 ⟨순전⟩ 한 편이 있다. ⟨요전⟩의 '제왈흠재帝曰欽哉' 아
래에 '신휘오전愼徽五典 운운' 한 것을 그대로 이어 '척방내
사陟方乃死'에 이르러 끝난다. 그 16편은 배우는 자들이 외
우면서 익히는 것이 드무니, 마융이 이른바 '≪일서逸書≫
16편은 스승으로부터 전해지는 학설이 전혀 없다.' 는 것이
다. 그 뒤 정강성鄭康成(정현)이 ≪상서≫에 주석하면서
⟨반경盤庚⟩을 나눠 3편으로 만들고 ⟨고명顧命⟩의 뒷장을
나눠 ⟨강왕지고康王之誥⟩를 만들었으나, ⟨요전⟩은 나눈

---

258 ⟪≪고문상서≫진위원류통고⟫: 본문의 '고문상서원류진위고古
    文尙書源流眞僞考'는 앞 권의 '고문상서진위원류통고古文尙書
    眞僞源流通考'를 말한다. 뒤에도 '고문진위고古文眞僞考'·'상
    서진위고尙書眞僞考'·'원류진위통고源流眞僞通考' 등으로 표
    현하였으나, 번역문에서는 모두 온전한 명칭인 '고문상서진위
    원류통고'로 통일하였다.

적이 없다. 그렇다면 동한東漢 · 위魏 · 진晉 이래로 역시
통틀어 <요전>이라 한 것이다.

孔安國所傳≪古文尙書≫, 亦通爲<堯典>; 別有<舜典
篇>, 而非自<堯典>分出者. ○≪古文尙書≫, 於二十八篇
外, 得多十六篇【篇目已見<古文眞僞考>中】, 內有<舜典>一
篇. 而<堯典篇>'帝曰欽哉'之下, 仍繼以'愼徽五典云云', 至
'陟方乃死'止. 其十六篇, 學者罕所誦習, 馬融所謂'≪逸≫十
六篇, 絶無師說'者也. 其後鄭康成注≪尙書≫, 分<盤庚>
爲三篇, 分<顧命>後章爲<康王之誥>, 而<堯典>未嘗分.
則是東漢 · 魏 · 晉以來, 亦通爲<堯典>矣.

<요전>을 나눠 <순전>을 만들었다는 설 [分堯典爲舜典之說]

동한東漢 이후에 ≪위고문상서僞古文尙書≫가 나왔으
니, 28편 외에 <대우모大禹謨> 등 25편【편목은 <≪고문상
서≫진위원류통고> 안에 이미 소개하였다.】이 많고, <익직益
稷> · <반경盤庚> · <강왕지고康王之誥> 4편을 분리해
냈으나, <순전舜典>은 없었다. 어떤 이는 "<순전>은 없
어졌다."고 하고, 어떤 이는 " '신휘오전愼徽五典' 이하를

<순전>이라고 해야 한다."고 한다. 이로부터 비로소 <요전>을 나누어 <순전>을 만들었다는 설이 있게 되었다. 그러나 여전히 '왈약계고제순曰若稽古帝舜' 이하 28자는 없었다.

東漢以後, ≪僞古文尙書≫出, 於二十八篇外, 多<大禹謨>等二十五篇【篇目已見<古文眞僞考>中】. 分出<益稷>·<盤庚>·<康王之誥>四篇, 而無<舜典>. 或云: "<舜典>缺也.", 或云: "愼徽五典'以下, 當爲<舜典>." 自是始有分<堯典>爲<舜典>之說. 然尙未有'曰若稽古帝舜'以下二十八字也.

12자 및 16자의 출현 [十二字及十六字之出現]

≪상서정의≫에 근거해 보면, 남제南齊 건무建武 연간에 요방흥姚方興[259]이 대항大航[260] 근처에서 ≪공씨고문상서孔氏古文尙書≫를 얻었는데, '왈약계고제순曰若稽古帝

---

259 요방흥(?-?): 남제南齊의 오흥吳興 사람이다. 남제南齊 소란蕭鸞 건무建武 4년(497)에 대항두大航頭에서 공안국이 주석한 ≪고문상서≫ <순전> 중 "曰若稽古帝舜 曰重華 協于帝" 12자를 발견해 헌상하였다고 한다.

260 대항: '대항大桁'·'주작항朱雀航'·'주작교朱雀橋' 라고도 한다. 동진東晉의 남조南朝 건강성建康城 남쪽 진회하秦淮河의 부교浮橋이다.

舜 왈중화협우제曰重華協于帝' 12자가 '신휘오전愼徽五
典'의 앞에 있었다. 요방흥이 얼마 안 되어 다른 죄로 죽
임을 당하였기 때문에 그 글이 세상에 유행流行하지 않았
다. 어떤 이는 "'협우제協于帝' 아래에 다시 '준철문명濬
哲文明 온공윤색溫恭允塞 현덕승문玄德升聞 내명이위乃
命以位' 16자가 있다."고 하였다. ≪상서정의≫에서는 똑
같이 그 설을 기록하였으나, 자세하지 못하다.

據≪正義≫, 稱齊建武中, 姚方興於大航頭得≪孔氏古文
尙書≫, 有'曰若稽古帝舜, 曰重華協于帝'十二字, 在'愼徽
五典'之前. 方興尋以他罪誅死, 以故其書不行於世. 或云:
"'協于帝'下, 復有'濬哲文明, 溫恭允塞, 玄德升聞, 乃命以
位'十六字." ≪正義≫兩載其說, 不能詳也.

28자를 〈순전〉의 첫머리로 확정해 두다 [二十八字之 定爲舜典之首]

수隋나라 개황開皇 때, 돈을 걸고서 ≪상서≫에서 없어
진 글을 찾았다. 어떤 사람이 요방흥姚方興의 28자를 얻
었다고 하였는데 그대로 점차 세상에 유행하였다. 당唐나
라 초기에 공영달이 ≪상서정의≫를 지을 때, 마침내 〈순

전〉의 첫머리로 확정하여 '신휘오전愼徽五典'의 앞에 놓
았다. 이를 계기로 〈요전〉 한 편이 둘로 나뉘어졌다. 당唐
나라와 송宋나라의 배우는 자들이 그 시원始原을 따지지
않고 초목이 바람에 쓰러지듯이 그것을 따랐다. 그러나
경문經文을 가지고 살펴보면 저촉되고 위배된 것이 많음
을 분명하게 알 수 있다. 그러므로 아래와 같이 하나하나
변론한다.

隋開皇時, 購求遺書, 有人稱得方興之二十八字者, 因而
漸行於世. 及唐初, 孔穎達作≪尙書正義≫, 遂定以爲〈舜
典〉之首, 冠於'愼徽五典'之前. 由是〈堯典〉一篇, 分以爲
二. 唐·宋學者, 不究其始, 靡然從之. 然以經文考之, 乖謬
累累, 顯然可見. 故歷辨之如左.

〈요전〉의 아래를 잘라 내면 문맥이 통하지 않는다 [割
去堯典下文之不通]

모두 제요帝堯에게 대답하였다.

"노총각이 시골에 있는데, 우순虞舜이라고 합니다."

제요가 말하였다.

"그대들의 말이 옳다. 나도 들었다. 어떤 사람인가?"

사악四岳이 말하였다.

"맹인의 아들입니다. 아비는 모질고 어미는 어리석으며 아우 상象은 오만합니다. 그런데도 효孝로 잘 화합하게 하여 차츰차츰 다스려져 간악한 데에 이르지 않게 하였습니다."

제요가 말하였다.

"내가 시험해 보겠다. 이 사람에게 딸을 시집보내 두 아내에게 모범이 되는지 관찰하겠다."

혼수를 마련하여 두 딸을 규수嬀水 북쪽으로 내려 보내 우씨虞氏 집안의 며느리가 되게 하였다. 제요가 두 딸에게 말하였다.

"아녀자의 도리를 공경히 행하여라."

師錫帝曰: "有鰥在下, 曰虞舜." 帝曰: "俞. 予聞. 如何?" 岳曰: "瞽子. 父頑, 母嚚, 象傲. 克諧以孝, 烝烝乂, 不格姦." 帝曰: "我其試哉! 女于時, 觀厥刑于二女." 釐降二女于嬀汭, 嬪于虞. 帝曰: "欽哉!"

안: 요堯·순舜의 일이 이미 두 전典으로 나눠졌다면 요의 일은 모두 <요전> 안에 실려 있어야 한다. 더군다나

'사석제師錫帝'부터 이후로 '수종우문조受終于文祖'까지
는 모두 요가 순을 등용하는 일을 기록하였으니, 일이 서
로 이어지고 글이 서로 일관된다. 만일 '제왈흠재帝曰欽
哉'에서 그친다면 그 일이 끝나지 않을 뿐만 아니라 그 글
도 완결되지 않는다. 어찌 갑자기 그 아래 글을 잘라 <순
전>에 붙여 글에 첫머리는 있으나 끝이 없으며, 요堯 또
한 시작은 있으나 끝남이 없게 할 수 있겠는가? 천하에 어
찌 이와 같이 사리에 통하지 않은 사관史官이 있는가? 그
렇다면 '신휘오전愼徽五典' 이후는 그대로 <요전>이 되
어야지 <순전>이 되어서는 안 됨이 분명하다.

按: 堯‧舜之事, 旣分二典, 則堯之事, 皆當載之於<堯典>
中. 況自'師錫帝'以後, 至 '受終于文祖', 皆記堯擧舜之事, 事
相承, 文相貫也. 若至'帝曰欽哉'而止, 非惟其事未畢, 而其
文亦未完. 何得遽割其下文而屬之<舜典>, 致文有首而無
尾, 而堯亦有始而無終? 天下寧有如是不通之史官乎? 然則
'愼徽五典'以後, 仍當爲<堯典>, 不得爲<舜典>, 明矣.

요가 양위했을 때, '제'라고 일컬었다 [堯讓位時稱帝]

제요帝堯가 말하였다.

"이리 오너라. 너 순舜아! 네게 일로 묻고 네가 건의한 정치적인 말을 살펴보니, 네 말이 공적을 이룰 수 있음에 이른 것이 3년이나 되었다. 네가 제위帝位에 올라라."

순이 덕德이 있는 이에게 사양하고 계승하지 않았다.

帝曰: "格, 汝舜! 詢事考言, 乃言底可績三載. 汝陟帝位." 舜讓于德, 弗嗣.

안: 〈요전〉 첫머리에 '왈약계고제요曰若稽古帝堯'가 있다. 그러므로 그 다음에는 모두 '제帝'로 요堯를 일컫고 '요'라고 지적하여 말하지 않았다. 지금 〈순전〉 첫머리에도 '왈약계고제순曰若稽古帝舜'이 있으니, 그 다음 글에도 '제帝'로 순舜을 일컫고 '순'이라고 지적하여 말해서는 안 된다. 그러나 지금 도리어 요를 제帝라 일컫고 순을 이름으로 일컬으니, 경經·전傳 가운데 이와 같은 문리가 있는가?

《춘추春秋》는 제후의 일에 대해 모두 모국某國을 쓰고 그 나라의 임금을 모후某侯라고 쓴다. 노魯나라에 대

해서만은 '아我'라고 쓰고 노나라의 임금에 대해서만은
'공公'이라고 쓴다. 어째서인가? ≪춘추≫는 노나라의 역
사이기 때문이다. 만약 진晉나라의 ≪승乘≫과 초楚나
라의 ≪도올檮杌≫이라면 반드시 진나라·초나라를 '아
我'라고 쓰고 진나라·초나라의 임금을 '공公'·'왕王'이
라고 하며, 노나라를 '노魯'라고 쓰고 노나라의 임금을 '노
후魯侯'라고 하였을 것이 분명하다. 어찌 <순전> 안에서
'제帝'로 요를 일컫고 '순舜'으로 순을 일컫는 경우가 있겠
는가? 그렇다면 이는 <요전> 안의 말이지 <순전>의 글이
아님이 분명하다.

按: <堯典>首有'曰若稽古帝堯', 故其後皆以'帝'稱堯, 而
不斥言'堯'. 今<舜典>首亦有'曰若稽古帝舜', 則其後文亦
當以'帝'稱舜, 而不斥言'舜'. 今反稱堯爲帝, 而稱舜以名,
經傳中有如是之文理耶? ≪春秋≫於諸侯之事, 皆書某國,
書其君爲某侯, 獨於魯則書曰'我', 於魯君則書曰'公'. 何
者? ≪春秋≫, 魯史也. 若晉之≪乘≫, 楚之≪檮杌≫, 則
必書晉·楚爲我, 晉·楚之君爲公爲王, 而書魯爲魯, 魯君
爲魯侯, 明矣. 豈有<舜典>中, 而以'帝'稱堯, 而以'舜'稱舜
者哉? 然則此爲<堯典>中語, 而非<舜典>之文, 明矣.

요가 죽었을 때, '제'라고 일컬었다 [堯殂落時稱帝]

순舜이 섭정한지 28년 만에 제요帝堯가 죽었다. 경기京畿 안의 백성들은 부모에게 복상服喪하는 것처럼 하였으며, 3년 동안 온 세상에서는 팔음八音의 악기를 끊어 조용히 하였다. 정월 초하루에 순이 문조文祖의 사당에 이르렀다.

二十有八載, 帝乃殂落. 百姓如喪考妣; 三載, 四海遏密八音. 月正元日, 舜格于文祖.

안: 요堯가 이때에 이르러서야 죽었다면 이전의 일은 모두 <요전>에 속해야 한다. 그런데 이미 <순전>이라 이름하고, 편 머리에 또 '왈약계고제순曰若稽古帝舜'이라는 글이 있으니, 이른바 '제내조락帝乃殂落'이라는 것은 요堯인가? 순舜인가? 역사 기록이 이와 같다면 앞으로 어떻게 후세에 전하여 믿게 하겠는가? 이는 바로 군신간의 대의大義가 관계된 것으로 자질구레한 것과 비교할 만한 것이 아니다. 예전의 여러 학자들은 왜 서로 따르기만 하고 깨닫지 못하였는지 모르겠다.

○ 앞 장에서 이름으로 순을 일컬은 것은 요가 아직 살

아있다고 말하는 것과 같은데, 지금 요가 이미 죽었는데도 어째서 순이라 일컫고 제帝라고 일컫지 않는가? 그렇다면 이 편이 <요전>이지 <순전>이 아님은 분명하다.

按: 堯至是始殂落, 則以前之事, 皆當屬之<堯典>. 且旣名爲<舜典>, 篇首又有'曰若稽古帝舜'之文, 所謂'帝乃殂落'者, 堯乎? 舜乎? 史冊如此, 將何以傳信於後世乎? 此乃君臣大義所關, 非小小者可比. 不知向來諸儒, 何以相沿而不覺也. ○ 前章稱舜以名, 猶曰堯尙在也, 今則堯已崩矣, 何以猶稱舜而不稱爲帝? 然則此篇之爲<堯典>而非<舜典>, 明矣.

요가 구관을 임명했을 때의 칭호 [堯命九官時之稱謂]

순舜이 말하였다.

"아아! 사악四岳아! 사업을 일으켜 제요帝堯의 일을 빛나게 할 수 있는 자가 있으면 백규百揆의 자리에 앉혀 여러 일을 명백히 하고 무리를 순히 다스리게 하겠다."

여럿이 말하였다.

"백우伯禹가 사공司空이 되어 있습니다."

제순帝舜이 말하였다.

"그대들의 말이 옳다. 아아 우禹야! 네가 수토水土를 다스렸으니, 여기에 힘쓰라."

舜曰: "咨, 四岳! 有能奮庸熙帝之載, 使宅百揆, 亮采惠疇."
僉曰: "伯禹作司空." 帝曰: "俞, 咨禹! 汝平水土, 惟時懋哉!"

안: 이 다음은 순舜이 구관九官을 임명하는 글인데, 모두 순을 '제帝'라고 일컬었다. 어째서인가? 요堯가 죽은 뒤여서 '제'라 일컬어도 혐의할 것이 없기 때문이다. 그러나 구관을 임명하는 처음에 '순'이라 일컬어 첫머리에 둔 것은 어째서인가? 아마도 이 편이 <요전>이기 때문일 것이다. 그러므로 순에 대해 반드시 구별하여 말한 뒤에야 그 글이 비로소 분명해진다.

그러므로 이 글에서 먼저 '순왈舜曰'을 첫머리에 둔 것은 <요전> 첫머리에 먼저 '왈약계고제요曰若稽古帝堯'를 놓은 것과 같다. '왈약曰若' 한 마디가 있다면 뒤의 글에서 '제'라 일컬은 것은 모두 '요'이며, '순왈舜曰'이라는 글자가 있다면 뒤의 글에서 '제'라 일컬은 것은 모두 '순'이다. 옛 사람의 글은 신중하고 엄밀함이 이와 같았는데, 후세 사람들이 오히려 그것을 어지럽혔으니 마음이 아프다.

○ 앞 장에서 순이라 일컬은 것은 그래도 '요가 죽은 초기여서이다.'라고 말할 수 있다. 그러나 여기서는 요가 죽은 지 오래되었는데, 어째서 그대로 순을 첫머리에 두었는가? 그렇다면 이 편이 <요전>이지 <순전>이 아님은 분명하다.

按: 此後舜命九官之文, 皆稱舜爲帝. 何者? 堯已殂落, 稱帝無所嫌也. 然命官之首, 仍稱舜以冠之者, 何居? 蓋此篇, <堯典>也, 故於舜必別白言之, 然後其文始明. 故此文之先冠以'舜曰', 猶<堯典>首之先冠以'曰若稽古帝堯'也. 有'曰若'一語, 則後文之稱帝, 皆堯矣; 有'舜曰'之文, 則後文之稱帝, 皆舜矣. 古人之文, 謹嚴如此, 而後人猶亂之, 可傷也夫! ○ 前章稱舜, 猶曰堯崩初也. 此則堯崩久矣, 何以仍冠以舜? 然則此篇之爲<堯典>而非<舜典>, 明矣.

<요전> 끝에 또 순의 이름을 일컬었다 [堯典篇終又稱舜名]

순舜이 태어나 30세가 되어 요堯임금의 부름을 받았으며, 섭정攝政한지 30년이 지나 제위帝位에 있었으며, 제위에 있은 지 50년이 지나 승하昇遐하여 죽었다.

舜生三十徵庸; 三十在位; 五十載陟方乃死.

안: 앞 장의 구관九官을 임명하는 글에서는 이미 순舜을 '제帝'라고 일컬었는데, 여기서는 어째서 또 구별하여 '순'이라고 일컫는가? 요堯가 죽었을 때에는 '제'라고 일컬었는데, 어째서 순이 승하하였을 때에는 유독 순이라고 일컫는가? 또 요가 죽은 뒤에 백성과 온 세상 사람이 슬퍼하고 사모하는 정성을 다 말하였다. 순의 공덕이 요보다 뒤떨어지지 않는데, 어째서 전혀 한 마디 언급이 없는가? 그리고 요의 부름을 받고 제위에 있던 해만 추술追述한 것은 그 의도가 어디에 있는가? 아마도 이 편이 <요전>이기 때문일 것이다.

　순이 즉위한 뒤에는 당연히 순을 '제'로 일컬어야 한다. 만일 순의 처음과 끝을 서술한다면 반드시 구별하여 순으로 일컬어야 문체와 서로 걸맞을 것이다. 또 요의 공덕이 융성해짐은 순을 등용한 데에 있다. 그러므로 편 끝에 순이 부름을 받고 제위에 있던 해를 다 기록하여 순의 처음과 끝을 드러낸 뒤에 요의 공이 비로소 완전해진다. 백성과 온 세상 사람이 순의 죽음을 슬퍼하고 사모하는 것 같은 것은 진실로 <순전> 안에서 말해야지 <요전>에 기록할 필요가 없다. 그렇다면 이 편이 <요전>이지 <순전>이 아님은 분명하다.

按: 前章命官之文, 旣稱舜爲帝矣, 此何以又別白而稱爲舜? 堯之殂落, 稱爲帝, 何以舜之陟, 獨稱爲舜也? 且堯殂落之後, 備言百姓四海哀慕之誠. 舜之功德不亞於堯, 何以絶無一言及之? 而但追述其徵庸在位之年, 意何居焉? 蓋此篇, <堯典>也. 舜卽位後, 固當以帝稱之, 若敍舜之始終, 則必別白以舜稱之, 始與文體相稱. 且堯功德之隆, 惟在擧舜, 故於篇終備記舜徵庸在位之年, 以著舜之終始, 而後堯之功始全. 若百姓四海之哀慕舜, 固當於<舜典>中言之, 不必載於<堯典>也. 然則此篇之爲<堯典>而非<舜典>, 明矣.

≪맹자≫에서 인용한 <요전>의 글 [孟子引堯典文]

"<요전堯典>에 '순舜이 섭정한지 28년 만에 방훈放勳이 죽었다. 백성들은 부모에게 복상服喪하는 것처럼 하였

으며, 3년 동안 온 세상에서는 팔음八音의 악기를 끊어 조
용히 하였다.'라고 하였다."

지금 이 글은 바로 <순전> 안에 있다. 그렇다면 전국시
대戰國時代 이전에 공자孔子 문하에서 전한 ≪상서≫는
진실로 통틀어 <요전> 한 편이지 <순전>을 나누지 않았
을 것이다.

然此兩篇之當爲一篇, 不待細考經文而後知也. ≪孟子≫
固言之矣. <萬章篇>云: "<堯典>曰: '二十有八載, 放勳
乃殂落. 百姓如喪考妣; 三載, 四海渴密八音.'" 今此文乃在
<舜典>中. 然則自戰國以前, 孔門所傳之≪尙書≫, 固通
爲<堯典>一篇, 不分<舜典>矣.

양 무제[261]가 28자를 변론하다 [梁武帝辨二十八字]

261 양 무제: 남북조시대南北朝時代 남조南朝 양梁나라의 초대 황
제 소연蕭衍(464-549)이다. 남난릉南蘭陵 사람으로 자字는 숙
달叔達, 소자少字는 연아練兒, 묘호廟號는 고조高祖이다. 저서에
≪주역강소周易講疏≫, ≪주역대의周易大義≫, ≪계사의소繫辭
義疏≫, ≪육십사괘이계문언서괘등의六十四卦二繫文言序卦等
義≫, ≪모시대의毛詩大義≫, ≪모시발제서의毛詩發題序義≫,
≪모시춘추문답毛詩春秋問答≫, ≪상서대의尙書大義≫, ≪중용
강소中庸講疏≫, ≪예기대의禮記大義≫, ≪효경강소孝經講疏≫,
≪효경의소孝經義疏≫, ≪공자정언孔子正言≫, ≪악사의樂社
義≫ 등이 있었으나 모두 일실逸失되었고, 지금은 명대明代에 편

바로 28자가 위조임은 또한 반드시 경문經文을 자세하게 살핀 뒤에 알 수 있는 것이 아니다. 양梁 무제武帝가 진실로 이미 그것을 배척하였다. 무제가 "복생伏生이 5편[262]을 잘못 합친 것은 모두 글이 서로 이어져 있기 때문이다. 〈순전〉 첫머리에 '왈약계고曰若稽古'가 있다면 복생이 비록 정신이 흐리고 늙었다고는 하나 어찌 그것을 합하였겠는가?"[263]라고 하였으니, 그렇다면 '왈약계고제순曰若稽古帝舜' 이하 28자는 반드시 〈순전〉의 글이 아님이 분명하다.

집한 《양무제어제집梁武帝御製集》이 있다.

262 5편: 〈순전舜典〉·〈익직益稷〉·〈반경盤庚 중中〉·〈반경 하下〉·〈강왕지고康王之誥〉이다.

263 복생이……합하였겠는가: 당唐 육덕명陸德明, 《경전석문經典釋文》 권1 〈서록序錄 주해전술인注解傳述人〉에 나온다. 그러나 《경전석문》에 "남제의 명제明帝 건무建武 연간에 오흥吳興의 요방흥姚方興이 마융과 왕숙의 주석에서 채록하여 〈공전순전孔傳舜典〉 1편을 만들고는 '대항大航 근처에서 구입하였다.'고 말하고, 그것을 조정에 올렸다. 양梁 무제武帝 때 박사들이 의론하기를 '복생이 5편을 잘못 합하여……'라고 하였다.[齊明帝建武中, 吳興姚方興采馬·王之注, 造〈孔傳舜典〉一篇, 云: '於大航頭買得.'上之. 梁武時爲博士, 議曰: '伏生誤合五篇……']"라고 하였으니, 무제가 한 말이라기보다는 무제가 둔 박사博士들이 한 말이라고 해야 옳을 듯하다.

郞二十八字之僞, 亦不必細考經文而後知也. 梁武帝固
已斥之矣. 武帝云: "伏生誤合五篇, 皆文相承接. <舜典>首
有'曰若稽古', 伏生雖昏耄, 何容合之?" 然則'曰若稽古帝
舜'以下二十八字, 必非<舜典>之文, 明矣.

수나라 · 당나라 때의 사람이 함부로 ≪위서≫를 믿은 이유 [隋唐時人妄信僞書之故]

그렇다면 어째서 수隋나라 · 당唐나라에 이르러 <요전
堯典>을 나눠 <요전> · <순전> 두 편으로 만들고 <순전>
에 이 28자를 더하였는가?

위魏나라 · 진晉나라 이후 남북분왕南北分王의 시대
에, 나라는 전쟁을 높이고 선비는 시부詩賦를 다투어 경
학經學을 일삼는 자가 드물었다. 이 때문에 거짓된 자가
진실한 것을 어지럽힐 수 있었다. 수隋나라에 이르러 천
하가 통일되자, 비로소 문교文敎를 진흥하고자 하였다.
이에 우홍牛弘이 천하의 빠지고 흩어져 없어진 책들을
돈을 걸어 찾을 것을 주청하였다. 그러나 경학經學이 황
폐해진지 너무 오래되어 조정의 여러 신하로서 더이상
학문과 식견이 있어 진위眞僞를 분별할 수 있는 자가 없

었다.

이 때문에 유현劉炫이 ≪연산역連山易≫ · ≪노사기魯史記≫ 등 옛 책 100여 권을 위조하였으나 조정에서는 감히 가짜라고 할 수 있는 자가 없어, 마침내 위조한 것을 진짜라고 믿고 그에게 상을 주었다. 그 뒤에 어떤 사람에게 고소를 당하자 비로소 그것이 가짜임을 알았고, 그런 뒤에야 죽음은 사면해주되 제명除名하고서 그 책을 내쳤다. ≪위고문효경僞古文孝經≫도 개황開皇 14년(594) 왕소王邵 등이 전파한 것인데, 당시에 또한 모두 진짜라고 여겼다. 당唐나라에 이르러서야 그것이 가짜임을 깨닫는 자들이 있었다.【이 일은 모두 앞 권의 <≪고문상서≫진위원류통고> 안에 소개하였다.】

이것으로 수대隋代의 사대부들이 함부로 ≪위서僞書≫를 믿는 것이 바로 보통 있는 일임을 알 수 있다. 더군다나 이 글은 겨우 28자뿐이니, 더욱 이상하게 여길 가치도 없다. 공영달이 원래 학술이 없기 때문에 함부로 가져다 기록한 것이다. 당대唐代에는 시부진사과詩賦進士科를 가장 중시하고 명경과明經科를 경시하였기 때문에, 명경과에 응시하는 자는 과문科文[功令]을 따라 과거科擧

에 급제한 것에 불과할 뿐이었으니, 누가 다시 그 본말本末을 살필 줄 알겠는가? 송宋나라에 이르러 인습因襲한 날이 오래되어 더욱 당연하다고 보았으니, 아무리 큰 학자라도 다시 다른 의론이 없어 마침내 성인聖人의 경經이 후세 사람에 의해 뒤섞이고 어지러워지게 되었다. 참으로 애석하고, 참으로 탄식할 만한 일이다!

曰: 然則何以至隋·唐而分爲兩篇, 而增此二十八字也? 曰: 魏·晉以後, 南北分王, 國尙戰爭, 士競詩賦, 罕有以經學爲事者, 以故僞者得以亂眞. 至隋, 天下歸於一, 始欲振興文敎, 於是牛(宏)[弘][264]奏請購求天下遺逸之書. 然經學之荒已久, 朝廷諸臣, 無復有學識能辨眞僞者. 是以劉炫僞造古書≪連山易≫·≪魯史記≫等百有餘卷, 朝廷莫敢以爲僞也, 遂信之而賞之. 其後爲人所訟, 始知其僞, 然後免死除名而黜其書. 而≪僞古文孝經≫, 亦開皇十四年王邵等所傳播, 當時亦皆以爲眞也. 逮唐, 始有覺其僞者【事並見前卷<尙書眞僞考>中】. 是知隋世士大夫, 妄信≪僞書≫, 乃其常事. 況此文, 僅二十八字, 尤不足爲異矣. 穎達原無學術, 故妄取而載之. 而唐時最重詩賦進士之科, 輕視明經,

---

264 (宏)[弘]: 편정본編訂本·교간본校刊本·통세본通世本 모두

應明經學者, 不過遵功令取科第而已, 誰復知考其本末者? 至宋, 沿習日久, 益視以爲固然, 雖大儒, 亦不復異議, 遂使聖人之經爲後人所雜亂. 良可惜也! 良可歎也!

'宏'으로 되어 있으나, 청淸 고종高宗(건륭제乾隆帝)의 본명 '弘曆'의 '弘'을 피휘避諱한 것이므로 '弘'으로 되돌려놓는다.

≪위고문상서≫를 읽고 부전지附箋紙를 붙여 표기하다[265] [讀僞古文尙書黏籤標記]

대명大名 최매崔邁 덕고德皐 수필隨筆

내 아우 매邁[266]는 〈고문상서고古文尙書考〉[267]와 ≪눌암

265 이 글은 최술이 말한 것처럼 ≪위고문상서僞古文尙書≫의 자구 가 근본한 것, 남의 글을 따다 쓰면서 그 의미를 잃은 것, 글을 배열한 것 가운데 부당한 것 등을 기록한 것이다. 그러나 많은 부분이 없어졌다. 근래의 굴만리屈萬里가 이에 대해 더욱 자세 하게 밝혔으니, ≪상서집석尙書集釋 부편附編 삼三 위고문상서 습고간주僞古文尙書襲古簡注≫도 참고하기 바란다.

266 최매(1743-1781): 최술의 아우로 자字는 덕고德皐이다. 천성天性 이 효우孝友하고 경술經術이 깊고 고증에 뛰어나 형 최술과 이름 을 나란히 하여 사람들이 '이봉二鳳'이라 일컬었다. 그러나 39세의 나이에 형보다 먼저 요절하였다. ≪눌암필담訥菴筆談≫, ≪상우당 문집尙友堂文集≫, ≪상우당설시尙友堂說詩≫, ≪촌심지시집寸心 知詩集≫ 등을 지었다. 모두 고힐강顧頡剛 편정編訂, ≪최동벽유서 崔東壁遺書≫에 ≪최덕고선생유서崔德皐先生遺書≫라는 이름으 로 부록附錄되어 있다.

267 〈고문상서고〉: 최매, ≪상우당문집尙友堂文集 상上≫에 들어

필담訥庵筆談≫을 지어 두었다. ≪공씨경전孔氏經傳≫의
거짓을 논박한 것이 고염무顧炎武·이불李紱 두 선생의 설
보다 더욱 자세하였다. 다만 ≪눌암필담≫[268]은 이미 ≪고신
록≫ 안에 따서 기록하였고, <고문상서고> 가운데 고증하
는 글과 견지하는 논의는 나의 <≪고문상서≫진위원류통
고眞僞原流通考> 안에 이미 다 갖춰 놓았기 때문에 중복하
여 서술하지 않는다. 이 밖에 다시 ≪위상서僞尙書≫의 각
편 가운데에서 자구字句가 근본한 것과 남의 글을 따다 쓰
면서 그 의미를 잃은 것, 글을 배열한 것 가운데 부당한 것
을 부전지附箋紙를 붙여 드러냄에 있어서 비록 자질구레한
것 같더라도 모두 고증에 도움을 줄 수 있고 차마 다 버릴
수 없기 때문에 다시 여기에 덧붙여 기록한다.

余弟邁著有<古文尙書考>及≪訥庵筆談≫. 其駁≪孔氏
經傳≫之僞, 較顧·李兩先生之說尤詳. 但≪筆談≫已摘
載於≪考信錄≫中, 而<尙書考>中所徵之書, 所持之論,
則余<源流眞僞通考>中, 已悉備之, 不必複述. 此外復有
於≪僞尙書≫各篇中, 簽出字句所本, 及剿襲而失其意, 與

있다.

268 ≪눌암필담≫: ≪눌암필담訥菴筆談≫ 권1 <서경변설書經辨
   說>을 말한다.

措語之不當者; 雖若細碎, 然皆足資考證, 不忍盡棄, 因復
附錄於此.

≪위고문상서≫ 우서를 변론하다 [辨僞古文虞書]

〈대우모大禹謨〉

"자기의 의견을 버리고 남의 좋은 의견을 따른다."는
≪맹자≫[269]에서 온 말이다.

"舍己從人", 語自≪孟子≫來.

"제요帝堯의 덕이 한없이 넓고 멀다."는 ≪여씨춘추呂
氏春秋≫[270]에 근거한 말이다.

"帝德廣運", 語本≪呂覽≫.

---

269 ≪맹자≫ 〈공손추公孫丑 상上〉에 나온다.

270 ≪여씨춘추呂氏春秋≫ 권13 〈유시람有始覽 유대諭大〉에서 인
용한 하서夏書에 "천자의 덕은 한없이 넓고 멀어 신묘함에 이
르고 무武를 갖추고 문文을 갖춘다.[天子之德廣運, 乃神乃武乃
文.]"라고 하였다.

≪춘추좌씨전≫ 문공文公 7년, 극결郤缺이 인용한 하서夏書에서 말하였다. "쉼이 없도록 경계하고, 위형威刑으로 다스리고, <구가九歌>로 권면하여 구공九功의 덕을 무너뜨리지 않도록 하라!"[271]

≪左傳≫文七年, 郤缺引夏書曰: "戒之用休, 董之用威, 勸之以九歌, 勿使壞!"

희공僖公 24년 전문傳文에서 인용한 하서夏書에서 말하였다. "대지大地는 그 하늘의 화육化育을 다스리고 상천上天은 그 땅이 베푸는 일을 이룬다."[272]

僖二十四年傳文引夏書曰: "地平天成."

장공莊公 8년, 장공이 인용한 하서夏書에서 말하였다. "고요皐陶는 힘써 덕행을 펴서 덕행이 갖춰졌기 때문에

---

271 ≪춘추좌씨전≫ 문공文公 7년 진극결언어조선자조晉郤缺言於趙宣子條에 나온다.

272 ≪춘추좌씨전≫ 희공僖公 24년 정자화지제자장출분송조鄭子華之弟子臧出奔宋條에 나온다. 두예杜預의 주注에 "대지大地는 하늘의 화육을 공평하게 돕고, 하늘은 땅이 베푸는 일을 도와 완성시키는데, 상천上天과 하지下地가 서로 맞아야 알맞게 된다.[地平其化, 天成其施, 上下相稱爲宜.]"라고 하였다.

사람들이 항복하였다."[273]

莊八年, 莊公引夏書曰: "皋陶邁種德, 德, 乃降."

양공襄公 21년, 장무중臧武仲이 인용한 하서夏書에서 말하였다. "이 일을 남에게 시행하려고 생각하면 그 일을 나에게 시행할 수 있느냐에 달렸고, 이 도적을 제거하려면 나에게 그런 잘못이 없느냐에 달렸으며, 이 일(治道)을 말하려면[名言] 나에게 그럴 능력이 있느냐에 달렸고, 이 일을 성실히 행하려면[允出] 나에게 그런 성신誠信이 있느냐에 달렸다."[274]

애공哀公 6년, 공자孔子가 인용한 하서에서 말하였다. "진실로 이런 일이 생기는 것은 나에게 달렸다."[275]

양공 23년, 공자가 인용한 하서에서 말하였다. "이 일을 남에게 시행하려면 그 일을 나에게 시행할 수 있느냐를

---

273 《춘추좌씨전》 장공莊公 8년 하사급제사위성조夏師及齊師圍郕條에 나온다.
274 《춘추좌씨전》 양공襄公 21년 주서기이칠여구래분조邾庶其以漆閭丘來奔條에 나온다. 정태현, 《역주 춘추좌씨전》의 견해를 따라 번역문을 그대로 인용하였다. 다음 두 구절도 같다.
275 《춘추좌씨전》 애공哀公 6년 추칠월조秋七月條에 나온다.

생각하라."[276]

襄二十一年, 臧武仲引夏書曰: "念玆在玆, 釋玆在玆, 名言 玆在玆, 允出玆在玆." 哀六年, 孔子引夏書曰: "允出玆在 玆." 襄二十三年, 孔子引夏書曰: "念玆在玆."

양공襄公 26년, 성자聲子가 인용한 하서夏書에서 말하 였다. "무고한 사람을 죽이는 것보다는 차라리 상법常法 을 쓰지 않는 잘못을 하겠다."[277]

襄二十六年, 聲子引夏書曰: "與其殺不辜, 寧失不經!"

'제왈래우帝曰來禹'장.[278]

---

276 ≪춘추좌씨전≫ 양공襄公 23년 제후장위장흘전조齊侯將爲臧紇
田條에 나온다.

277 ≪춘추좌씨전≫ 양공襄公 26년 초초오삼여채태사자조우조初
楚伍參與蔡大師子朝友條에 나온다.

278 제왈래우장: ≪상서≫ <우서虞書 대우모大禹謨>에 나온다. "제
순帝舜이 말하였다. '이리 오너라. 우禹야! 큰물이 나를 경계시
켰으나, 네가 나의 믿음을 이루고 공을 이룬 것은 너의 현명함
때문이며, 네가 나랏일을 부지런히 하고 집안일을 적게 하였지
만 자만하고 훌륭한 체하지 않은 것은 너의 현명함 때문이다.
네가 자랑하지 않으나 천하에 너와 능력을 다툴 수 있는 이가
없으며, 네가 과시하지 않으나 천하에 너와 공을 다툴 수 있는
이가 없다. 나는 너의 덕을 훌륭하게 여기고 너의 큰 공적을 가

○ ≪논어≫에 제요帝堯가 순舜에게 명하는 말[279]이 실려 있으니, 이는 바로 이것을 베낀 것이다. 도리어 또 나눠 세 부분으로 만들고 다른 말을 사용하여 보태고 꾸몄으니, 사람들이 모두 속을 만하다 할 것이다. ≪논어≫의 이 몇 구절은 본래 압운押韻의 어구에 관계된 것인데, 지금 떼어놓아 셋으로 만들어 압운이 있는 것을 압운이 없게 하였다.

帝曰來禹章. ○ ≪論語≫載堯命舜之語, 而此乃抄襲之, 卻又分作三處, 用他語增飾之, 謂人盡可欺也. ≪論語≫此

상하게 여긴다. 하늘의 역수曆數가 네 몸에 있으니, 네가 끝내는 원후元后의 자리에 오를 것이다. 인심人心은 위태롭고 도심道心은 은미하니, 마음을 정밀하게 살피고 한결같이 지켜야 진실로 그 중도中道를 잡을 수 있을 것이다.……온 세상의 하소연할 곳이 없는 백성들[困窮]을 돌보면 하늘이 준 복록福祿이 너의 몸에서 길이 마칠 것이다.……[帝曰: '來! 禹. 洚水儆予, 成允成功, 惟汝賢; 克勤于邦, 克儉于家, 不自滿假, 惟汝賢. 汝惟不矜, 天下莫與汝爭能; 汝惟不伐, 天下莫與汝爭功. 予懋乃德, 嘉乃丕績. 天之曆數在汝躬, 汝終陟元后. 人心惟危, 道心惟微, 惟精惟一, 允執厥中!……四海困窮, 天祿永終.……']"

279 ≪논어≫ <요왈堯曰>에 나온다. "요堯임금이 말하였다. '아! 너 순舜아! 하늘의 역수曆數가 네 몸에 있으니, 진실로 그 중도中道를 잡으면 그 은택恩澤이 온 세상 끝까지 미칠 수 있어, 하늘이 준 복록福祿이 너의 몸에서 길이 마칠 것이다.[堯曰: '咨! 爾舜! 天之曆數在爾躬, 允執其中, 四海困窮, 天祿永終.']"

數句, 本係韻語, 今離而爲三, 使有韻者無韻.

"큰물[洚水]이 나를 경계시킨다."는 ≪맹자≫[280]에 근거한 말이다.

洚水警予[281]", 語本≪孟子≫.

≪춘추좌씨전≫ 양공襄公 5년, 인용한 하서夏書에서 말하였다. "신의信義를 이루어야 공을 이룰 수 있다."[282]

≪左傳≫襄五年, 引夏書曰: "成允成功."

<주어周語>에 내사內史 과過가 인용한 하서夏書에서 말하였다. "백성은 좋은 임금이 아니면 누구를 떠받들겠는가? 임금은 백성이 아니면 함께 나라를 지킬 사람이 없다."[283]

<周語>, 內史過引夏書曰: "衆非元后, 何戴? 后非衆, 無

---

280 ≪맹자≫ <등문공滕文公 하下>에 나온다.

281 ≪맹자≫에는 '予'가 '余'로 되어 있다.

282 ≪춘추좌씨전≫ 양공襄公 5년 초인토진반고조楚人討陳叛故條에 나온다.

283 ≪국어國語≫ 권1 <주어周語 상上> 양왕사소공과급내사과사진혜공명조襄王使邵公過及內史過賜晉惠公命條에 나온다.

與守邦."

≪춘추좌씨전≫ 애공哀公 18년, 인용한 하서夏書에서
말하였다. "점치는 관원은 뜻을 결단하고 난 뒤에 큰 거북
에게 점칠 내용을 아뢴다." [284]

≪左傳≫哀十八年, 引夏書曰: "官占惟能蔽志, 昆命於元龜."

'정월삭단正月朔旦' 한 마디. [285]

○ **안:** <순전>에서 "문조文祖의 사당에서 종終을 받았
다."고 하고, 또 "순舜이 문조의 사당에 이르렀다."고 하였으
나, 명命을 받았다고 말한 것은 없다. 명命은 살아있는 사람
의 일이다. 신종神宗을 이미 요堯임금이라고 하였다면 우
禹가 이 때 어떻게 요임금에게 명을 받을 수 있겠는가?

'正月朔旦' 一節. ○ **按:** <舜典>云: "受終於文祖." 又云:

---

284 ≪춘추좌씨전≫ 애공哀公 18년 파인벌초위우조巴人伐楚圍鄾條
에 나온다.

285 '정월삭단' 한마디: ≪상서≫ <우서虞書 대우모大禹謨>에 나온
다. "정월 초하루 아침에 신종神宗의 사당에서 명을 받아 백관
을 통솔하되, 제순帝舜이 처음에 제위帝位를 섭정攝政한 것을
따르셨다.[正月朔旦, 受命于神宗, 率百官, 若帝之初.]"

"舜格於文祖." 未有言受命者. 命者, 生人之事也. 神宗旣爲堯, 則禹是時安得受命於堯乎?

'제초우역산帝初于歷山' 이하[286]는 ≪맹자≫에 근거한 말[287]이나, 고의로 고쳤다.

'帝初于歷山'以下, 語本≪孟子≫, 而故改易之.

≪위고문상서≫ 하서를 변론하다 [辨僞古文夏書]

〈오자지가五子之歌〉

〈주어周語〉에 단양공單襄公이 인용한 ≪상서≫에서 말하였다. "백성은 가까이 할 수는 있으나 능가하여 그들

---

286 '제초우역산' 이하: '往于田, 日號泣于旻天, 于父母, 負罪引慝, 祗載見瞽瞍, 夔夔齊慄, 瞽亦允若.'

287 '往于田, 日號泣于旻天, 于父母.'는 ≪맹자≫ 〈만장萬章 상上〉의 "萬章問曰: '舜往于田, 號泣于旻天, 何爲其號泣也?' 孟子曰: '怨慕也.' 萬章曰: '父母愛之, 喜而不忘; 父母惡之, 勞而不怨. 然則舜怨乎?' 曰: '長息問於公明高曰「舜往于田, 則吾旣得聞命矣; 號泣于旻天, 于父母, 則吾不知也.……'"에, '負罪引慝, 祗載見瞽瞍, 夔夔齊慄, 瞽亦允若.'은 ≪맹자≫ 〈만장 상〉의 "書曰: '祗載見瞽瞍, 夔夔齊栗, 瞽瞍亦允若.'"에 근거하였다는 말이다.

의 위에 있으려고 해서는 안 된다."[288]

<周語>, 單襄公引≪書≫曰: "民可近也, 而不可上也."

<진어晉語>에 지백국知伯國이 인용한 하서夏書에서 말하였다. "한 사람이 세 가지 잘못을 하였으니, 원망이 어찌 드러난 곳에 있겠는가? 드러나지 않은 곳을 도모해야 한다." [289]

≪춘추좌씨전≫ 성공成公 16년, 단자單子가 인용한 하서에서 말하였다. "원망이 어찌 드러난 곳에 있겠는가? 드러나지 않은 곳을 도모해야 한다." [290]

<晉語>, 知伯國引夏書曰: "一人三失, 怨豈在明? 不見是圖." ≪左傳≫成十六年, 單子引<夏書>曰: "怨豈在明? 不見是圖."

288 ≪국어國語≫ 권2 <주어周語 중中> 진기극초우언조晉旣克楚于鄢條에 나온다.

289 ≪국어國語≫ 권15 <진어晉語9> 환자위삼경연어람대조還自衛三卿宴於藍臺條에 나온다.

290 ≪춘추좌씨전≫ 성공成公 16년 진후사극지헌초첩우주조晉侯使郤至獻楚捷于周條에 나온다.

≪춘추좌씨전≫ 애공哀公 6년, 공자孔子가 인용한 하서夏書에서 말하였다. "저 도당陶唐으로부터 저 하늘의 상도常道를 따라 이 중원中原[冀方]을 소유하였다. 그러나 지금 그 행실을 잃고 그 기강을 어지럽혀, 이에 멸망하였다."[291]

≪左傳≫哀六年, 孔子引夏書曰: "惟彼陶唐, 帥彼天常, 有此冀方. 今失其行, 亂其紀綱, 乃滅而亡."

<주어周語>에 단목공單穆公이 인용한 하서夏書에서 말하였다. "통용되는 석石과 공정한 균鈞이 왕부王府에 있다."[292]

<周語>, 單穆公引夏書曰: "關石和鈞, 王府則有."

<윤정胤征>

≪춘추좌씨전≫ 양공襄公 21년, 기해祁奚가 인용한 ≪상

---

291 ≪춘추좌씨전≫ 애공哀公 6년 추칠월조秋七月條에 나온다.
292 ≪국어國語≫ 권3 <주어周語 하下> 경왕이십일년장주대전조景王二十一年將鑄大錢條에 나온다.

서≫에서 말하였다. "모훈謀訓이 있는 성인聖人은 그 공이 밝게 증명되어 나라를 안정시킬 수 있다." [293]

≪左傳≫襄二十一年, 祁奚引≪書≫曰: "聖有謀勳, 明徵定保."

양공襄公 14년, 사광師曠이 "하서夏書의 '주인遒人이 목탁을 흔들며 도로를 돌면서「관사官師는 서로 경계하고 공인工人은 기예를 가지고 간하라.」'고 한 것을 인용하면서, 정월正月 맹춘孟春이 되면 이 즈음에 그러한 일을 두었다."라고 하였다. [294]

襄十四年, 師曠引"夏書曰: '遒人以木鐸徇於路,「官師相規, 工執藝事以諫.」' 正月孟春, 於是乎有之."

"혹시라도 공손히 하지 않으면 나라에는 일정한 형벌이 있다."는 ≪주례周禮≫ <천관天官 소재小宰> [295]에 근거한다.

---

293 ≪춘추좌씨전≫ 양공襄公 21년 진후문숙향지죄어악왕부조晉侯問叔向之罪於樂王鮒條에 나온다.

294 ≪춘추좌씨전≫ 양공襄公 14년 사광시어진후조師曠侍於晉侯條에 나온다.

295 ≪주례周禮≫ <천관天官 소재小宰>에는 "不用灋者, 國有常

"其或不恭, 邦有常刑", 本≪周禮≫ <天官 小宰>.

　≪춘추좌씨전≫ 소공昭公 17년, 태사太史가 인용한 하서夏書에서 말하였다. "해와 달이 그 자리[房]에 모이지 않자, 악사는 북을 치고 색부는 수레를 달리고 서인은 분주하게 달렸다." [296]

≪左傳≫昭十七年, 大史引夏書曰: "辰不集於房, 瞽奏鼓, 嗇夫馳, 庶人走."

　소공昭公 23년, 오吳의 공자公子 광光이 말하였다. "나는 '일을 함에 위엄이 그 사랑하는 마음을 이기면 비록 작은 나라라도 반드시 성공할 수 있을 것이다.'라는 말을 들었다." [297]

昭二十三年, 吳公子光曰: "吾聞之曰: '作事, 威克其愛, 雖

　刑.(법을 지키지 않을 경우, 나라에 일정한 형벌이 있다.)"으로 되어 있다.

296 ≪춘추좌씨전≫ 소공昭公 17년 하유월갑술삭조夏六月甲戌朔條에 나온다.

297 ≪춘추좌씨전≫ 소공昭公 23년 오인벌주래조吳人伐州來條에 나온다.

小必濟.'"

　소공昭公 14년 숙향叔向이 하서夏書를 인용하여 말하
였다. "하서에 '혼昏·묵墨·적賊은 주살한다.'고 하였으
니, 고요皐陶의 법이다."[298]

昭十四年, 叔向引夏書曰: "'昏·墨·賊, 殺.'皐陶之刑也."

≪위고문상서≫ 상서를 변론하다 [辨僞古文商書]

〈중훼지고仲虺之誥〉

　"부끄러워하는 마음이 있었다."는 ≪춘추좌씨전≫ 계
찰季札의 말[299]에 근거한 말이다.

---

298 ≪춘추좌씨전≫ 소공昭公 14년 진형후여옹자쟁축전래조晉邢
　　侯與雍子爭鄐田來條에 나온다.
299 ≪춘추좌씨전≫ 양공襄公 29년 오공자찰래빙조吳公子札來聘條
　　에 나온다. "소호무韶濩舞를 보고는 '성인聖人의 위대함을 표현
　　하면서도 부끄러워하는 마음을 나타냈으니, 성인 되는 것이 어
　　렵다.'라고 하였다. [見舞韶濩者, 曰: '聖人之弘也, 而猶有慙德, 聖
　　人之難也.']"

"惟有慙德", 語本《左傳》季札語.

　《춘추좌씨전》 소공昭公 28년, 진晉의 숙유叔游가 말
하였다. "《정서鄭書》에 다음과 같은 말이 있다. '정직한
사람을 미워하는 무리가 진실로 많다.'"[300]

《左傳》昭二十八年, 晉叔游云: "《鄭書》有之, '惡直醜
正, 實蕃有徒.'"

　진인晉人은 대구對句[排偶]를 높였다. 그러므로 25편
가운데 대구[偶]가 되는 말이 많으니, '묘苗에 강아지풀
이 있다.'와 '음악과 여색을 가까이 하지 않는다.' '덕이 많
은 자에게 관직을 성대하게 내린다.' 등과 같은 말이 모두
이것이다.[301] 33편 가운데에도 사이에 대구[偶]가 되는 말
이 있으니 대구 사이에 다소 자연스러운 격조[氣象]가 있

---

300 《춘추좌씨전》 소공昭公 28년 진기승여오장통실조晉祁勝與
　　鄔藏通室條에 나온다.
301 〈중훼지고仲虺之誥〉의 경문經文에서 '묘지유수苗之有莠'는 바로
　　다음의 '속지유비粟之有秕'와, '불이성색不邇聲色'은 '불식화리不
　　殖貨利'와, '덕무무관德懋懋官'은 '공무무상功懋懋賞'과 대구對句
　　가 된다.

어야 하지만 그렇지 못하고, 비체比體[302]도 '묘에 강아지
풀이 있다.'는 말의 기세氣勢가 유약한 것만 못하다.

晉人尙排偶, 故二十五篇中多偶語, 如'苗之有莠'及'不邇聲
色', '德懋懋官'等語皆是. 三十三篇中, 亦間有偶語, 要有
多少自然氣象, 卽比體亦不若'苗之有莠'語氣稚弱也.

  "갈백葛伯이 밥을 먹이는 자를 원수로 여겼다."는 한 마
디는 ≪맹자≫[303]에 근거한 말이나, 덜고 보태어 고쳐졌다.

"葛伯仇餉"一節, 語本≪孟子≫, 而增減改易之.

  ≪춘추좌씨전≫ 양공襄公 14년, 중행헌자中行獻子가
"중훼仲虺가 '망해가는 나라는 멸망시키고 어지러운 나
라는 취한다. 망해가는 나라를 밀어버리고 보존될만한 나
라를 튼튼하게 해주는 것이 나라의 상도常道이다.'라고

---

302 비체: ≪시경≫의 표현기법(육의六義: 부賦·비比·흥興·풍
風·아雅·송頌) 가운데 하나이다. 주희朱熹는 ≪시집전詩集
傳≫에서 '비比는 저 사물로 이 사물을 비유하는 것 [比者, 以彼
物比此物也.]'이라고 하였다.

303 ≪맹자≫ <양혜왕梁惠王 하下>·<등문공滕文公 하下>에 나온다.

말한 것"을 인용하였다.[304]

선공宣公 12년, 사회士會가 "중훼가 '어지러운 나라는 취하고 망해가는 나라는 멸망시킨다.'라고 말한 것"을 인용하였다.[305]

양공 30년, 자피子皮가 <중훼지지仲虺之志>를 인용한 것도 4구절인데, '망자亡者'구가 아래에 있고, '도道'가 '리利'로 되어 있다.[306]

≪左傳≫襄十四年, 中行獻子引"仲虺有言曰: '亡者侮之, 亂者取之. 推亡固存, 國之道也.'"宣十二年, 士會引"仲虺有言曰: '取亂侮亡.'"襄三十年, 子皮引<仲虺之志>, 亦四句; '亡者'句在下, '道'作'利'.

---

304 ≪춘추좌씨전≫ 양공襄公 14년 진후문위고어중행헌자조晉侯問衛故於中行獻者條에 나온다.

305 ≪춘추좌씨전≫ 선공宣公 12년 하유월진사구정조夏六月晉師救鄭條에 나온다.

306 ≪춘추좌씨전≫ 양공襄公 30년 정백유기주조鄭伯有耆酒條에 나온다. "자피가 말하였다. '<중훼지지>에서 「어지러운 나라는 취하고, 망해가는 나라는 멸망시킨다. 망해가는 나라를 밀어 넘어뜨리고, 보존될 만한 나라를 공고하게 해 주는 것이 나라의 이익이다.」라고 하였다.' [子皮曰: '<仲虺之志>云: 「亂者取之, 亡者侮之. 推亡固存, 國之利也..」']"

〈탕고湯誥〉

〈주어周語〉에 단양공單襄公이 "선왕先王의 가르침[令]
에 '하늘의 도는 선한 이에게 상을 주고 도리를 벗어난 이에
게 벌을 준다. 그러므로 우리가 새로 세운 나라는 법 아닌
것을 따르지 말고 방탕함에 나아가지 않으며, 저마다 너희
의 상도常道를 지켜 하늘의 아름다운 명령을 받들라.'고 말
한 것"[307]을 인용하였으나, ≪상서≫를 말한 적이 없다. 여
기서는 나뉘어져 두 곳에 사용되었다.

<周語>, 單襄公引 "先王之令有之曰: '天道賞善而罰淫.
故凡我造邦, 無從非彝, 無卽慆淫, 各守爾典, 以承天休.'"
未嘗言≪書≫也. 此分作二處用.

　≪논어≫에 〈탕고〉 한 마디가 실려 있는데,[308] 여기서

---

307 ≪국어國語≫ 권2 〈주어周語 중中〉 정왕사단양공빙어송조定王
　　使單襄公聘於宋條에 나온다.

308 ≪논어≫ 〈요왈堯曰〉에 "나 소자 리履는 감히 검은 소를 희생
　　으로 사용하여 감히 성대한 후제后帝께 분명하게 고합니다. 죄
　　가 있는 자를 감히 용서하지 않았고, 제신帝臣(하걸夏桀)의 죄
　　과罪過를 덮어두지 않았으니, 간택하는 것이 후제의 마음에 달
　　려있기 때문입니다. 제 몸에 죄가 있는 것은 만방과 무관하고
　　만방에 죄가 있는 것은 죄가 제 몸에 있는 것입니다.[予小子履

는 가르고 모으고 덜고 보태어 사용하였다. '간재제심簡
在帝心'은 앞의 '제신불폐帝臣不蔽'를 이어받아 '유죄불
감사有罪不敢赦'라고 하였으니, 죄가 있는 사람을 탕湯이
감히 용서하지 못함을 말한 것인데, 여기서 '죄가 나의 몸
에 해당하면 감히 스스로 용서하지 않을 것이다.'라고 하
였으니, 그 뜻을 잃은 것이다. <주어>에 내사內史 과過가
인용한 <탕서>에서 말하였다. "나 한 사람에게 허물이 있
음은 만부萬夫 때문이 아니다. 만부에게 죄가 있음은 그
죄가 나 한 사람에게 있다."[309]

≪論語≫載<湯誥>一節, 此則離合增減而用之. '簡在帝
心', 承上 '帝臣不蔽'而云: '有罪不敢赦', 言人之有罪, 湯不
敢赦也, 此作 '罪當朕躬, 弗敢自赦', 失其義矣. <周語>, 內
史過引<湯誓>曰: "余一人有辠, 無以萬夫. 萬夫有罪, 在
余一人."

敢用玄牡, 敢昭告于皇皇后帝. 有罪不敢赦, 帝臣不蔽, 簡在帝心. 朕
躬有罪, 無以萬方, 萬方有罪, 罪在朕躬.]"라고 하였다.
309 ≪국어國語≫ 권1 <주어周語 상上> 양왕사소공과급내사과사
진혜공명조襄王使邵公過及內史過賜晉惠公命條에 나온다.

〈이훈伊訓〉

　"백관百官이 자기의 직책을 총괄하여 총재冢宰에게 결재를 받는다."는 ≪논어≫ [310]에 근거한 말이다.

　"百官總己以聽冢宰", 語本≪論語≫.

　"처음 공격은 명조鳴條로부터 시작하였으나, 우리가 덕德을 닦은 곳은 박읍亳邑으로부터 시작하였다."는 ≪맹자≫의 "하늘이 내리는 주벌誅罰은 처음 공격을 목궁牧宮으로부터 시작하였으나, 우리가 덕을 닦은 곳은 박읍으로부터 시작하였다." [311]에 근거한 말이다.

　"造攻自鳴條, 朕哉自亳", 語本≪孟子≫"天誅造攻自牧宮, 朕載自亳."

　"사랑을 세우는 것은 어버이로부터 하며, 공경을 세우

───────

310 ≪논어≫ 〈헌문憲問〉에 나온다. "공자가 말하였다. '어찌 반드시 고종高宗뿐이었겠느냐? 옛사람들은 모두 그렇게 하였다. 임금이 돌아가시면 백관이 자신의 직무를 총괄하여 3년 동안 총재에게 명을 들었다.[子曰: '何必高宗? 古之人皆然. 君薨, 百官總己以聽於冢宰三年.]"

311 ≪맹자≫ 〈만장萬章 상上〉에 나온다.

는 것은 어른으로부터 한다.”는 ≪예기禮記≫의 말[312]을 모방한 것이다.

“立愛惟親, 立敬惟長”, 學≪禮記≫語.

　‘당신은 덕德에 있어서 작다고 여기지 말라.’는 몇 마디는 바로 소열昭烈[313]의 ‘선善이 작다 하여 아니하지 말라.’는 두 구절[314]의 말뜻이다. 이곳은 들쭉날쭉 상대하는

---

312 ≪예기禮記≫ <제의祭義>에 나온다. “공자가 말하였다. ‘사랑을 세울 때 어버이로부터 시작하는 것은 백성에게 화목함을 가르치는 것이다. 공경을 세울 때 어른으로부터 시작하는 것은 백성에게 순종함을 가르치는 것이다. 자애로움과 화목함을 가르쳐 백성이 어버이가 살아계시는 것을 귀하게 여겼고, 어른을 공경함을 가르쳐 백성이 명령을 따르는 것을 귀하게 여겼다. 효孝로 어버이를 섬기고 순종함으로 명령을 따라, 천하에 시행하면 행해지지 않는 곳이 없다.[子曰: ‘立愛自親始, 敎民睦也. 立敬自長始, 敎民順也. 敎以慈睦, 而民貴有親. 敎以敬長, 而民貴用命. 孝以事親, 順以聽命, 錯諸天下, 無所不行.’]”

313 소열: 삼국시대三國時代 촉한蜀漢의 제1대 황제 유비劉備의 묘호廟號이다.

314 선이……구절: “勿以惡小而爲之, 勿以善小而不爲.(악惡이 작다 하여 행하지 말고 선善이 작다 하여 아니하지 말라.)”로 유비劉備가 임종臨終하기 전에 아들 유선劉禪에게 내린 조서詔書에 있는 말이다. ≪삼국지三國志≫ 권32 <촉서蜀書 선주전先主傳> 배송지裴松之주注에 실려 있다.

말을 과도하게 하였으나, 그 실제는 하나의 뜻이다. '망소罔小'·'망대罔大'는 마침내 다음 구절을 이해할 수 없게 하였다.

'爾惟德, 罔小'數語, 卽昭烈'勿以善小而不爲'二句語意. 此貪作參差對待語, 而其實一意. 乃曰'罔小', 曰'罔大', 遂令下句不可解.

〈태갑太甲 상上〉

"이 하늘의 밝은 명을 돌아본다."는 〈대학大學〉에 근거한다.

"顧諟天之明命", 本〈大學〉.

"어슴푸레 동틀 무렵에 덕德을 드러내 밝힌다." 는 ≪춘추좌씨전≫ 〈참정지명讒鼎之銘〉[315]에 근거한다.

---

315 ≪춘추좌씨전≫ 소공昭公 3년 제후사안영청계실어진조齊侯使晏嬰請繼室於晉條에 나온다. "〈참정지명〉에 '어슴푸레 동틀 무렵에 덕德을 드러내 밝히더라도 후세에 게을러진다.'라고 하였다.[〈讒鼎之銘〉曰: '昧旦丕顯, 後世猶怠.']"

"昧爽丕顯", 本《左傳》<讒鼎之銘>.

　"앉아서 아침을 기다린다."는 《맹자》의 말[316]을 사용하였다.

"坐以待旦", 用《孟子》語.

　"나는 의리義理에 순종하지 않는 이를 가까이 두지 않는다."는 《맹자》[317]에 근거한다.

"予弗狎于弗順", 本《孟子》.

〈태갑太甲 중中〉

　《춘추좌씨전》 소공昭公 10년, 정자피鄭子皮가 인용한 《상서》에서 말하였다. "욕심은 법도法度를 무너뜨리고, 방종은 예禮를 무너뜨린다." [318]

---

316 《맹자》 <이루離婁 하下>에 나온다.
317 《맹자》 <진심盡心 상上>에 나온다.
318 《춘추좌씨전》 소공昭公 10년 무자진평공졸조戊子晉平公卒條
　　에 나온다.

≪左傳≫昭十年, 鄭子皮引≪書≫曰: "欲敗度, 縱敗禮."

　"하늘이 지은 재앙은 그래도 피할 수 있으나, 스스로 지은 재앙은 도망갈 수 없다."는 ≪맹자≫[319]에 근거한 말이다.

"天作孽, 猶可違; 自作孽, 不可逭", 語本≪孟子≫.

　"우리 임금님을 기다리고 있으니, 우리 임금님이 오시면 벌이 없겠지."는 ≪맹자≫[320]에 근거한 말이다. ≪맹자≫에서 말한 것은 본래 하나의 말인데 <양혜왕梁惠王 하下>와 <등문공滕文公 상上> 두 곳의 표현이 다를 뿐이다. 여기서는 마침내 <태갑 중>과 <중훼지고>에서 두 가지[321]로 만들었으나, ≪맹자≫에서 인용한 앞 단락이 참

---

319 ≪맹자≫ <공손추公孫丑 상上>·<이루離婁 상上>에 나온다. ≪맹자≫에는 '不可逭'이 모두 '不可活'로 되어 있다.

320 ≪맹자≫ <양혜왕梁惠王 하下>·<등문공滕文公 하下>에 나온다. <양혜왕 하>에는 '后來無罰'이 '后來其蘇'로 되어 있다.

321 ≪맹자≫ <양혜왕 하>에는 "書曰: '湯一征, 自葛始, 天下信之, 東面而征西夷怨, 南面而征北狄怨, 曰:「奚爲後我?」民望之, 若大旱之望雲霓也, 歸市者不止, 耕者不變, 誅其君而弔其民, 若時雨降, 民大悅.' 書曰: '徯我后, 后來其蘇.'"라 하고, <등문공 상>에는 "湯始征, 自葛載, 十一征而無敵於天下, 東面而征西夷怨, 南面而征北狄怨, 曰: '奚爲後我?' 民之望之, 若大旱之望雨也, 歸市者弗止, 芸

으로 동일한 것임을 모른 것이다.[322]

"徯我后, 后來無罰", 語本≪孟子≫. ≪孟子≫所言, 本一語而兩地異耳. 此遂作兩處, 而不知≪孟子≫所引上段固同也.

〈태갑太甲 하下〉

"하늘은 항상 친하게 여기는 이가 없어 잘 공경하는 자를 친하게 여긴다."는 ≪춘추좌씨전≫[323]에서 온 말이다.

"惟天無親, 克敬惟親", 語自≪左傳≫來.

者不變, 誅其君弔其民, 如時雨降, 民大悅. 書曰: '徯我后, 后來其無罰.'"이라고 하여 표현만 다를 뿐 같은 내용을 말하고 있다. 또 ≪상서≫ 〈중훼지고〉의 내용도 ≪맹자≫와 큰 차이가 없으나, 〈태갑 중〉에서는 "先王子惠困窮, 民服厥命, 罔有不悅, 並其有邦厥隣, 乃曰: '徯我后, 后來無罰.'이라고 하여 〈양혜왕 하〉 등과는 다른 맥락에서 "徯我后, 后來無罰."을 말하고 있다.

322 ≪맹자≫ 〈양혜왕 하〉에서 "書曰"이 두 번 나왔으나, 두 가지 다른 상황에서 나온 말이 아니라 동일한 상황에서 나온 말이라는 것이다.

323 ≪춘추좌씨전≫ 희공僖公 5년 진후부가도어우이벌괵조晉侯復假道於虞以伐虢條에 나온다. "주서에서 말하였다. '하늘은 특별히 친애함이 없고, 오직 덕德이 있는 사람을 돕는다.' [周書曰: '皇天無親, 惟德是輔.']"

"높은 곳에 오를 때에는 반드시 낮은 곳으로부터 오르며, 먼 곳에 갈 때에는 반드시 가까운 곳으로부터 간다."는 〈중용中庸〉[324]을 모방한 말이다.

"若升高, 必自下; 若陟遐, 必自邇", 語學〈中庸〉.

≪예기禮記≫〈문왕세자文王世子〉에서 옛 말[語]을 인용하여 말하였다. "악정樂正은 학업을 주관하고 보사父師는 이룸을 주관한다. 한 사람의 덕행이 크게 선량해지면 온 나라가 바르게 된다."

≪禮記≫〈文王世子〉, 引語曰: "樂正司業, 父師司成; 一有元良, 萬國以貞."

〈함유일덕咸有一德〉

"하늘을 믿기 어려움은 명命이 일정하지 않기 때문이

---

324 〈중용中庸〉에 "군자의 도는, 비유하면 먼 곳에 갈 때에는 반드시 가까운 곳으로부터 가며, 높은 곳에 오를 때에는 반드시 낮은 곳으로부터 오르는 것과 같다.[君子之道, 辟如行遠必自邇, 辟如登高必自卑.]"라고 하였다.

다.”에서, 앞 구절은 ≪시詩≫ <대명大明>의 말[325]이고, 뒷
구절은 ≪시≫ <문왕文王>의 말[326]이다. “하늘을 믿기 어
렵다.”는 ≪상서≫ <군석君奭>의 말[327]이다.

“天難諶, 命靡常”, 上句≪詩≫ <大明篇>語, 下句≪詩≫
<文王篇>語. “天難諶”, ≪書≫ <君奭篇>語.

<열명說命 상上>

　　<초어楚語>에 백공白公 자장子張이 초왕楚王에게 말
하였다. “옛날에 은殷 무정武丁이 그 덕德을 공경하여 신
명神明에 통하고서[328] 하내河內로 옮겼다가 하내에서 박
亳으로 가서 도읍하고, 이곳에서 3년 동안 상중喪中에 말

---

325 ≪시詩≫ <대아大雅 대명大明>에 “하늘은 믿기 어렵기 때문에
　　왕 노릇하기 쉽지 않다.[天難忱斯, 不易維王.]”라고 하였다.

326 ≪시詩≫ <대아大雅 문왕文王>에 “상商나라의 자손이 주나라
　　에 복종하니, 천명이 일정하지 않기 때문이다.[侯服于周, 天命
　　靡常.]”라고 하였다.

327 ≪상서≫ <군석君奭>에 “천명은 보장하기 쉽지 않으니, 하늘을
　　믿기 어렵기 때문이다.[天命不易, 天難諶.]”라고 하였다.

328 신명에 통하고서: 삼국시대三國時代 오吳나라 위소韋昭의 ≪국
　　어주國語註≫에 “신명에 통함은 꿈에서 부열傳說을 본 것을 이

하지 않으면서 임금의 도道를 생각하였다. 경사卿士들이 그것을 근심하여 '임금의 말은 명령을 내기 위한 것입니다. 만일 말을 하지 않으면 명령을 받을 곳이 없습니다.'라고 하였다. 무정이 이에 글을 지어 말하였다. '나로써 사방을 바로잡게 하니, 나는 덕이 선왕과 같지 않을까 두렵다. 이 때문에 말하지 않는 것이다.' 이와 같이 하면서도 다시 꿈에서 본 사람의 모습을 그려 사방의 성현聖賢에게서 찾게 하였다. 부열傅說을 얻은 뒤로 승진시켜 상공上公으로 삼아 아침부터 저녁까지 옳은 도리로 간하게 하며 말하였다. '만약 쇠라면 너를 숫돌로 삼으며, 가득 넘쳐흐르는 물이라면 너를 배로 삼으며, 큰 가뭄이라면 너를 단비[霖雨]로 삼을 것이다. 너의 마음을 열어 나의 마음에 대도록 하라. 만약 약이 어지럽지 않으면 그 병은 낫지 않을 것이다. 맨발인데 땅을 잘 살피며 다니지 않으면 그 발은 상처가 날 것이다.'" [329]

명령을 받음[稟令]은 모두 위에서 내려오는 말이다.

른다.[通於神明, 謂夢見傅說.]"고 하였다.

329 ≪국어國語≫ 권17 <초어楚語 상上> 영왕학백공자장취간조靈王虐白公子張驟諫條에 나온다.

≪국어國語≫의 '만일 말을 하지 않으면 명령을 받을 곳이 없다.'는 명령을 내지 않음을 말한다. 여기서는 '신하들이 명령을 받을 곳이 없다.'라고 고쳐놨으니, 통하지 않는다. '만약 약이 어지럽지 않으면' 두 구절[330]은 또 ≪맹자≫에 보인다.

<楚語>, 白公子張謂楚王曰: "昔殷武丁, 能聳其德, 至於神明, 以入於河, 自河徂亳, 於是乎三年默以思道. 卿士患之, 曰: '王言, 以出命也. 若不言, 是無所稟令也.' 武丁於是作書曰: '以余正四方, 余恐德之不類, 玆故不言.' 如是而又使以象夢[331]求四方之賢聖[332]. 得傅說以來, 升以爲公, 而使朝夕規諫, 曰: '若金, 用汝作礪; 若津水, 用汝作舟; 若大旱, 用汝作霖雨. 啓乃心, 沃朕心. 若藥不暝眩, 厥疾不瘳. 若跣不視地, 厥足用傷.'" 稟令, 皆自上而下之詞. ≪國語≫言 '若不言, 是無所稟令也', 言不出命令也. 此改作 '臣下罔攸稟令', 便不通矣. '若藥不暝眩'二句, 又見≪孟子≫.

---

330 ≪맹자≫ <등문공滕文公 상上>에 "만약 약이 어지럽지 않으면 그 병은 낫지 않는다.[若藥不暝眩, 厥疾不瘳.]"라고 하였다.

331 象夢: ≪국어國語≫ 권17 <초어楚語 상上>에는 '夢象'으로 되어 있다.

332 聖: ≪국어國語≫ 권17 <초어楚語 상上>에는 '聖'자가 없다.

<무일無逸>에서 '기유불언其惟不言 언내옹言乃雍'이라는 말은 '말하지 않으면 그만이지 말하면 반드시 화합하였다.'는 말과 같다. 여기서는 아래 구절을 잘라 내고 '기유불언其惟不言'만 썼으나, 문리文理를 이루지 못하였음을 모른 것이다.

≪예기禮記≫ <단궁檀弓>에서 자장子張이 인용한 ≪상서≫에서 말하였다. "고종高宗이 3년 동안 말하지 않았으나, 말하면 사람들이 즐거워하였다."

≪논어≫ · ≪예기≫ <상복喪服>에 모두 '고종이 상중喪中[諒闇]에 3년 동안 말하지 않았다.'고 하였으나, 여기서는 그 말을 고쳤다.

<無逸>言'其惟不言, 言乃雍', 猶言不言則已, 言必和也. 此截去下句, 而止用 '其惟不言', 不知其不成文理也. ≪禮≫ <檀弓>, 子張引≪書≫云: "高宗三年不言, 言乃讙." ≪論語≫ · ≪禮記≫ <喪服篇>, 皆云'高宗諒闇, 三年不言', 而此則變其語.

≪춘추좌씨전≫ 소공昭公 6년, 숙향叔向이 인용한 ≪상

서≫에서 말하였다. "성인聖人을 본보기로 삼는다." [333]

≪左傳≫昭六年, 叔向引≪書≫曰: "聖作則."

"생김새로 널리 천하에서 찾게 하였다."도 백공白公의 말[334]에 근거한 말이다.

"俾以形旁求於天下", 語亦本白公.

〈열명說命 중中〉

≪춘추좌씨전≫ 양공襄公 11년, 위강魏絳이 ≪상서≫를 인용하여 말하였다. "≪상서≫에 '편안할 때 위태로움을 생각하라.'고 하였으니, 생각하면 대비함이 있고, 대비함이 있으면 근심이 없다." [335] 두예杜預의 주석에서는 앞의 한 구절

---

333 ≪춘추좌씨전≫ 소공昭公 6년 초공자기질여진조楚公子棄疾如 晉條에 나온다.

334 백공의 말: 앞 〈초어〉 백공자장위초왕왈楚語白公子張謂楚王 曰 단락의 '사이상몽구사방지현성使以象夢求四方之賢聖'을 말 한다.

335 ≪춘추좌씨전≫ 양공襄公 11년 정인뢰진후이사회사촉사견조 鄭人賂晉侯以師悝師觸師蠲條에 나온다.

만을 ≪일서逸書≫라고 하였다.

≪左傳≫襄十一年, 魏絳引≪書≫曰: "'居安思危.' 思則有備, 有備無患." 杜註止上一句爲≪逸書≫.

　　정공定公 원년, 사백士伯이 말하였다. "총애를 보였다가 업신여김을 받는다는 것이 아마 이 경우를 이르는 것일 것이다."[336]

定元年, 士伯曰: "啓寵納侮, 其此之謂矣."

〈열명說命 하下〉

　　"하내河內로 들어가 살다가 하내에서 박亳으로 가 도읍했다."는 ≪국어國語≫ 백공白公의 말[337]에 근거한 말이다.

"入宅於河, 自河徂亳", 語本≪國語≫白公.

　　"네가 여러 가지로 나를 권면[修]하여 나를 버리지 말

---

336 ≪춘추좌씨전≫ 정공定公 원년元年 원년춘왕정월신사조元年春王正月辛巳條에 나온다.

337 ≪국어國語≫ 권17 〈초어楚語 상上〉 영왕학백공자장취간조靈王虐白公子張騶諫條에 나온다. ≪국어≫에는 '入宅於河'가 '以入於河'로 되어 있다.

라.”는 ≪국어≫ 백공白公의 말[338]에 근거한 말이다.

“爾交修予, 罔予棄”, 語本≪國語≫白公.

　　<학기學記>에서 인용한 <열명兌命>에서 말하였다. “공경하고 겸손하며 힘써 때에 맞게 민첩하게 한다면 그 닦여짐이 이를 것이다.”

　　또 인용한 <열명>에서 말하였다. “가르침은 배움의 반이다.”

<學記>引<兌命>曰: “敬孫務時敏, 厥修乃來.” 又引<兌命>曰: “學, 學半.”

　　≪예기禮記≫ <문왕세자文王世子>에서 인용한 <열명兌命>에서 말하였다. “처음과 끝을 생각함은 늘 학문에서 해야 한다.” <학기學記>에서 인용한 <열명>도 같다.

≪禮記≫ <文王世子>引<兌命>曰: “念終始, 典於學.” <學記>引<兌命>, 同.

---

338 ≪국어國語≫ 권17 <초어楚語 상上> 영왕학백공자장취간조靈王虐白公子張驟諫條에 나온다. ≪국어≫에는 “必交修余, 無余棄也.”로 되어 있다.

≪위고문상서≫ 주서를 변론하다 [辨僞古文周書]

〈태서泰誓 상上〉

진晉나라 사람들의 시문詩文의 발단은 먼 곳으로부터 말하는 것이 많다. 이 편의 '하늘과 땅은 만물의 부모이다.' 등의 말과 〈중훼지고仲虺之誥〉의 '하늘이 낸 백성들이 욕심이 있으니 군주가 없으면 어지러워진다.'와 〈탕고湯誥〉의 '위대한 상제가 하민下民들에게 선善[夷][339]을 내려주었으니, 임금이 하민에게 부여된 선을 따라 일정한 성性[340]을 보전하게 한다면' 같은 따위가 모두 우원迂遠한 것으로, 바로 진晉나라 사람들의 기상氣像과 습성習性이다. 한번 〈감서甘誓〉·〈탕서湯誓〉·〈목서牧誓〉를 읽어보라. 이러한 말이 있는가?

晉人詩文發端, 多從遠處說起. 如此篇'惟天地, 萬物父母'等語, 及<仲虺之誥>'惟天生民有欲, 無主乃亂', <湯誥>'惟皇上帝, 降衷於下民, 若有恒性'之類, 皆迂遠, 正是晉人氣習. 試讀<甘誓>·<湯誓>·<牧誓>, 有此等語否?

---

339 선: 오상五常으로서 인의예지신仁義禮智信이다.
340 일정한 성: 오상五常을 말한다.

주紂의 죄를 하나하나 헤아려보면 모두 후세의 일을 가지고 상상하고 종류별로 모아 이루어진 것이다. 주紂의 죄가 이처럼 심하지 않은 것은 물론이고, 무왕武王도 반드시 이렇게 조금도 함축성이 없는 말을 하려고 하지 않았을 것이다. '그로써 너희 모든 백성들을 해친다.'는 구절에 이르러서는 더욱 엉성하고 사리에 맞지 않는다. 맹서라는 것은 모두 자기의 무리에게 맹서하는 것이다. 첫머리에서 '우방의 총군冢君과 어사御事와 서사庶士'를 불러 맹서하였다면 이른바 '너희 모든 백성'이라는 것은 누구인가?

數紂之罪, 皆以後世之事, 想像彙集而成. 無論紂之罪不若是之甚, 而武王亦必不肯作此毫無含蓄之語. 至'以殘害於爾萬姓'句, 尤疎謬. 凡誓者, 皆誓己之衆也. 首呼'友邦冢君, 御事庶士'而誓之, 則所謂'爾萬姓'者, 何人也耶?

족인族人은 진秦의 법으로 하夏·은殷·주周 세 왕조에는 없었다. '사람을 죄주되 친족에게까지 미친다.'는 말은 사리에 맞지 않는다.

族人者, 秦之法, 三代未有也. '罪人以族'之語, 謬矣.

"상제上帝와 신기神祇를 섬기지 않고 자기 선조先祖의 종묘를 버려두고 제사하지 않는다."는 <목서牧誓>의 '그 펼쳐놓은 제사를 어지러이 버려두고 보답하지 않는다.'에 근거한 말이다.

"희생犧牲과 자성粢盛을 흉악한 도적에게 빼앗겼다." 는 <미자微子>의 '지금 은殷나라의 백성들이 신기神祇의 희생물들을 훔쳤는데, 용인하여 가져다 먹어도 재앙이 없 다.'에 근거한 말이다.

"弗事上帝神祇, 遺厥先宗廟弗祀", 語本<牧誓> '昏棄厥 肆祀弗答.' "犧牲粢盛, 旣於凶盜", 語本<微子> '今殷民 乃攘竊神祇之犧牷牲, 用以容, 將食無災.'

"천우하민天佑下民"부터 "월궐지越厥志"까지는 ≪맹 자≫에 근거한 말[341]이나 고쳐진 부분이 있다.

---

341 ≪맹자≫ <양혜왕梁惠王 하下>에 나온다. "≪상서≫에서 말하였 다. '하늘이 백성을 내면서 임금을 만들어주고 스승을 만들어준 것은, 상제上帝를 도와 백성을 다스리기 때문에 그들을 높여 임 금과 스승의 지위에 있게 한 것이다. 사방에 죄가 있든 죄가 없든 우리 임금과 스승이 살펴볼 것인데, 천하에 누가 감히 그들의 뜻 을 넘는 자가 있겠는가?[書曰: '天降下民, 作之君, 作之師, 惟曰其 助上帝寵之. 四方有罪無罪惟我在, 天下曷敢有越厥志?']"

"天佑下民"至"越厥志", 語本≪孟子≫, 而有改易.

　"덕德이 같은 경우, 의義를 헤아린다."는 ≪춘추좌씨전≫ 소공昭公 24년 장홍萇弘의 말[342]에 근거한 말이다.

"同德度義", 語本≪左傳≫昭二十四年萇弘語.

　"관영貫盈" 두 자는 ≪춘추좌씨전≫의 '그 백성을 괴롭게 하여 그 악행이 극도에 이르게 한다.'는 말[343]에 근거하였다. 여기는 후세의 사륙변려문四六駢儷文[344]으로 자구字句를 잘라 엮어 모방한 것[學]이다.

"貫盈"二字, 本≪左傳≫ '使疾其民, 以盈其貫' 語. 此後世四六剪綴字句之學也.

　"상제上帝에게 류類 제사를 지내고 총토冢土에 의宜 제사를 지낸다."는 ≪예기禮記≫ <왕제王制>의 '천자가 출정

---

342 ≪춘추좌씨전≫ 소공昭公 24년 이십사년춘왕정월신축조二十四年春王正月辛丑條에 나온다.

343 ≪춘추좌씨전≫ 선공宣公 6년 추적적벌진조秋赤狄伐晉條에 나온다.

344 사륙변려문: 주注 176번 참조.

할 때, 상제에게 류 제사를 지내고 사社에서 의 제사를 지 낸다.'는 말에 근거한다.

"類于上帝, 宜于冢土", 本＜王制＞‘天子出征, 類乎上帝, 宜乎社’之語.

＜정어鄭語＞에서 인용한 ＜태서太誓＞에 말하였다. "백 성이 원하는 것이면 하늘은 반드시 그것을 따른다."[345] ＜주 어周語＞[346]에서도 인용하였다. ≪춘추좌씨전≫ 양공襄公 31년, 목숙穆叔이 ＜태서太誓＞ 두 구절을 인용한 것[347]도 같다. 소공昭公 원년, 자우子羽도 그것을 인용하였다.[348]

＜鄭語＞引＜太誓＞曰: "民之所欲, 天必從之."＜周語＞亦 引之. ≪左傳≫襄三十一年, 穆叔引＜太誓＞二句, 同. 昭元 年, 子羽亦引之.

---

345 ≪국어國語≫ 권16 ＜정어鄭語＞ 환공위사도조桓公爲司徒條에 나온다.

346 ≪국어國語≫ 권2 ＜주어周語 중中＞ 진기극초어언조晉旣克楚於 鄢條에 나온다.

347 ≪춘추좌씨전≫ 양공襄公 31년 공작초궁조公作楚宮條에 나온다.

348 ≪춘추좌씨전≫ 소공昭公 원년元年 원년춘초공자위빙우정조元 年春楚公子圍聘于鄭條에 나온다.

〈태서泰誓 중中〉

"원로[黎老]들을 쫓아 버린다."는 ≪국어國語≫ 자진
子晉의 말[349]을 모방하였다.

"播棄黎老", 學≪國語≫子晉語.

"자기가 천명을 소유하였다고 한다."는 〈서백감려西
伯戡黎〉의 '내가 태어남은 명命이 하늘에 달려있지 않은
가?'에 근거한다.

"謂己有天命", 本〈西伯戡黎〉'我生不有命在天.'

"비춰 볼 것이 멀리 있지 않다."는 두 구절[350]은 ≪시詩≫
의 '은殷나라의 거울이 멀리 있지 않아, 하후夏后의 세대에
있다.'[351]에 근거한다.

---

349 ≪국어國語≫ 권19 〈오어吳語〉 오왕환자벌제조吳王還自伐齊條
에 나온다. 그러나 ≪국어≫에는 '자진子晉'이 아닌 '신서申胥'의
말에 나온다.
350 "비춰 볼 것이 멀리 있지 않으니, 저 하夏나라 왕에게 있다.[厥
鑑惟不遠, 在彼夏王.]"이다.
351 ≪시詩≫ 〈대아大雅 탕湯〉에 나온다.

"厥鑒惟不遠"二句, 本≪詩≫ '殷鑒不遠, 在夏后之世.'

<주어周語>에서 인용한 <태서太誓>에서 말하였다. "나의 꿈이 나의 점과 부합하고 아름다운 상서로움을 거듭하니, 상商나라를 치면 반드시 이길 것이다." [352]

<周語>引<太誓>曰: "朕夢協於朕卜, 襲於休祥, 戎商必克."

≪춘추좌씨전≫ 소공昭公 24년, 장홍萇弘이 말하였다. "덕德이 같으면 의義를 헤아린다. <태서太誓>에 '주紂에게는 억조의 인민[夷人]이 있으나, 또한 덕을 함께 하지 않는다. 나에게는 난신亂臣 10인이 있으나, 마음과 덕을 함께 한다.'라고 하였다." [353]

성공成公 2년 전문傳文에서 <태서>의 "이른바 '상商나라는 억조 백성이 마음과 덕을 함께 하지 않았으나, 주周나라는 난신亂臣 10인이 마음과 덕을 함께 하였다.'고 한

---

352 ≪국어國語≫ 권3 <주어周語 하下> 진손담지자주적주조晉孫談 之子周適周條에 나온다.

353 ≪춘추좌씨전≫ 소공昭公 24년 이십사년춘왕정월신축조二十四 年春王正月辛丑條에 나온다.

것은 주나라가 무리로 인해 흥기한 것이다.”[354]라는 말을
인용하였다.

≪左傳≫昭二十四年, 萇弘曰: “同德度義. <太誓>曰: ‘紂
有億兆夷人, 亦有離德. 予有亂臣十人, 同心同德.’” 成二年
傳文, 引<太誓> “所謂‘商兆民離, 周十人同’者, 衆也.”

　“나에게는 난신亂臣이 있다.”는 구절[355]은 또 ≪논어≫[356]에
근거한다.

“予有亂臣”句, 又本≪論語≫.

　“비록 주周나라의 공족公族이 있더라도” 두 구절[357]은
≪논어≫[358]에 근거한다.

“雖有周親”二句, 本≪論語≫.

---

354 ≪춘추좌씨전≫ 선공宣公 6년 추적적벌진조秋赤狄伐晉條에 나온다.
355 “나에게는 난신 10인이 있으니, 마음과 덕을 함께 한다.[予有亂
　　臣十人, 同心同德]”이다.
356 ≪논어≫ <태백泰伯>에 나온다.
357 “비록 주周나라의 공족公族[親]이 있더라도 상商나라의 어진
　　사람만 못하다.[雖有周親, 不如仁人.]”이다.
358 ≪논어≫ <요왈堯曰>에 나온다.

"하늘의 봄" 두 구절[359]은 ≪맹자≫[360]에 근거한다.

"天視"二句, 本≪孟子≫.

"백성에게 과실이 있다."는 두 구절[361]은 ≪맹자≫[362]에 근거한다.

"百姓有過"二句, 本≪孟子≫.

"우리 무왕武王께서 무용武勇을 드날린다."는 다섯 구절[363]은 ≪맹자≫[364]에 근거한다.

"我武惟揚"五句, 本≪孟子≫.

---

359 "하늘의 봄은 나의 백성으로부터 보며, 하늘의 들음은 나의 백성으로부터 듣는다.[天視自我民視, 天聽自我民聽.]"이다.

360 ≪맹자≫ <만장萬章 상上>에 나온다.

361 "백성에게 과실이 있는 것은 과실이 나 한 사람에게 있는 것이다.[百姓有過, 在予一人.]"이다.

362 ≪맹자≫에 근거한다고 하였으나, '백성유과百姓有過' 두 구절은 ≪논어≫ <요왈堯曰>에 나온다.

363 "우리 무왕武王께서 무용武勇을 드날려 주紂의 강역을 쳐들어가 저 흉악하고 잔인한 주를 취하여 우리 정벌의 공을 펼친다면 걸桀을 정벌한 탕임금 보다 광총光寵이 있을 것이다.[我武惟揚, 侵于之疆, 取彼凶殘, 我伐用張, 于湯有光.]"이다.

364 ≪맹자≫ <등문공滕文公 하下>에 나온다.

"조금이라도 두려워함이 없지 말라."는 몇 구절은 ≪맹자≫에 근거하였으나 고쳐졌다. "왕이 '두려워하지 말라! 너희들을 편안하게 하려는 것이지 백성들을 대적하려는 것이 아니다.'라고 하자, 백성들이 마치 그 이마[角]를 땅에 댈 것처럼 머리를 조아렸다."[365]는 바로 무왕武王이 상商나라를 칠 때 상나라의 백성들에게 널리 알린[告諭] 말로, '너희는 두려워하지 말라. 바로 와서 너희들을 안정시키려는 것이지 너희와 대적하려는 것이 아님'을 말한 것이다. 백성들이 이 때문에 모두 기뻐하며 환호하고 머리를 조아리며 시끄럽게 떠들었다. 그러므로 '마치 그 이마를 땅에 댈 것처럼 머리를 조아렸다.'고 한 것이다.

여기서는 '두려워하지 말라[無畏]'를 '조금이라도 두려워함이 없지 말라[罔或無畏]'로 고치고, '대적하려는 것이 아니다[非敵]'를 '차라리 대적할 것이 아니라는 마음을 가져라[寧執非敵]'로 고쳐, 말이 이미 애매하고 난삽하여 이해하기 어려우며, 또 군대에게 맹서하는 말이라고 하였으니 무왕이 죄인을 치고 백성을 조문하는 뜻을 완전히 잃었다.

---

365 ≪맹자≫ <진심盡心 하下>에 나온다.

'백성'이라는 글자는 또 '대적하려는 것이 아니다'와 단절되며, '그 이마를 땅에 댈 것처럼'은 또 무왕의 입으로 한 말이라고 하였다. '백성이 두려워하고 두려워하여, 그 이마를 땅에 댈 것처럼 한다.'는 더욱 말을 이해할 수 없다. 채침蔡沈의 주석에서 '상商나라의 백성들이 주紂의 학정虐政을 두려워하여, 벌벌 떨며 마치 이마[頭角]를 땅에 댈 것처럼 한다.'고 하였는데, 이것이 앞뒤와 무슨 상관[干涉]이 있는가? ≪맹자≫에서 기록한 것이 본래 명백하고 올바르다. 글을 지은 자가 반드시 그 뽑아 취한 흔적을 가리고자 하였으나, 고친 것이 통하지 않아 참으로 사람들에게 비웃고 욕하게 하였다.

"罔或無畏"數句, 本≪孟子≫而改易之. "王曰: '無畏! 寧爾也, 非敵百姓也.' 若崩厥角稽首." 此武王伐商告諭商民之語, 言汝無畏懼, 乃來安集汝, 非與汝爲敵也. 而百姓由是咸悅歡呼, 稽顙雷動, 故曰 '若崩厥角稽首.' 此改 '無畏' 曰 '罔或無畏', '非敵' 曰 '寧執非敵', 語旣晦澁難解, 又以爲誓師之語, 全失武王伐罪弔民之意. 而 '百姓' 字, 又與 '非敵' 截斷; '若崩厥角', 又以爲武王口中語. '百姓懍懍, 若崩厥角', 語更不可解. 註以爲 '商民畏紂之虐, 懍懍若崩其頭角', 此與上下何所干涉? ≪孟子≫所記, 本明白正大. 作書者, 必欲掩其抄取之迹, 改易不通, 眞令人欲笑欲罵.

"너희들은 덕을 한결같게하고 마음을 한결같게 하여 그 공을 세워 지위[世]를 오래도록 향유享有하라."는 말과 뜻이 ≪한서漢書≫에서 인용한 <태서泰誓>에 근거한다.【≪한서≫에서 인용한 <태서>에서 말하였다. "공을 세우고 사업을 세워 오래도록 천하를 향유享有하라."[366]】

"乃一德一心, 立定厥功, 惟克永世", 語意本≪漢書≫引 <泰誓>.【≪漢書≫引<泰誓>云: "立功立事, 惟以永年."】

<태서泰誓 하下>

"현인의 심장을 가르다."는 ≪사기史記≫[367]에서 온 말이다.

---

366 ≪한서漢書≫ 권25하 <교사지郊祀志 제5第五 하下>에 "<태서>에서 말하였다. '옛 도道를 바르게 살펴 공과 사업을 세우면 오래도록 천하를 향유할 수 있으니, 이는 하늘의 큰 법을 받들기 때문이다[太誓曰: '正稽古立功立事, 可以永年, 丕天之大律.']]" 라고 하였다.

367 ≪사기史記≫ 권3 <은본기殷本紀>에 나온다. "주紂가 더욱 음란해졌다. 미자微子가 몇 번이나 간언하였으나 듣지 않으니, 그제야 태사·소사와 상의하고는 마침내 떠나갔다. 비간比干이

"剖賢人之心", 語自≪史記≫來.

"삼가 천벌을 행하라."는 <목서牧誓>에서 온 말이다.

"恭行天罰", 語自<牧誓>來.

"독부獨夫 주紂"는 ≪맹자≫의 '일부一夫 주紂를 주살하였다는 소리는 들었다.'[368]에 근거한다.

"獨夫紂[369]", 本≪孟子≫'聞誅一夫紂矣.'

"견마犬馬"·"구수寇讎"는 맹자가 제齊 선왕宣王을 위하여 한 말[370]이다. 그러나 후세에는 오히려 비난으로

'신하된 자는 죽음으로 간언하지 않을 수 없다.'라 하고, 이에 주에게 강력하게 간언하자, 주가 노하여 '나는 성인聖人의 심장에는 7개의 구멍이 있다고 들었다.'고 하면서 비간의 배를 갈라 그 심장을 보았다.[紂愈淫亂不止. 微子數諫不聽, 乃與太師·少師謀, 遂去. 比干曰: '爲人臣者, 不得不以死争.' 廼强諫紂. 紂怒曰: '吾聞聖人心有七竅.' 剖比干, 觀其心.]"

368 ≪맹자≫ <양혜왕梁惠王 하下>에 나온다.

369 독부주: ≪상서≫에는 '紂'가 '受'로 되어 있다.

370 ≪맹자≫ <이루離婁 하下>에 나온다. "맹자가 제 선왕에게 고하였다. '임금이 신하를 손이나 발처럼 여기면 신하는 임금을 배나 심장처럼 여기며, 임금이 신하를 개나 말처럼 여기면 신하는 임금을 일반사람처럼 여기며, 임금이 신하를 흙이나 지푸라

여겼다. <태서泰誓>에 바로 "독부獨夫 수受가 크게 위엄
을 세우니, 바로 너희 대대로의 원수다."라고 하였다. 문
왕文王의 공공功이 서토西土에 입혀져 주紂의 학정虐政에

기처럼 여기면 신하는 임금을 도적이나 원수처럼 여길 것입니
다.' 왕이 말하였다. '예禮에 예전에 섬기던 임금을 위하여 상복
喪服을 입는다고 하였는데, 어떻게 해야 이처럼 상복을 입어줍
니까?' 맹자가 말하였다. '신하가 간언하면 행해지고 말하면 받
아들여져 은택이 백성에게 내려지며, 신하가 일이 있어 떠나가
면 임금이 사람을 시켜 인도하여 국경을 나가게 하고, 또 그가
가려는 나라에 먼저 소식을 전해 그의 현량賢良함을 말해주며,
떠난 지 3년이 되도록 돌아오지 않은 뒤에야 그의 직무와 주택
을 환수합니다. 이것을 세 번 예禮를 갖췄다고 합니다. 이와 같
이 한다면 신하가 임금을 위해 상복을 입을 것입니다. 그러나
지금에는 신하가 되어 간언하면 행해지지 않고 말하면 들어주
지 않으며, 은택이 백성에게 내려가지 않으며, 일이 있어 떠나
가면 임금이 그의 족친族親을 속박하고, 또 그가 가려는 나라에
나쁘게 말하여 곤궁하게 하며, 떠나는 날 곧바로 그의 직무와
주택을 환수합니다. 이것을 도적과 원수라고 합니다. 도적과 원
수를 위해 누가 상복을 입어주겠습니까?[孟子告齊宣王曰: '君之
視臣如手足, 則臣視君如腹心; 君之視臣如犬馬, 則臣視君如國人;
君之視臣如土芥, 則臣視君如寇讎.' 王曰: '禮, 爲舊君有服, 何如斯
可爲服矣?' 曰: '諫行言聽, 膏澤下於民; 有故而去, 則君使人導之出
疆, 又先於其所往; 去三年不反, 然後收其田里. 此之謂三有禮焉. 如
此, 則爲之服矣. 今也爲臣. 諫則不行, 言則不聽; 膏澤不下於民; 有
故而去, 則君搏執之, 又極之於其所往; 去之日, 遂收其田里. 此之謂
寇讎. 寇讎何服之有?']"

괴로움을 겪지 않았음은 물론이고, 가령 주紂의 학정虐政에 괴로웠더라도 무왕武王은 반드시 이 말을 차마 못했을 것이다. 간웅姦雄과 찬절篡竊하는 무리들이 비록 잔인하고 각박하더라도 양심은 다 없어질 수 없으니, 또한 그 즈음에 부끄러워하며 괴로워하지 않을 수 없었을 것이다. 하물며 무왕이 성인聖人으로서 인륜人倫의 변고를 처리하면서 드러내놓고[公然] 그 아래 사람들에게 널리 알려 그들과 그들의 원수를 다 죽이겠는가? 이것은 바로 천하가 어지러워진 초기[371]에 병으로 미치고 마음을 잃은 자의 말인데, 어찌 무왕을 더럽힐 수 있겠는가?

"犬馬"・"寇讎", 孟子爲齊宣王言之也. 後世猶以爲譏. <泰誓>乃曰: "獨夫受, 洪惟作威, 乃汝世讎." 無論文王怙冒西土, 不至苦紂之虐, 卽使苦紂之虐, 而武王亦必不忍爲此言. 姦雄篡竊之輩, 雖殘忍刻薄, 而良心未能盡喪, 亦不能不慚恧於其際. 況武王以聖人處人倫之變, 而乃公然告諭其下, 與之殄殲乃讎? 此乃天下之亂首, 而病狂喪心者之言也, 豈可以汚武王哉?

---

371 천하가 어지러워진 초기: 위진시대魏晉時代를 말한다.

≪춘추좌씨전≫ 애공哀公 원년, 오원伍員이 '덕을 세움에 는 덕이 자라나게 하는 것만 한 것이 없다.'[372]고 말하였다.

≪左傳≫哀元年, 伍員言'樹德莫如滋.'

"과감果敢하고 강의剛毅함을 실천한다."는 ≪춘추좌 씨전≫[373]에 근거한 말이다.

"迪果毅", 語本≪左傳≫.

〈무성武成〉

"군마를 돌려보낸다."는 두 구절[374]은 ≪예기禮記≫〈악 기樂記>에 근거한다. 〈악기〉에 "말을 화산華山의 남쪽에

---

372 ≪춘추좌씨전≫ 애공哀公 원년元年 오왕부차패월우부초조吳 王夫差敗越于夫椒條에 나온다.

373 ≪춘추좌씨전≫ 선공宣公 2년 춘정공자귀생수명우초벌송조春 鄭公子歸生受命于楚伐宋條에 "전쟁에서는 과감하고 강의剛毅함 을 힘써 그것을 따르는 것을 예禮라고 한다. 적을 죽이는 것을 과감하다 하고, 과감함을 다하는 것을 강의하다고 한다.[戎, 昭 果毅以聽之之謂禮. 殺敵爲果, 致果爲毅.]"라고 하였다.

374 "말을 화산의 남쪽으로 돌려보내고, 소를 도림의 들에 풀어놓 았다.[歸馬于華山之陽, 放牛于桃林之野.]"이다.

풀어놓아 다시는 타지 않고, 소를 도림桃林의 들에 풀어
놓아 다시는 부리지 않았다."고 하였다. 여기서는 '다시는
타지 않았다[弗復乘]'는 구절을 제거하였는데, 소를 부리
고 말을 타는 것은 통용되는 것이 아님을 모른 것이다.

"歸馬"二句, 本<樂記>. <樂記>: "馬散之華山之陽, 而弗
復乘; 牛散之桃林之野, 而弗復服." 此去 '弗復乘'句, 不知
服牛乘馬, 非通用也.

≪춘추좌씨전≫ 양공襄公 31년, 북궁문자北宮文子가
주서周書에서 문왕文王의 덕을 하나하나 들어 "대국大國
은 그 힘을 두려워하고, 소국小國은 그 덕을 생각한다." [375]
라고 한 말을 인용하였다.

≪左傳≫襄三十一年, 北宮文子引周書數文王之德, 曰:
"大國畏其力, 小國懷其德."

≪춘추좌씨전≫ 소공昭公 7년, 우윤무우芋尹無宇가
말하였다. "옛날에 무왕武王이 주紂의 죄를 하나하나 들

---

375 ≪춘추좌씨전≫ 양공襄公 31년 위후재초북궁문자견영윤위지
  위의조衛侯在楚北宮文子見令尹圍之威儀條에 나온다.

어 제후에게 알려 '주紂는 천하의 도망다니는 죄인들의 주인이 되어 물고기와 짐승이 연못과 늪에 모이듯 하였다.'라고 하였다." [376]

≪左傳≫昭七年, 芋尹無宇曰: "昔武王數紂之罪, 以告諸侯, 曰: '紂爲天下逋逃主, 萃淵藪.'"

"이에 내가 동쪽으로 정벌한다."는 몇 구절은 ≪맹자≫ [377]에 근거하였으나 고쳐졌다.

"肆予東征"數句, 本≪孟子≫而改易之.

"너희 신들"·"신의 부끄러움이 되게 하지 말라."는 모두 ≪춘추좌씨전≫ [378]에서 온 말이다.

---

376 ≪춘추좌씨전≫ 소공昭公 7년 초자지위영윤야조楚子之爲令尹也條에 나온다.

377 ≪맹자≫ <등문공滕文公 하下>에 나온다. "주나라에 신하로 복종하지 않는 자가 있자 무왕武王이 동쪽으로 정벌하여 그 나라의 남녀들을 안정시키니, 그들이 검은 비단과 누런 비단을 광주리에 담아 와서 우리 주나라 왕에게 말을 전달하여 보호받을 수 있게 하여 큰 나라인 주나라에 신하로 복종하였다.[有攸不惟臣, 東征, 綏厥士女, 匪厥玄黃, 紹我周王見休, 惟臣附于大邑周.]"

378 ≪춘추좌씨전≫ 양공襄公 18년 추제후벌아북비조秋齊侯伐我北鄙條에 나온다. "진후晉侯가 제齊나라를 토벌하기 위해 하수

"惟爾有神"·"無作神羞", 語俱自≪左傳≫來.

"수受가 자기 군대를 거느린 것이 숲 같았다."는 ≪시
경≫ [379]에서 온 말이다.

"受率其旅若林", 語自≪詩經≫來.

"피가 흘러 방패가 떠다녔다."는 ≪맹자≫ [380]에 근거한

河水를 건너려고 할 때, 헌자獻子가 붉은 실로 옥玉 두 쌍을 묶
어 기도하기를 '제나라 환環이 험한 지세와 많은 병력을 믿고서
우호와 맹약을 저버리고 백성을 잔해殘害하였습니다. 배신陪臣
표彪가 제후를 거느리고 그들을 토벌하려 하니, 그 관신官臣 언
偃이 실로 그를 전후에서 보좌하겠습니다. 만일 전쟁에서 승리
하여 신께 부끄러움을 끼치지 않게 된다면 관신 언은 감히 다시
하수를 건너오지 않을 것입니다. 신께서는 헤아려주시기 바랍
니다.'라고 하고서 그 옥을 물에 던져 넣고 하수를 건넜다.[晉侯
伐齊, 將濟河, 獻子以朱絲系玉二穀, 而禱曰: '齊環怙恃其險, 負其
衆庶, 棄好背盟, 陵虐神主. 曾臣彪將率諸侯以討焉, 其官臣偃實先
後之. 苟捷有功, 無作神羞, 官臣偃無敢復濟. 唯爾有神裁之.' 沈玉
而濟.]"

379 ≪詩≫ <대아大雅 대명大明>에 나온다. "은상殷商의 군대가
숲처럼 모여, 목야에 진을 치니 우리 군대가 일어나도다.[殷商
之旅, 其會如林. 矢于牧野, 維予侯興.]

380 ≪맹자≫ <진심盡心 하下>에 나온다. "맹자가 말하였다. '≪상
서≫의 내용을 모두 믿는다면 ≪상서≫가 없는 것만 못하다. 나
는 <무성>에서 두세 쪽을 취할 뿐이다. 인인仁人은 천하에 적

말이다.

"血流漂杵", 語本≪孟子≫.

　"한번 군복을 입다."라는 구절은 <중용中庸>[381]에서 온 말이다.

"一戎衣"句, 語自<中庸>來.

　"크게 준다."는 구절은 ≪논어≫ [382]에서 왔다.

수가 없다. 지극히 어진이가 지극히 불인한 이를 정벌하였는데, 어찌 죽은 사람의 피가 절구공이를 떠내려보내는 일이 있었겠는가?' [孟子曰: '盡信≪書≫, 則不如無≪書≫. 吾於<武成>, 取二三策而已矣. 仁人無敵於天下. 以至仁伐至不仁, 而何其血之流杵也?']

381 <중용中庸>에 "무왕武王이 태왕太王·왕계王季·문왕文王의 일을 계승하여 한번 군사를 동원하여 은나라를 쳐서 천하를 소유하였지만, 몸은 천하의 드러난 명성을 잃지 않았다. 존귀함으로는 천자가 되었고, 부유함으로는 사해의 안을 소유하였다. 죽은 뒤에는 종묘에 합사合祀되었으며, 자손들이 그 제사를 보전하였다.[武王纘大王·王季·文王之緖. 壹戎衣而有天下, 身不失天下之顯名. 尊爲天子, 富有四海之內. 宗廟饗之, 子孫保之.]"라고 하였다.

382 ≪논어≫ <요왈堯曰>에 나온다. "주나라는 하늘로부터 크게 줌을 받아 선인善人이 많았다.[周有大賚, 善人是富.]"

“大賚”句, 自≪論語≫來.

　“백성의 다섯 가지 가르침을 소중하게 여기되, 음식과
상례와 제례를 유념하였다.”는 ≪논어≫의 ‘소중하게 여겼
던 것은 백성의 음식과 상례와 제례였다.’[383]에서 왔다.

“重民五敎, 惟食喪祭”, 自≪論語≫ ‘所重民食喪祭’來.

〈여오旅獒〉

　“상商나라를 이기고 마침내 구이九夷와 팔만八蠻에 길
을 통하였다.는 〈노어魯語 중니재진仲尼在陳〉[384]에 근거
한 말이다.

“惟克商, 遂通道於九夷八蠻”, 語本＜魯語 仲尼在陳篇＞.

---

383 ≪논어≫ 〈요왈堯曰〉에 나온다.
384 ≪국어國語≫ 권5 〈노어魯語 하下〉 중니재진조仲尼在陳條에
　　나온다. “옛날에 무왕이 상나라를 이기고 구이九夷와 팔만百蠻
　　에 길을 통하게 하여 저마다 그 지방의 재물을 가지고 와서 공
　　물을 바치게 하여 직무를 잊지 않게 하였다.[昔武王克商, 通道于
　　九夷百蠻, 使各以其方賄來貢, 使無忘職業.]”

"왕이 덕으로 이룬 것을 이성異姓의 나라에 보여주었다."는 네 구절[385]은 〈노어魯語〉의 '선왕先王은 그 아름다운 덕이 먼 곳까지 이르렀음을 보여주고자 하였다.'와 '옛날에 동성同姓의 나라에 진귀한 옥을 나눠준 것은 친함을 소중히 여긴 것이다. 이성異姓의 나라에 먼 곳의 공물을 나눠준 것은 복종과 직분을 잊지 않게 한 것이다.'[386]에 근거한 말이다.

"王乃昭德之致於異姓之邦" 四句, 語本 〈魯語〉 '先王欲昭其令德之致遠也', 及 '古者分同姓以珍玉, 展親也. 分異姓以遠方之職貢, 使無忘服也.'

"사람들이 물건을 가벼이 여기지 않아 그 물건을 덕으로 여길 것이다."는 《춘추좌씨전》[387]에 근거한 말이다.

---

385 "왕이 덕으로 이룬 것을 이성異姓의 나라에 보여주어 그 직분을 폐함이 없게 하는 것이고, 보옥을 동성同姓의 나라에 나눠줌은 참으로 친속親屬을 친애하는 도를 펴 동성의 제후들에게 왕이 친애하고 있음을 알게 하고자 하는 것이다.[王乃昭德之致于異姓之邦, 無替厥服, 分寶玉于伯叔之國, 時庸展親.]"이다.

386 둘 다 《국어國語》 권5 〈노어魯語 하下〉 중니재진조仲尼在陳條에 나온다.

387 《춘추좌씨전》 희공僖公 5년 진후부가도어우이벌괵조晉侯復假道於虞以伐虢條에 나온다. "또 말하였다. '백성이 제물을 바꾸

"人不易物, 惟德其物", 語本≪左傳≫.

　"아홉 길의 산을 만듦에, 공功이 한 삼태기 때문에 무너진다."는 말과 뜻이 ≪논어≫ [388]에 근거한다.

"爲山九仞, 功虧一簣", 語意本≪論語≫.

　이하의 여러 편은 모두 없어졌다.

以下諸篇並缺.

─────────────

발문跋文

　　이상 ≪고문상서변위古文尙書辨僞≫ 2권은 선생의 만
년 저작이다. 뛰어난 식견이 일찍 정립되었기 때문에, 앞
서 지은 ≪고신록考信錄≫에서 결코 한마디 말도 인용하
지 않았고, 또 힘써 그것을 논박하였다. 송宋·원元 이래
로 ≪상서≫를 논변한 자들이 어찌 수십 가家뿐이겠는
가? 바로 전대前代의 왕조 명明나라의 매씨梅氏와 국조
國朝 염씨閻氏의 저서[389]가 매우 훌륭하고 뛰어난 서책인
데, 선생은 모두 보지 못하였다. 지금 살펴보면 바로 수백
년간 사람들이 같은 강당에서 연구한 것이 분명하여 선생
의 식별능력이 이른 곳이 은연중에 옛 것과 합할 뿐만 아
니라, 다시 전대前代의 사람이 드러내지 못한 것을 드러

---

[389] 매작梅鷟의 ≪상서고이尙書考異≫와 염약거閻若璩의 ≪상서고
　　문소증尙書古文疏證≫이다.

낸 것이 있다.

右《尙書辨僞》二卷, 先生晚年作. 而卓識早定, 故前著
《考信錄》, 絶不稱引一語, 且力駁之. 自宋 · 元以來, 論
辨《尙書》者, 何啻數十家? 前明梅氏 · 國朝閻氏洋洋大
篇, 先生皆未之見. 由今觀之, 正不啻數百年間人, 同堂講
晰, 先生識力所至, 闇與古合, 更有發前人所未發者.

　내가 선생의 전서全書를 보관한지 오래되었고, 옛날
도성에 있을 때 상서尙書 산양山陽 왕공汪公[390]에게 평가
를 받았는데, 공공이 기뻐하며 서문을 써주었다. 도성을
나온 뒤, 또 의흥현宜興縣의 임태任泰 군이 그 책을 좋아
하여 시를 지어 감탄하고 칭찬하여 '크게 삼가면 도리어
행동이 상규常規에 벗어나는 듯하고, 지극히 믿으면 도리
어 바르지 않다.'고 하였다는 소문을 들었으니, 사람에게
한번 읽으면 한번 일어나 춤을 추게 하였다. 아아! 이 어

---

390 산양 왕공: 왕정진汪廷珍(1755-1827)을 가리킨다. 강소江蘇 산
　　양山陽 사람으로 자字는 슬암瑟庵, 시호諡號는 문단文端이다.
　　예부상서禮部尙書 · 협판태학사協辦大學士 등을 역임하였다.
　　진리화陳履和의 부탁으로 《최동벽유서崔東壁遺書》의 서문序
　　文을 써주었다. 저서에 《실사구시재시문집實事求是齋詩文集》
　　이 있다.

찌 많이 얻을 수 있겠는가! 내가 이미 왕공汪公을 오래 모시고서 제자의 위의를 지킬 수 없고, 또 한 번 임任 군을 만나 그의 일생이 어떠한지 다 알 수 없으니 애석하구나.

履和藏先生全書久, 昔年在都, 質之尙書山陽汪公, 公悅之序之. 旣出都, 又聞有宜興任君泰, 悅其書, 作詩嘆賞, 以爲 '大謹乃如狂, 至允反不平', 令人一讀一起舞. 嗟乎, 是何可多得! 而履和旣不能長侍汪公, 執弟子之儀, 又不獲一見任君, 悉其生平何如, 爲可惜也.

≪위서僞書≫ 25편을 사람들이 어려서부터 익혀 옛 현인들의 논변을 아직도 반드시 수긍하지는 않는다. 더군다나 늦게 나온 저작을 대중들이 어렵게 여기고 의심하는 것은 원래 괴이하게 여길 것이 못된다. 삼가 생각해보건대, 우리 조정의 ≪사고전서총목제요四庫全書總目提要≫ 한 책은 모두 고종高宗 순황제純皇帝[391]가 손수 정한 것을 받들어 간행하여 나라 안에 배포한 것인데, ≪고문상서≫

---

391 고종 순황제(1711-1799): 건륭제乾隆帝로 잘 알려진 청淸나라의 제6대 황제로 이름은 홍력弘曆이다. 고종高宗은 묘호廟號, 순황제純皇帝는 시호諡號이다. ≪사고전서四庫全書≫를 편찬하였다.

25편이 가짜임은 조정에서 일찌감치 정한 논의이지, 민간의 선비로서 한 사람 한 집안의 사적인 견해[言]가 아니다. 그러므로 지금 ≪고문상서변위≫ 한 책을 판각하되, 삼가 ≪사고전서총목제요≫ 가운데 ≪상서≫를 논한 세 가지 조목을 기록하여 별도의 한 책을 만들어 편 머리에 놓아 ≪고문상서변위≫를 열람하는 자들에게 먼저 이 세 가지 기준이 되는 본보기를 삼가 보게 하니, 가슴 속과 눈앞에 이조離照[392]가 한가운데에 있으면 군음群陰이 활짝 개듯이, 여기에서 제가諸家들을 마음대로 보면 거침없는 즐거움이 크게 있을 것이다.

≪僞書≫二十五篇, 人人童而習之, 昔賢辨論, 尙未必首肯. 何況晚出之作, 衆難群疑, 固然不足怪. 伏思: 我朝≪四庫全書總目提要≫一書, 皆奉高宗純皇帝欽定, 刊布海內, ≪古文≫二十五篇之僞, 朝廷早有定論, 非草茅下士一人一家之私言也. 故今刻≪辨僞≫一書, 恭錄≪提要≫中論

---

392 ≪주역≫ 이괘離卦 대상大象의 "명량작리明兩作離, 대인大人, 이이, 계명繼明, 조우사방照于四方.(밝음이 둘인 것이 이離가 되니, 대인이 그것을 보고 본받아 밝음을 이어 사방을 비춘다.)"에서 온 말로, 임금의 밝은 살핌을 비유한 말이다. 여기서는 ≪고문상서≫에 대한 확실한 기준을 비유하였다.

≪尙書≫三則, 別爲一冊, 以冠篇首, 俾閱≪辨僞≫者, 先敬觀此三則, 庶胸中目下, 如離照當中, 群陰開霽, 從此縱覽諸家, 大有破竹之樂矣.

도광道光 4년(1824) 9월 23일

리화履和가 삼가 발문을 쓰다.

道光四年九月二十三日, 履和謹跋.

古文尚書辨偽

[부록]

≪흠정사고전서총목제요≫에서
≪상서≫를 논의한 세 가지 기준이
되는 본보기를 삼가 기록하다

* 본 '삼칙三則'은 진리화陳履和가
≪고문상서변위≫를 판각板刻하면서
책의 첫머리에 추가하였으나, 본
역서譯書에서는 책의 말미末尾로
옮겨 번역하였다.

≪상서정의≫ 20권 [尙書正義二十卷]

옛 판본에는 '한漢나라 공안국孔安國의 전傳'이라고 표제標題하였다. 그 책은 진晉나라의 예장내사豫章內史 매색梅賾에 이르러서야 조정에 올려졌다. 당唐 정관貞觀[393] 16년(642)에 공영달孔穎達 등이 소疏를 지었다. 영휘永徽[394] 4년(653)에 장손무기長孫無忌[395] 등이 또 개정改定하였다.

舊本題漢孔安國傳. 其書至晉豫章內史梅賾, 始奏於朝. 唐

---

393 정관: 당唐 태종太宗 이세민李世民의 연호年號(627-649)이다.
394 영휘: 당唐 고종高宗 이치李治의 첫 번째 연호年號(650-655)이다.
395 장손무기(약 597-659): 당唐나라의 하남河南 낙양洛陽 사람으로 자字는 보기輔機이다. 태종太宗 이세민李世民의 손위 처남이자 문덕순성황후文德順聖皇后 장손씨長孫氏의 오라비이다. 방현령房玄齡 등과 ≪정관률貞觀律≫을 수정修定하고, 고종高宗의 명을 받아 ≪율소律疏≫(송宋나라 이후로 ≪당률소의唐律疏義≫라고 부름)를 지었다.

貞觀十六年, 孔穎達等爲之疏. 永徽四年, 長孫無忌等又加刊定.

≪공안국전孔安國傳≫이라고 의탁한 것은 주자朱子[396] 이래로 번갈아 가며 논변이 있었다.[397] 국조國朝의 염약거閻若璩[398]가 ≪상서고문소증尙書古文疏證≫을 지음에 이르러서는 그 일이 더욱 명료해졌다. 이 책이 공안국의 저

---

396 주자: 주희朱熹(1130-1200)이다. 송宋나라의 휘주徽州 무원婺源 사람으로 건양建陽 고정考亭으로 이주하였다. 자字는 원회元晦·중회仲晦, 호號는 회암晦庵·회옹晦翁·둔옹遯翁·창주병수滄洲病叟, 별칭別稱은 자양紫陽·운곡노인雲谷老人이다. ≪사서장구집주四書章句集注≫, ≪이락연원록伊洛淵源錄≫, ≪명신언행록名臣言行錄≫, ≪자치통감강목資治通鑑綱目≫, ≪시집전詩集傳≫, ≪초사집주楚辭集注≫ 등을 지었고, 후인들이 ≪주자어류朱子語類≫, ≪주문공문집朱文公文集≫ 등을 편찬하였다.

397 본서本書 권2 '옛 사람들이 ≪상서≫의 진위眞僞를 의론한 것을 모으다.'에 자세히 나온다.

398 염약거(1636-1704): 청淸나라의 산서山西 태원太原 사람으로 자字는 백시百詩이며, 호號는 잠구거사潛邱居士이다. 20살에 ≪상서≫를 읽고 고문古文 25편이 위서僞書가 아닐까 의심했고, 30여년 연구하여 ≪고문상서소증古文尙書疏證≫을 지어 ≪고문상서≫와 ≪공안국상서전孔安國尙書傳≫이 위작임을 변증辨證하였다. ≪맹자생졸년월고孟子生卒年月考≫, ≪사서석지四書釋地≫, ≪모주시설毛朱詩說≫, ≪잠구찰기潛邱札記≫, ≪일지록보정日知錄補正≫ 등을 지었다.

서가 아님을 분명하게 증거로 삼을 수 있는 것은 다음과
같다.

　매작梅鷟[399]은 ≪상서고이尙書考異≫에서 공안국이 <우
공禹貢>에 주석한 '전수瀍水가 하남河南의 북산北山에서
나온다.'는 한 조목과 '적석산積石山이 금성金城 서남쪽 강
중羌中에 있다.'는 한 조목은 지명이 모두 공안국 사후에
붙여진 점을 지적[攻]하였다. 주이존朱彛尊[400]은 ≪경의고

---

399 매작(약 1483-1553): 명明나라의 영국부寧國府 족덕族德 사람
　　으로 자字는 치재致齋이다. ≪고문상서≫를 위서僞書라 의심
　　하여 ≪상서고이尙書考異≫, ≪상서보尙書譜≫를 지어 의심스
　　러운 부분을 지적하였다. 염약거閻若璩(청淸)의 ≪고문상서소
　　증古文尙書疏證≫과 혜동惠棟(청淸)의 ≪고문상서고古文尙書
　　考≫가 모두 여기에 근원을 두고 있다고 한다. ≪고역고원古易
　　考原≫, ≪춘추지요春秋指要≫, ≪의례익경儀禮翼經≫등을 지
　　었다.

400 주이존(1629-1709): 청淸나라의 절강浙江 수수秀水 사람으로
　　자字는 석창錫鬯이며, 호號는 죽타竹垞이다. 만년晩年에는 소
　　장로어사小長蘆魚師·금풍정장金風亭長이란 별호別號를 사
　　용하였다. 강희康熙 18년(1679)에 박학홍사과博學鴻詞科에 선
　　발되어 검토檢討, 일강기거주관日講起居注官 등을 지냈다. 고
　　학古學에 힘써 금석고증金石考證 및 고문시사古文詩詞에 밝았
　　다. ≪명사明史≫ 편찬에 참여하였고, ≪문원文苑≫, ≪영주
　　도고록瀛洲道古錄≫, ≪일하구문日下舊聞≫ 등을 편찬하였으
　　며, ≪오대사五代史≫에 주석하기도 하였다. ≪폭서정집曝書亭
　　集≫, ≪경의고經義考≫, ≪명시종明詩綜≫, ≪사종詞綜≫ 등

經義考≫에서 공안국이 ≪서서書序≫에 주석한 '동해東海 · 구려駒驪 · 부여扶餘 · 간맥馯貊 따위' 한 조목을 지적하여 '구려駒驪의 왕 주몽朱蒙은 한漢 원제元帝[401] 건소建昭[402] 2년(B.C. 37)에 이르러서야 건국建國하였다.'[403]고 하였다. 공안국은 무제武帝 때 사람이니 또한 구려를 미처 볼 수 없다고 말한다. 염약거는 공안국이 <태서泰誓>의 '수유주친雖有周親, 불여인인不如仁人.'에 주석한 것이 ≪논어≫에 주석한 것과 서로 반대되고, 또 공안국의 ≪전傳≫에는 <탕서湯誓>가 있는데 ≪논어≫의 '나 소자 리履' 한마디에 주석하면서는 바로 ≪묵자墨子≫가 인용한 <탕서>의 글이라고 하였다고 지적[404]하였다. 【안: 공안국의 ≪논어주論語注≫는 지금 없어졌다. 이 조목은 바로 하안何晏[405]의 ≪논어집해論

을 지었다.

401 원제(B.C. 76-B.C. 33): 전한前漢 제11대 황제로 이름은 유석劉奭이다.

402 건소: 전한前漢 원제元帝의 세 번째 연호年號(B.C. 38-B.C. 34)이다.

403 주이존, ≪경의고經義考≫ 권76 공씨孔氏≪상서전尙書傳≫조에 나온다.

404 염약거, ≪상서고문소증尙書古文疏證≫ 권2 <제십구第十九 언안국주논어여금서전이言安國注論語與今書傳異>에 나온다.

405 하안(?-249): 삼국시대三國時代 위魏나라의 남양南陽 완宛 사

語集解≫에서 인용한 것이다.】모두 증거가 분명하여 더 이상 의심스러운 뜻이 없다.

≪孔傳≫之依託, 自朱子以來, 遞有論辨. 至國朝閻若璩作 ≪尙書古文疏證≫, 其事愈明. 其灼然可據者: 梅鷟≪尙 書考異≫, 攻其注<禹貢>'瀤水出河南北山'一條, '積石 山在金城西南羌中'一條, 地名皆在安國後. 朱彝尊≪經義 考≫, 攻其注≪書序≫'東海·駒驪·扶餘·馯貊之屬'一 條, 謂駒驪王朱蒙, 至漢元帝建昭二年, 始建國, 安國, 武帝 時人, 亦不及見. 若璩則攻其注<泰誓>'雖有周親, 不如仁 人', 與所注≪論語≫相反. 又安國≪傳≫有<湯誓>, 而注 ≪論語≫'予小子履'一節, 乃以爲≪墨子≫所引<湯誓>之 文.【案: 安國≪論語注≫今佚. 此條乃何晏≪集解≫所引】皆證佐 分明, 更無疑義.

염약거가 '≪공안국상서전≫을 진짜라고 확정하고 따른 것은 공영달 때문'[406]이라고 함에 이르러서는 다 그렇

────────

람으로 자字는 평숙平叔이다. 정충鄭冲 등과 ≪논어집해論語集解≫를 편찬하였다.

406 염약거, ≪상서고문소증尙書古文疏證≫ 권2 <제십칠第十七 언안국고문학원류진위言安國古文學源流眞僞>에 "당唐나라 초 정관貞觀 때에 이르러 비로소 공안국의 전傳에 의거하여 소疏를

지는 않다. ≪한서漢書≫ <예문지藝文志>를 살펴보면,
≪고문상서≫를 서술하면서 '공안국이 그것을 조정에
올렸으나, 무고巫蠱 사건을 만나 학관에 세워지지 않았
다.'고만 일컬었지, '공안국이 ≪전傳≫을 지었다.'고 하
지 않았다. 그러나 ≪경전석문經典釋文≫ <서록敍錄>에
서는 바로 '<예문지>에 「공안국이 ≪상서전尙書傳≫을
올렸으나 무고사건을 만나 학관에 세워지지 않았다.」'[407]
고 하여, 비로소 '전傳' 한 자를 더 넣어 그 일을 실증하였
다. 또 '마융馬融 · 정현鄭玄 · 왕숙王肅의 주석이 마침내
없어졌으니, 지금 ≪공씨전孔氏傳≫을 바른 것으로 여긴
다.'[408]라고 일컬었다면 ≪공안국상서전≫을 진짜라고 확
정하고 따른 사람은 바로 육덕명陸德明[409]이지 공영달에

짓자, 양한兩漢시대의 전문專門적으로 하는 학문이 갑자기 쇠
퇴하여 없어졌다. 이것이 공안국에 가탁한 위서僞書를 세상에
서 다시 믿게 한 것이니, 공영달의 잘못이다. [至唐初貞觀, 始依
孔爲之疏, 而兩漢專門之學, 頓以廢絶. 是使此書更信于世者, 孔穎
達之過也.]"라고 하였다.

407 육덕명陸德明, ≪경전석문經典釋文≫ 권1 <서록敍錄 주해전술
인注解傳述人>에 나온다.

408 육덕명, 위와 같다.

409 육덕명(약 550~630): 당唐나라의 소주蘇州 오吳 사람으로 이
름은 원랑元朗이며, 덕명德明은 자字이다. 현리玄理를 잘 말했

게서 비롯된 것은 아니다.

육덕명이 '〈순전〉' 아래에 "《공씨전》에는 〈순전〉 한
편이 없다. 당시 왕숙의 《상서주尚書注》가 공씨孔氏
의 《전傳》과 꽤 비슷하다고 여겼다. 그러므로 왕숙의
《상서주》 '신휘오전愼徽五典' 이하를 가져다 〈순전〉이
라 하고서 《공안국상서전》에 보탠 것이다."[410]라고 주석
하였다. 또 "'왈약계고제순曰若稽古帝舜 왈중화협우제曰
重華協于帝' 12자는 요방흥姚方興이 조정에 올린 것으로
《공씨전》에는 본래 없다. 완효서阮孝緒[411]의 《칠록七
錄》에서도 '요방흥본姚方興本은 이 아래에 다시 「준철

고, 경학經學에 밝았다. 한위육조漢魏六朝의 음절音切 230여 가
家를 모으고, 한유漢儒들의 훈고訓詁를 채집해 이동異同을 정
리하여 원류를 따져 《경전석문經典釋文》 30권을 편찬하였다.
이 책은 당나라 의소義疏의 선구자 역할을 했다. 이 밖에 《노
자소老子疏》와 《역소易疏》 등을 지었다.

410 육덕명, 《경전석문經典釋文》 권3 〈상서음의尚書音義 상上 순
전舜典 제이第二〉에 나온다.

411 완효서(479-536): 남조南朝 양梁나라의 진류위씨陳留尉氏 사
람으로 자字는 사종士宗이다. 양梁 무제武帝 보통普通 4년(523)
에 《칠록七錄》을 편찬하여, 경經 · 사史 · 자子 · 집集 · 방기
方伎 · 불佛 · 도道로 분류하여 전대前代 목록학目錄學의 성과
를 총결하였다. 문인들이 문정처사文貞處士라고 사사로이 시호
를 내렸다.

문명濬哲文明 온공윤색溫恭允塞 현덕승문玄德升聞 내명이립乃命以立」 도합 28자가 있으니 다르다.'라고 하였으니, 대체로 거기에서 나온 것으로 왕숙의 ≪상서주≫에는 드러난 것이 없다."고 하였다.

그렇다면 개황開皇[412] 연간에 비록 이 글을 더 넣었으나 그래도 ≪공안국상서전≫ 가운데 더 넣지는 않았기 때문에 육덕명이 그렇게 말한 것이다. 지금 판본의 28자는 공영달이 더 넣은 것이라고 해야 한다. 매색梅賾의 때는 옛날과 거리가 멀지 않으니 그의 '전傳'은 실로 왕숙의 '주석'에 근거하여 옛 훈고를 덧붙인 것이다. 그러므로 ≪경전석문≫에서 '왕숙도 금문今文에 주석하였고, 풀이한 것이 고문古文과 서로 매우 비슷하니, 아마 왕숙이 개인적으로 ≪공안국상서전≫을 봤으면서 본 사실을 숨긴 것인가?'[413]라고 일컬은 것이다. 이는 비록 말단을 근본으로 여겨 뒤바뀜을 면하지 못하였으나, 또한 옛 뜻에 근거하였으니 그 내용에 상고함이 전혀 없진 않음을 알 수 있다.

---

412 개황: 수隋 문제文帝의 연호年號(581-600)이다.

413 육덕명, ≪경전석문經典釋文≫ 권1 <서록敍錄 주해전술인注解傳述人>에 나온다.

至若璩謂定從《孔傳》, 以孔穎達之故, 則不盡然. 考《漢書》<藝文志>, 敍《古文尙書》, 但稱'安國獻之, 遭巫蠱事, 未立於學官', 不云'作《傳》.' 而《經典釋文》<敍錄>, 乃稱'<藝文志>云「安國獻《尙書傳》, 遭巫蠱事, 未立於學官」', 始增入一'傳'字, 以證實其事. 又稱'今以《孔氏》爲正', 則定從《孔傳》者, 乃陸德明, 非自穎達. 惟德明於'<舜典>'下注云: "《孔氏傳》亡<舜典>一篇. 時以王肅《注》, 頗類孔氏, 故取王《注》從'愼徽五典'以下爲<舜典>, 以續孔《傳》." 又云: "'曰若稽古帝舜, 曰重華協于帝'十二字, 是姚方興所上, 《孔氏傳》本無. 阮孝緒《七錄》亦云: '方興本, 或此下更有「濬哲文明, 溫恭允塞, 玄德升聞, 乃命以立.」凡二十八字異.' 聊出之, 於王《注》無施也." 則開皇中雖增入此文, 尙未增入《孔傳》中, 故德明云爾. 今本二十八字, 當爲穎達增入耳. 梅賾之時, 去古未遠, 其'傳'實據王肅之'注'而附益以舊訓. 故《釋文》稱'王肅亦注今文, 所解大與古文相類, 或肅私見《孔傳》而祕之乎?' 此雖以末爲本, 未免倒置, 亦足見其根據古義, 非盡無稽矣.

공영달의 《소疏》에 대해 조공무晁公武의 《군재독서지郡齋讀書志》에서는 '양梁 비함費甝의 소疏에 근거하여 넓혔다.'[414]고 하였다. 그러나 공영달이 원래 서문에서 '「정의正義」를 지은 자는 채대보蔡大寶·소의巢猗·비함費甝·고표顧彪·유작劉焯·유현劉炫 여섯 사람인데, 유작·유현의 주석을 가장 자세하고 단아하다고 여겼다.'고 하였다. 따라서 그 책은 실로 두 유씨劉氏에 근거한 것이지 비씨費氏에 근거한 것이 아니다. 조공무는 아마 ≪경전석문≫에서 열거한 '의소義疏'를 겨우 비함 한 사람의 작품이라고 여겼기 때문에 그렇게 말한 것인가?

≪주자어류≫에서 '오경五經의 소疏는 ≪주례周禮≫가 가장 좋고, ≪시詩≫·≪예기禮記≫가 그 다음이고, ≪역易≫·≪서書≫가 제일 못하다.'[415]라고 하였으니, 그 말이 참으로 믿을 만하다. 그러나 명물名物과 훈고訓故는 결국 그것에 힘입어 살펴보아야 하니, 또한 어찌 가벼이 여길 수 있겠는가?

---

414 조공무, ≪군재독서지郡齋讀書志≫ 권1 상上, 상서정의이십권조尙書正義二十卷條에 나온다.

415 여정덕黎靖德 편編, ≪주자어류朱子語類≫ 권86 <예禮삼三 주례周禮 총론總論> 순비의 기록(13번째 조목)에는 "오경五經 가운데 ≪주례소≫가 가장 좋고, ≪시≫와 ≪예기≫가 그 다음이며, ≪서≫와 ≪역소≫는 좋지 않다.[五經中, ≪周禮疏≫最好, ≪詩≫與≪禮記≫次之, ≪書≫·≪易疏≫亂道.]"라고 하였다.

穎達之《疏》, 晁公武《讀書志》, 謂因梁費甝疏廣之.
然穎達原序稱爲'正義'者, 蔡大寶‧巢猗‧費甝‧顧彪‧
劉焯‧劉炫六家, 而以劉焯‧劉炫最爲詳雅. 其書實因二
劉, 非因費氏. 公務或以《經典釋文》所列'義疏'僅甝一
家, 故云然與?《朱子語類》謂'五經疏:《周禮》最好,
《詩》‧《禮記》次之,《易》‧《書》爲下', 其言良允.
然名物訓故, 究賴之以有考, 亦何可輕也?

≪고문상서소증≫ 8권 [古文尚書疏證八卷]

국조國朝 염약거閻若璩가 지었다. 염약거는 자字는 백시百詩이며, 태원太原 사람인데, 산양山陽으로 이주하였다. 강희康熙 기미년己未年(1679)에 박학홍사과博學鴻詞科[416]에 천거되었다.

國朝閻若璩撰. 若璩字百詩, 太原人, 徙居山陽. 康熙己未薦擧博學鴻詞.

≪고문상서≫는 ≪금문상서≫에 비해 16편이 많으나,

---

416 박학홍사과: 관리등용법 가운데 하나이다. 박학홍사博學鴻詞는 학문을 널리 알고 시문詩文을 잘한다는 뜻으로, 청淸나라 건국 초기에 명明나라의 유신遺臣과 청나라의 지배를 지지하지 않는 한인漢人 학자들을 회유하기 위하여 실시하였다. 박학굉사博學宏辭·사학겸무詞學兼茂, 줄여서 박홍博鴻이라고도 한다. 북송北宋의 굉사과宏詞科, 남송南宋의 박학굉사과博學宏詞科에 기원한다.

진晉·위魏 이래로 스승으로부터 전해지는 학설이 전혀 없다. 그러므로 ≪춘추좌씨전≫에 인용된 것을 두예杜預가 모두 "≪일서逸書≫"라고 주석한 것이다. 동진東晉 초기에 그 책이 비로소 출현하였는데 25편이 더 많았다. 처음에는 그래도 ≪금문상서≫와 공존하였으나, 육덕명陸德明이 동진東晉 초기에 출현한 ≪위고문상서僞古文尚書≫에 근거하여 ≪경전석문經典釋文≫을 짓고, 공영달孔穎達도 그것에 근거하여 ≪상서정의尚書正義≫를 지음으로부터는 마침내 복생伏生의 29편과 뒤섞여 하나가 되었다.

당唐나라 이래로 비록 경經과 옛 글을 의심한 것이 유지기劉知幾의 경향[流]과 같으나, 유지기 또한 역사서의 문체로서 ≪상서≫의 한 분파[家]를 ≪사통史通≫에 나열[417]하고 ≪고문상서≫가 가짜임을 말하지는 않았다. 오

---

417 유지기, ≪사통史通≫ 권1 <내편內篇 육가六家>에서 "예로부터 지금까지 문장이 질박하거나 화려한 것이 시대에 따라 번갈아 가며 변화하였다. 그러므로 사서史書의 편찬은 그 체례體例가 고정되어 있지 않다. 대강을 논해보면 그 유파는 여섯 가지가 있다. 첫째는 상서가尚書家, 둘째는 춘추가春秋家, 셋째는 좌전가左傳家, 넷째는 국어가國語家, 다섯째는 사기가史記家, 여섯째는 한서가漢書家이다.[古往今來, 質文遞變, 諸史之作, 不恒厥

역吳棫이 비로소 다른 의론을 둠으로부터 주자朱子도 점점 의심하였다. 오징吳澄[418] 같은 사람들이 주자의 설에 근거하여 서로 이어가며 찾아내 그것이 가짜임이 더욱 드러났다. 그러나 또한 조목조목 분석하여 그 결함을 들춰내진 못하였다. 명明나라의 매작梅鷟이 비로소 여러 책을 참고하여 그것이 표절한 것임을 증명하였으나, 견문見聞이 비교적 좁고 두루 수집하진 못하였다.

염약거가 경經을 인용하고 옛 것을 증거로 삼아 하나하나 그 모순된 이유를 진술함에 이르러서야 고문古文이 가짜임이 매우 분명해졌다. 열거한 128조목을 모기령毛奇齡이 ≪고문상서원사古文尚書寃詞≫를 지어 온갖 꾀로 서로 시비是非를 다투었으나 끝내 억지스런 말로 바른 이치를 빼앗을 수 없었으니, 전거가 있는 말이 먼저 무너

<hr>

體. 推而爲論, 其流有六: 一曰尚書家, 二曰春秋家, 三曰左傳家, 四曰國語家, 五曰史記家, 六曰漢書家.]"라고 하였다.

418 오징(1249-1333): 원元나라의 무주撫州 숭인崇仁 사람으로 자字는 유청幼清, 만자晩字는 백청伯清, 시호諡號는 문정文正이다. 학자들이 초려선생草廬先生이라고 불렀다. ≪오문정집吳文正集≫, ≪역찬언易纂言≫, ≪예기찬언禮記纂言≫, ≪역찬언외익易纂言外翼≫, ≪서찬언書纂言≫, ≪의례일경전禮逸經傳≫, ≪춘추찬언春秋纂言≫, ≪효경정본孝經定本≫, ≪도덕진경주道德眞經注≫ 등을 지었다.

질 수 없는 위치에 서 있었기 때문이다.

≪古文尙書≫較≪今文≫多十六篇, 晉·魏以來, 絶無師說. 故≪左氏≫所引, 杜預皆注曰≪逸書≫. 東晉之初, 其書始出, 乃增多二十五篇. 初猶與≪今文≫並立, 自陸德明據以作≪釋文≫, 孔穎達據以作≪正義≫, 遂與伏生二十九篇, 混合爲一. 唐以來, 雖疑經惑古如劉知幾之流, 亦以≪尙書≫一家, 列之≪史通≫, 未言≪古文≫之僞. 自吳棫始有異議, 朱子亦稍稍疑之. 吳澄諸人, 本朱子之說, 相繼抉摘, 其僞益彰. 然亦未能條分縷析, 以抉其缺罅. 明梅鷟始參考諸書, 證其剽剟, 而見聞較狹, 蒐采未周. 至若璩乃引經據古, 一一陳其矛盾之故, 古文之僞乃大明. 所列一百二十八條, 毛奇齡作≪古文尙書冤詞≫, 百計相軋, 終不能以强辭奪正理, 則有據之言, 先立於不可敗也.

그 책은 처음에 4권으로 정리되었고, 여요현餘姚縣의 황종희黃宗羲[419]가 서문을 썼다. 그 뒤에 4권이 또 차례대로 계속해서 정리되었다. 염약거가 죽은 뒤, 돌려가며 베

---

[419] 황종희(1610-1695): 명말청초明末淸初 절강浙江 여요餘姚 사람으로 자字는 태충太冲, 호號는 이주梨洲이다. ≪송원학안宋元學案≫, ≪명유학안明儒學案≫, ≪명이대방록明夷待訪錄≫ 등을 지었다.

끼다가 제3권을 잃어버렸다. 그 2권의 제28조목·29조
목·30조목, 7권의 제102조목·108조목·109조목·110
조목, 8권의 제122조목부터 127조목까지는 모두 목록만
있고 글이 없다. 편차와 선후도 조리에 맞지 않으니, 아마
도 초창본草創本 같다.

其書初成四卷, 餘姚黃宗羲序之. 其後四卷, 又所次第續成.
若璩沒後, 傳寫佚其第三卷. 其二卷第二十八條·二十九
條·三十條, 七卷第一百二條·一百八條·一百九條·
一百十條, 八卷第一百二十二條, 至一百二十七條, 皆有錄
無書. 編次先後, 亦未歸條理, 蓋猶草創之本.

　그 가운데 간혹 밝히지 않은 것, 예를 들어 ≪상서정
의≫에 실려 있는 정현鄭玄의 <서서주書序注>에 근거해
보면 '마융馬融·정현이 전수한 것은 ≪공안국상서전孔
安國尙書傳≫의 편목과 부합하지 않는다.' 라고 한 것은
그 설이 가장 확실하고, '마융·정현이 전수한 판본은 영
가永嘉의 난리에 없어졌다.'고 한 것에 이르러서는 전혀
옳지 않다.

　두 학자의 판본을 살펴보면 ≪수서隋書≫ <경적지經

籍志>에 여전히 모두 기록되어 있는데, '주석한 것이 모두 29편'이라고 하였다. ≪경전석문經典釋文≫에 인용된 것도 29편뿐이다. 대체로 그 스승으로부터 전해지는 학설이 없는 것 16편을 제외하면 29편뿐으로 복생伏生이 전한 편수와 맞으니, 별도로 한 가지 판본으로서 공씨孔氏(공안국)의 책에 주석한 것은 아니다.

염약거는 정현이 '일逸'이라고 한 것을 곧바로 '주석한 것이 없어진 편'이라고 잘못 여겼으니, 천 번에 한 번 잘못 생각한다는 것에서 벗어나지 못한 격이다. 또 ≪사기史記≫·≪한서漢書≫에는 공안국이 ≪고문상서≫를 조정에 올렸다는 말만 있지 조명詔命을 받아 ≪전傳≫을 지은 일은 전혀 없다. 이는 위조된 책이 억지로 둘러맞춘 것이라는 분명한 증거이나, 위조된 책을 변증하는 것도 지극히 중요한 핵심[肎綮]이다. 그런데 염약거는 위조된 책을 변증하지 않고 그대로 내버려두고 말하지 않았으니, 또한 조금 꼼꼼하지 못한 것이다.

기타 여러 조목 뒤에 왕왕 쓸데없는 글[衍文]과 별로 중요하지 않은 글[旁文]이 종종 책속[卷帙]에 가득하다. 염약거 스스로 자신이 저술한 ≪잠구차기潛邱箚記≫가

행여 전해지지 않을까 염려하였기 때문에 여기에 붙여 드러냈으나, 결국 지루하고 군더더기가 되었다. 또 앞 권에서 논한 것을 다음 권에서 왕왕 스스로 논박하면서도 그 앞 권의 설을 깎아버리려고 하지 않았으며, 비록 정현이 ≪예禮≫를 주석할 때 먼저 ≪노시魯詩≫를 사용하고 뒤에 소급하여 고치지 않은 뜻을 모방하였으나, 체례體例에도 결국 온당하지 않게 되었다. 그러나 반복해서 깨끗이 발라내어 천고의 의심을 제거하였으니, 고증학考證學에서 참으로 이 책보다 나은 것은 없을 것이다.

其中偶爾未核者, 如據≪正義≫所載鄭玄<書序注>, 謂馬・鄭所傳, 與≪孔傳≫篇目不符, 其說最確, 至謂馬・鄭注本, 亡於永嘉之亂, 則殊不然. 考二家之本, ≪隋≫<志>尙皆著錄, 稱所注凡二十九篇. ≪經典釋文≫備引之, 亦止二十九篇. 蓋去其無師說者十六篇, 止得二十九篇, 與伏生數合, 非別有一本注孔氏書也. 若璩誤以鄭'逸'者, 卽爲所注之逸篇, 不免千慮之一失. 又≪史記≫・≪漢書≫, 但有安國上≪古文尙書≫之說, 並無受詔作≪傳≫之事. 此僞本鑿空之顯證, 亦辨僞本者至要之肎綮, 乃置而未言, 亦稍疎略. 其他諸條之後, 往往衍及旁文, 動盈卷帙. 蓋慮所著≪潛邱箚記≫或不傳, 故附見於此, 究爲支蔓. 又前卷所論, 後卷往往自駁, 而不肎刪其前說, 雖仿鄭玄注《禮》, 先用《魯詩》, 後不追改之意, 於體例亦究屬未安. 然反復釐剔, 以祛千古之大疑, 考證之學, 則固未之或先矣.

≪고문상서원사≫ 8권 [古文尚書寃詞八卷]

　　국조國朝 모기령毛奇齡이 지었다. 모기령에게 ≪중씨역仲氏易≫이 있으니, 모기령에 대해서는 그곳에 이미 적어놓았다.[420]

國朝毛奇齡撰. 奇齡有≪仲氏易≫, 已著錄.

　　그의 학문은 여러 서적을 널리 관통하였고 논박하고 변론하여 이기기를 좋아하였다. 보통 다른 사람이 이미

---

420 ≪사고전서총목제요四庫全書總目提要≫ <경부經部 역류易類 6> '≪중씨역仲氏易≫조條'에 "기령奇齡은, 다른 이름은 신甡, 자字는 대가大可, 호號는 추청秋晴, 또 초청初晴이다. 또 군군 사람들이 우러러보며 서하西河라고 일컬었으니, 소산蕭山 사람이다. 강희康熙 기미년己未年(1679)에 늠감생廩監生으로 박학홍사과博學鴻詞科에 채용되어 한림원검토翰林院檢討에 제수되었다.[奇齡, 一名甡, 字大可, 號秋晴, 一曰初晴. 又以郡望稱西河, 蕭山人. 康熙己未, 以廩監生召試博學鴻詞, 授檢討.]"라고 하였다.

말한 것은 반드시 힘써 그 말을 반대로 하였다. 그러므로
≪의례儀禮≫ 17편은 예로부터 이의異議가 없었고, 장여
우章如愚[421]만이 ≪산당고색山堂考索≫[422]에서 악사樂史
가 ≪의례≫는 다섯 가지 의심스러운 점이 있다고 한 말
을 기록[423]하였으나, 당대뿐만 아니라 후세의 학자들도 믿

---

421 장여우: 송宋나라의 무주婺州 금화金華 사람으로 자字는 준경
俊卿이다. 산중山中에 초당草堂을 짓고 저서著書와 강학講學에
몰두하였으며, 스승으로 여기고 따르는 자들이 매우 많았다. 사
람들이 산당선생山堂先生이라고 불렀다. ≪산당선생군서고색
山堂先生群書考索≫이 있다.

422 산당고색: 온전한 명칭은 ≪산당선생군서고색山堂先生群書考
索≫이다. 줄여서 ≪군서고색群書考索≫ 또는 ≪산당고색山堂
考索≫이라고도 한다.

423 장여우, ≪산당선생군서고색山堂先生群書考索≫ 권9 <경사문
經史門·의례儀禮>에 다음과 같이 말하였다. "대송조大宋朝의
악사樂史가 말하였다. '≪의례儀禮≫에 의심스러운 점이 다섯
가지가 있다. 한漢나라의 학자들이 ≪곡대잡기曲臺雜記≫를 전
수하고, 후한後漢의 마융馬融과 정중鄭衆이 비로소 ≪주관周
官≫을 전수하였는데, ≪의례≫는 가르치고 전수한 적이 없다
는 점이 첫 번째 의심스러운 점이다. ≪주례周禮≫에 <동관冬
官>이 빠져있어 천금을 내걸고 찾았으나 얻지 못하였다. 그러
나 ≪의례≫는 책이 온전하였는데도 학자들이 어찌하여 조정
에 올리지 않았는가? 유흠劉歆의 ≪칠략七略≫·반고班固의
구종九種(≪한서漢書≫ <예문지藝文志> 육예략六藝略에서 군
서群書를 역易·서書·시詩·예禮·악樂·춘추春秋·논어論
語·효경孝經·소학小學 아홉 가지로 분류한 것을 말한다.ㅡ譯

는 사람이 없었다. 그런데 모기령만이 그 서론緖論을 모

者)에도 모두 ≪의례≫를 세우지 않았고, 남북조시대의 위魏 · 진晉 · 양梁 · 진陳나라 사이에야 비로소 유행하였으니, 두 번째 의심스러운 점이다. <빙례聘禮>에 기록된 「빈객에게 대접하는 죽은 희생과 살아있는 희생물, 벼와 쌀 · 꼴과 섶의 수, 변籩 · 두豆 · 보簠 · 궤簋에 담는 내용물, 형鉶 · 호壺 · 정鼎 · 옹甕을 나열하는 것」이 ≪주관周官≫ <장객掌客>의 내용과 맞춰보면 다르다는 점이 세 번째 의심스러운 점이다. 그 가운데 한 편篇인 <상복喪服>은 대체로 강사講師가 묻고 논란하는 것을 가설하여 서로 해석하는 말로서 주공周公의 기록이 아니라는 점이 네 번째 의심스러운 점이다. ≪주관≫의 기록에 왕王부터 이하로 공公 · 후侯 · 백伯 · 자子 · 남男까지 모두 그 예禮가 있는데, ≪의례≫의 이른바 <공사대부례公食大夫禮>와 <연례燕禮>는 모두 공公과 경대부卿大夫의 일이고 왕王을 언급하지 않았으며, 그 다른 편에서 말한 것은 주인主人과 빈객賓客뿐으로 제후국의 기록과 비슷하니, 주공이 태평한 시대에 어찌 천자天子의 예禮를 갖추지 않았겠는가? 이것이 다섯 번째 의심스러운 점이다.' 지금 그 책을 살펴보니 여전히 의심스러운 점이 있다.……[大宋朝樂史謂: '≪儀禮≫有可疑者五. 漢儒傳授≪曲臺雜記≫, 後馬融 · 鄭衆始傳≪周官≫, 而≪儀禮≫未嘗以敎授, 一疑也. ≪周禮≫缺<冬官>, 求之千金不可得, 使有≪儀禮≫全書, 諸儒寧不獻之朝乎? 劉歆≪七畧≫ · 班固九種(原文에는 「劉歆九種班固七畧」으로 되어있으나, 바로잡았다.-譯者), 並不著≪儀禮≫, 魏 · 晉 · 梁 · 陳之間, 是書始行, 二疑也. <聘禮篇>所記「賓行饔餼之物 · 禾米芻薪之數 · 籩豆簠簋之實 · 鉶壺鼎甕之列」, 考之≪周官≫<掌客>之說不同, 三疑也. 其中一篇<喪服>, 蓋講師設問難以相解釋之辭, 非周公之書, 四疑也. ≪周官≫所載自王以下, 至公侯伯子男, 皆有其禮, 而≪儀禮≫所謂<公食大夫禮>及<燕禮>, 皆公與卿 · 大夫之事, 不及於王; 其他篇所言, 曰主人 · 曰賓而已, 似侯國之書, 使周公當太平之時, 豈不設天子之禮? 五疑也.' 今攷其書猶

아 ≪의례≫를 전국시대戰國時代의 위서僞書라고 헐뜯었다.[424] ≪고문상서≫는 오역吳棫·주자朱子 이래로 모두 그것이 가짜임을 의심하였고, 염약거閻若璩가 ≪고문상서소증古文尙書疏證≫을 짓자 모기령은 또 힘써 진짜라고 변론하였다.

공안국의 ≪전傳≫ 가운데 공안국 이후의 지명이 있다는 것을 반드시 숨길 수 없음을 알 텐데, 이에 따로 그 말을 회피하고 ≪수서隋書≫ <경적지經籍志>의 글을 주워 모아 '매색梅賾이 올린 것은 바로 ≪공안국상서전≫이지 ≪고문상서≫가 아니며, 그 ≪고문상서≫는 본래 민간에서 전수되고 익혀졌으나, 가규賈逵·마융馬融 같은 여러 학자들이 보지 못한 것이다.'라고 한다.

그 항목은 첫째는 '총론', 둘째는 '≪금문상서≫', 셋째는 '≪고문상서≫', 넷째는 '≪고문상서≫의 원통함은 주씨朱氏에게서 시작하였다', 다섯째는 '≪고문상서≫의 원통함은 오씨吳氏에게서 이루어졌다',【안: 오역吳棫의 ≪서비전

有可疑者.……]"

424 모기령이 ≪의례儀禮≫를 전국시대戰國時代의 저작이라고 한 말은 그의 저서 여러 곳에 보이나, ≪경문經問≫ 권3에 비교적 자세하게 서술되어 있다.

書裨傳≫이 주자가 의심한 때보다 조금 앞서 있다. 그러므로 주자의 ≪어록≫은 오역의 설을 서술한 것이다. 당연히 '오씨에게서 시작하고, 주씨에게서 이루어졌다.'고 해야 한다. 이 두 사람[鬥]이 특히 뒤바뀌었기에 여기에 붙여 기록한다.】 여섯 번째는 '≪상서≫ 편제篇題의 원통함', 일곱 번째는 '<서서書序>의 원통함', 여덟 번째는 '<서소서書小序>의 원통함', 아홉 번째는 '≪상서≫ 말의 원통함', 열 번째는 '≪상서≫ 글자의 원통함'이다.

其學淹貫群書, 而好爲駁辨以求勝. 凡他人所已言者, 必力反其辭. 故≪儀禮≫十七篇, 古無異議, 惟章如愚≪山堂考索≫, 載樂史有五可疑之言, 後儒亦無信之者. 奇齡獨拾其緖論, 詆爲戰國之僞書. ≪古文尙書≫, 自吳棫·朱子以來, 皆疑其僞, 及閻若璩作≪古文尙書疏證≫, 奇齡又力辨以爲眞. 知孔安國≪傳≫中, 有安國以後地名, 必不可掩, 於是別遁其辭, 撫≪隋書≫<經籍志>之文, 以爲梅賾所上者, 乃≪孔傳≫而非≪古文尙書≫; 其≪古文尙書≫, 本習人間, 而賈·馬諸儒未之見. 其目一曰'總論', 二曰'≪今文尙書≫', 三曰'≪古文尙書≫', 四曰'≪古文≫之寃始於朱氏', 五曰 '≪古文≫之寃成於吳氏',【案: 吳棫≪書裨傳≫在朱子稍前, 故朱子≪語錄≫述棫說. 當云始於吳氏, 成於朱氏. 此

二門殊爲顚倒, 附識於此.】六曰 '≪書≫篇題之寃', 七曰 '<書
序>之寃', 八曰'<書小序>之寃', 九曰'≪書≫詞之寃', 十
曰'≪書≫字之寃'.

　　≪수서≫ <경적지>를 살펴보면 "진晉 왕조의 비부祕
府에 ≪고문상서≫의 경문經文이 보존되어 있었는데, 지
금 전해지는 것이 없다. 영가永嘉의 난리에 ≪구양상서歐
陽尙書≫ ·≪대하후상서大夏侯尙書≫ ·≪소하후상서
小夏侯尙書≫가 모두 없어졌다. 동진東晉에 이르러 예장
내사豫章內史 매색梅賾이 비로소 공안국의 ≪전傳≫을
얻어 조정에 올렸다."고 하였다. 그 서술한 것이 간혹 분
명하지 않기 때문에 모기령에게 차용된 것이다.

　　그러나 ≪수서≫ <경적지>는 ≪상서정의≫보다 뒤에
지어졌고, 그 당시 ≪고문상서≫가 한창 성행하였는데도
'전해지는 것이 없다.'고 하였으니, 동진東晉 때의 ≪고문
상서≫가 지금 통행하는 판본을 가리키는 것이 아님을 알
수 있다. 또 먼저 '≪고문상서≫가 전해지지 않는다.'고 하
고 다음에 '비로소 공안국의 ≪전≫을 얻었다.'고 하였다.
지금 통행하는 판본과 고문본이 공안국의 ≪전≫과 함께

나왔으니 바로 동진東晉 때의 ≪고문상서≫가 아님을 알 수 있다. 모기령이 어찌 그 글을 분석하여 자기의 학설을 이룰 수 있겠는가?

염약거가 인용한 마융의 <서서書序>에 "≪일서逸書≫ 16편은 스승으로부터 전해지는 학설이 전혀 없다."고 하였고, 또 정현이 주석한 16편의 이름을 인용하여 <순전舜典>·<골작汨作>·<구공九共>·<대우모大禹謨>·<익직益稷>·<오자지가五子之歌>·<윤정允征>·<탕고湯誥>·<함유일덕咸有一德>·<전보典寶>·<이훈伊訓>·<사명肆命>·<원명原命>·<무성武成>·<여오旅獒>·<경명囧命>이라고 하였으니, 분명히 ≪고문상서≫ 25편과는 다르다.

그러나 모기령이 지금 통행하는 판본이 마융·정현이 전한 것과 부합하지 않음을 ≪고문상서≫를 위조한 증거로 삼지 않고, 도리어 마융·정현이 전한 것이 지금 통행하는 판본과 부합하지 않음을 그들이 ≪고문상서≫를 보지 못한 증거로 삼았으니, 또한 꽤 교묘하게 뒤바꾼 것이다.

考≪隋書≫ <經籍志>云: "晉世祕府存有≪古文尚書≫ 經文, 今無有傳者. 及永嘉之亂, ≪歐陽≫·≪大·小夏侯

尙書≫並亡. 至東晉, 豫章內史梅賾始得安國之≪傳≫奏
之." 其敍述偶未分明, 故爲奇齡所假借. 然≪隋≫ <志>
作於≪尙書正義≫之後, 其時≪古文≫方盛行, 而云 '無有
傳者', 知東晉≪古文≫, 非指今本. 且先云 '≪古文≫不傳',
而後云 '始得安國之≪傳≫', 知今本古文, 與安國≪傳≫俱
出, 非卽東晉之≪古文≫. 奇齡安得離析其文, 以就己說
乎? 至若璩所引馬融 <書序> 云: "≪逸≫十六篇, 絶無師
說." 又引鄭玄所注十六篇之名, 爲 <舜典>·<汩作>·<九
共>·<大禹謨>·<益稷>·<五子之歌>·<允征>·<湯
誥>·<咸有一德>·<典寶>·<伊訓>·<肆命>·<原
命>·<武成>·<旅獒>·<冏命>, 明與≪古文≫二十五
篇, 截然不同. 奇齡不以今本不合馬·鄭, 爲僞作≪古文≫
之徵, 反以馬·鄭不合今本, 爲未見≪古文≫之徵, 亦頗巧
於顚倒.

그러나 <위공안국상서전서僞孔安國尙書傳序>를 살펴
보면, 미처 조정에 올리지 못한 것은 바로 그의 ≪전傳≫
이다. 가령 ≪경經≫이라면 사관史官이 '공안국이 조정
에 올렸다.'고 하였다. 그러므로 ≪한서漢書≫ <예문지藝
文志>에 기록한 것이다. 가규賈逵는 비부祕府의 서적을

교감하여 정리하였으니 못 볼 수 없다. 또 사마천司馬遷
은 공안국孔安國의 제자이고, 유흠劉歆은 ≪칠략七略≫
을 교정하였고, 반고班固도 난대령사蘭臺令史가 되어 예
문藝文을 관장하였다. 사마천의 ≪사기史記≫ <유림전儒
林傳>에 "공씨孔氏(공안국)에게 ≪고문상서≫가 있었고,
공안국이 금문자今文字로 읽어냈다. ≪일서逸書≫ 10여
편을 더 얻었다."고 하였으며, 유흠의 <이태상박사서移
太常博士書>에 '노魯 공왕恭王이 공자가 살던 집을 허물
때, 무너진 벽속에서 ≪고문상서≫를 얻었는데, ≪일서逸
書≫가 16편이었다.'고 하였으며, 반고의 ≪한서≫ <예문
지>에도 '29편을 고정考定해 내고 16편을 더 얻었다.'고
하였다. 그렇다면 공자가 살던 오래된 집의 벽속에서 나
온 ≪고문상서≫에 16편은 있고 25편은 없다는 분명하고
뚜렷한 증거인데, 어찌 진晉나라 때의 사람이 조정에 올
린 ≪고문상서≫가 공자가 살던 오래된 집의 벽속에서 나
온 ≪고문상서≫와 딱 맞을 수 있겠는가?

　또 모기령이 구실로 댄 것은, ≪수서≫ <경적지>에서
마융·정현이 주석한 29편은 바로 두림杜林이 서주西州
에서 얻은 ≪고문상서≫요, 공자가 살던 오래된 집의 벽

속에서 나온 ≪고문상서≫가 아니라고 일컬은 것에 불과하니, 두림이 전한 것이 실제 공씨의 판본임을 모른 것이다. 그러므로 마융·정현 등이 그 스승으로부터 전해지는 학설이 전혀 없는 것 16편을 제거하였으니 바로 29편을 얻은 것이 되고, 이것은 ≪경전석문經典釋文≫에서 인용한 것으로도 거듭 검증할 수 있다. 다만 ≪수서≫ <경적지>를 편수할 때, 매색梅賾의 책이 이미 유행하였다. 그러므로 <경적지>가 뒤에 나온 위서본僞書本에 근거하여 '공씨의 책이 다 없어지지 않았다.'고 한 것이다.

모기령은 ≪사기≫·≪한서≫를 제쳐두고서 근거로 삼지 않고 당唐 때의 사람이 잘못 말한 것에 근거하였으니, 어찌 장손무기長孫無忌 등이 본 것이 도리어 사마천·반고·유흠이 본 것보다 확실하겠는가?

然考<僞孔傳序>, 未及獻者, 乃其≪傳≫, 若其≪經≫, 則史云'安國獻之', 故<藝文志>著錄. 賈逵嘗校理祕書, 不應不見. 又司馬遷爲安國弟子, 劉歆嘗校≪七略≫, 班固亦爲蘭臺令史, 典校藝文, 而遷≪史記≫<儒林傳>云: "孔氏有≪古文尙書≫, 安國以今文讀之, ≪逸書≫ [425]得多十餘篇."

---

425 逸書: 편정본編訂本·교간본校刊本에는 '逸者'로 되어 있으나,

歆<移太常博士書>稱'魯恭王壞孔子宅, 得≪古文≫於壞
壁之中, ≪逸書≫十六篇.' 班固≪漢書≫<藝文志>亦稱
'以考二十九篇, 得多十六篇.' 則孔壁≪古文≫, 有十六篇,
無二十五篇, 鑿鑿顯證, 安得以晉人所上之≪古文≫, 合之
孔壁與? 且奇齡所藉口者, 不過以≪隋≫<志>稱馬·鄭
所注二十九篇, 乃杜林西州≪古文≫, 非孔壁≪古文≫,
不知杜林所傳, 實孔氏之本, 故馬·鄭等去其無師說者十
六篇, 正得二十九篇, ≪經典釋文≫所引, 尙可覆驗. 徒以
修≪隋≫<志>時梅賾之書已行, 故<志>據後出僞本, 謂
其不盡孔氏之書. 奇齡舍≪史記≫·≪漢書≫不據, 而據
唐人之誤說, 豈長孫無忌等所見, 反確於司馬遷·班固·
劉歆乎?

　두예杜預·위소韋昭가 인용한 ≪일서逸書≫로 지금
≪고문상서≫에 보이는 것에 이르러서는 꼭 변론할 만
한 것이 없는데도, ≪사기≫·≪한서≫의 글을 끌어다 붙
여 '학관에 세우지 않은 것은 바로 ≪일서≫를 이른다.'[426]

고 하였다. 두예가 ≪춘추좌씨전≫을 주석할 때에는 모두 '글이 ≪상서≫ 어느 편에 보인다.'고 하였는데, ≪일서≫ 는 모두 편명篇名이 없다. 가령 두예가 진실로 ≪고문상 서≫를 보았다면 어찌 '≪일서≫ 어느 어느 편'이라고 하 지 않았겠는가? 또 조기趙岐가 ≪맹자≫를 주석하고, 곽 박郭璞[427]이 ≪이아爾雅≫를 주석할 때에도 '≪상서≫의 없어진 편이다.'라고 한 것이 많다. 그 가운데 ≪고문상 서≫에 보이는 것은 학관에 세우지 않은 것을 차용할 수 없을 것이다.

　≪맹자≫의 '욕상상이견지欲常常而見之 고원원이래 故源源而來 불급공不及貢 이정접어유비以政接於有庳(순임금께서 아우 상象을 항상 만나보고 싶어 하였으므로 끊임없 이 오게 하셔서, 조공朝貢할 시기를 기다리지 않고 정사政事로써

─────────

文을 곧 ≪일서≫라고 한다.[今文立學稱≪尙書≫, 古文不立學 卽稱≪逸書≫.]"라고 하였다.

427 곽박(276-324): 동진東晉 하동河東 문희聞喜 사람으로 자字는 경순景純이다. 왕은王隱과 함께 ≪진서晉書≫를 편찬하였다. ≪이아爾雅≫, ≪방언方言≫, ≪산해경山海經≫, ≪목천자전 穆天子傳≫ 등에 주석하였다. 명明나라 사람의 집본輯本 ≪곽 홍농집郭弘農集≫이 있다.

유비국有庳國의 임금을 접견하셨다.)'[428]에서 조기가 "이 '상상常常' 이하는 모두 ≪상서≫의 없어진 편의 말이다."라고 주석하고, ≪이아≫의 "소釗는 밝힘이다."에서 곽박이 "≪일서≫에 '우리 주周의 왕을 밝힌다.'고 하였다."라고 주석한 것으로 말하면, ≪고문상서≫를 대조해 보아도 이 말이 전혀 없는데, 또한 어찌 '학관에 세우지 않았기 때문에 「일逸」이라고 한다.'고 할 수 있겠는가?

　또 조기가 '구남이녀九男二女'를 주석하여 '≪일서≫에 <순전>이 있었는데, 그 글이 없어졌다. ≪맹자≫에서 여러 번 말한 순舜의 일은 모두 <요전> 및 ≪일서≫에 실린 것이다.'라고 하였다. 가령 ≪일서≫가 정말 ≪고문상서≫를 가리킨다면 ≪고문상서≫에 <순전>이 있을 텐데, 어떻게 조기가 '그 글이 없어졌다.'고 할 수 있겠는가? 이는 더욱 붓을 마음대로 놀려 왜곡된 글을 쓰는 것[舞文]이 교묘할수록 결함이 더욱 심해지는 격이다.

至杜預・韋昭所引≪逸書≫, 今見於≪古文≫者, 萬萬無可置辨, 則附會≪史記≫・≪漢書≫之文, 謂不立學官者, 卽謂≪逸書≫. 不知預注≪左傳≫, 皆云'文見≪尙書≫

---

428 ≪맹자≫ <만장萬章 상上>에 나온다.

某篇', 而≪逸書≫則皆無篇名. 使預果見≪古文≫, 何不
云'≪逸書≫某某篇'耶? 且趙岐注≪孟子≫, 郭璞注≪爾
雅≫, 亦多稱'≪尙書≫逸篇'. 其中見於≪古文≫者, 不得
以不立學官假借矣. 至≪孟子≫ '欲常常而見之, 故源源
而來, 不及貢, 以政接於有庳.' 岐注曰: "此'常常'以下, 皆
≪尙書≫逸篇之詞." ≪爾雅≫: "釗, 明也." 璞注曰: "≪逸
書≫'釗我周王.'" 核之≪古文≫, 絶無此語, 亦將以爲不
立學官, 故謂之'逸'耶? 又岐注'九男二女', 稱'≪逸書≫
有<舜典>之書, 亡失其文. ≪孟子≫諸所言舜事, 皆<堯
典>及≪逸書≫所載.' 使≪逸書≫果指≪古文≫, 則≪古
文≫有<舜典>, 何以岐稱亡失其文耶? 此尤舞文愈工, 而
罅漏彌甚者矣.

　　매색梅賾의 책이 세상에 유행한 것이 이미 오래되었
다. 그 글은 본래 없어진 경經에서 따 모아 관계있는 것끼
리 연관지어 놓은 것이다. 그러므로 그 뜻이 성인聖人과
어긋나지 않아 결코 폐기할 만한 이치는 없으나 확실히
공씨孔氏의 원본原本은 아니니, 증거에 단서가 많아 한
사람의 손으로 끝까지 가릴 수 있는 것이 아니다. 근래의

혜동惠棟[429]·왕무횡王懋竑[430] 등이 계속해서 고증하여 그 설이 매우 분명하니,[431] 본래 번거롭게 따질 필요가 없다.

모기령의 변론하는 재주가 사람의 생각을 바꿀 수 있고, 또 경經을 호위한다고 말하여 의탁한 명분이 매우 바르니, 만일 그대로 두고 검속하여 기록해 놓지 않으면 사람들이 도리어 그의 학설에 신빙성이 있다고 의심할까 염려된다. 그러므로 함께 보존하되 그 큰 요지를 뽑아 논하여 그의 설이 이와 같음에 불과함을 알게 하니 앞으로 서로 살펴 볼 수 있기를 바란다.

---

429 혜동(1697-1758): 청淸나라의 강소江蘇 오현吳縣 사람으로 자字는 정우定宇, 호號는 송애松崖, 학자들이 소홍두선생小紅豆先生이라고 불렀다. ≪역한학易漢學≫, ≪주역술周易述≫, ≪역례易例≫를 지었고, 별도로 ≪구경고의九經古義≫, ≪명당대도록明堂大道錄≫, ≪후한서보주後漢書補注≫, ≪태상감응편주太上感應篇注≫, ≪산해경훈찬山海經訓纂≫, ≪송애문초松崖文鈔≫ 등이 있다.

430 왕무횡(1668-1741): 청淸나라의 강소江蘇 보응寶應 사람으로 자字는 자중子中, 또 여중與中('予中'이라고도 쓴다.), 호號는 백전白田이다. ≪주자연보朱子年譜≫를 교정校定하고 ≪주자문집朱子文集≫, ≪주자어류朱子語類≫를 고정考訂하였다. 별도로 ≪백전잡저白田雜著≫, ≪독경기의讀經記疑≫, ≪독사기의讀史記疑≫ 등이 있다.

431 혜동은 ≪고문상서고古文尙書考≫ 2권을, 왕무횡王懋竑은 <논상서서록論尙書敍錄>, <상서잡고尙書雜考>를 지었다.

梅賾之書, 行世已久. 其文本采掇佚經, 排比聯貫. 故其旨不悖於聖人, 斷無可廢之理, 而確非孔氏之原本, 則證驗多端, 非一手所能終掩. 近惠棟・王懋竑等, 續加考證, 其說甚明, 本不必再煩較論. 惟奇齡才辨足以移人, 又以衛經爲辭, 托名甚正, 使置而不錄, 恐人反疑其說之有憑. 故並存之, 而撮論其大旨, 俾知其說不過如此, 庶將來可以互考焉.

옮긴이의 글

'고문상서변위古文尚書辨僞'라는 제목에서 알 수 있 듯이, 이 책은 ≪고문상서≫와 관련한 논란을 변증한 책 이다. ≪상서≫를 공부할 때 가장 혼란스러운 부분이 바 로 금고문논쟁今古文論諍이다. 한대漢代부터 시작한 이 논쟁은 위진시대魏晉時代 위서僞書의 출현으로 더욱 복 잡해졌고 지금까지도 논쟁을 이어가고 있다. 최술崔述 의 ≪고문상서변위≫는 ≪상서≫와 관련한 금고문논쟁 을 정리하고 그에 대한 관점을 갖는 데에 도움을 줄 것이 라 생각한다.

이 번역서는 역자가 태동고전연구소에서 공부할 때 ≪상서≫의 금고문논쟁과 관련한 공부도 할 겸 번역연 습도 할 겸하여 번역한 것이다. 초역을 마친 뒤, 연구소 엄연석 교수의 권유로 학위논문으로 제출하려고 하였으 나, 연구소 사정으로 중단하였다. 몇 년이 지나고 역자 에게 ≪고문상서변위≫를 번역한 원고가 있다는 소리를

들은 지인들이 '우리나라에는 ≪상서≫와 관련한 참고서가 거의 없으니, 초학들을 위해 출판을 해보는 것이 어떻겠느냐?'고 권하였다. 역자도 ≪상서≫를 공부하면서 참고서가 없어 어려움을 겪었기 때문에, 출판하는 것도 좋겠다고 생각하여 다시 원고를 꺼내 손질하였다. 그러나 역자의 게으름으로 이제야 끝마치게 되었다.

초고를 교정해주신 태동고전연구소의 엄연석 교수와 재교再校해주신 전통문화연구회의 박승주 번역위원께 감사의 말씀을 드린다. 초교와 재교를 거치며 여러 가지 풀리지 않거나 잘못 본 곳을 상당수 해결할 수 있었다. 번역을 마치고 막상 세상에 내놓으려 하니, 잘못된 부분은 없을까 하는 두려움이 앞선다. 아직 학문이 부족하기 때문일 것이다. 그럼에도 불구하고 원고를 세상에 내놓는 이유는 널리 독자 제현諸賢의 가르침을 구하려 하기 때문이다. 잘못된 부분의 지적과 질정을 언제나 기쁜 마음으로 바로잡고자 한다.

2017년 10월 9일
북한산 자락 경수재耕收齋에서
담주인潭州人 전병수田炳秀 씀

참고서목

참고서목參考書目

飜譯臺本類

(中)顧頡剛 編訂, ≪崔東壁遺書≫ 上海:上海古籍出版社 1983.

(淸)陳履和 校刊, ≪崔東壁遺書(全20冊)≫ 道光 6年本. (中國 古
　　　　書流通處 影印 1924. − 국립중앙도서관소장, 청구기
　　　　호:092−11.)

(日)那珂通世 校點, ≪崔東壁先生遺書(全4冊)≫ 東京:黑目書店
　　　　明治37.

尙書類

(唐)孔穎達 等, ≪尙書正義≫ 嘉慶20年 阮元刻本. (臺北:藝文印
　　　　書館 影印 民國86.)

──────────, ≪尙書正義≫ (李學勤 主編) 北京:北京大學出版
　　　　社 2000.

(明)胡廣 等, ≪書傳大全≫ 朝鮮 內閣本. (大田:學民文化社 影印
　　　　1990.)

(淸)閻若璩, ≪尙書古文疏證 附古文尙書冤詞≫ (黃懷信 外 校點)

上海:上海古籍出版社 2010.

(淸)皮錫瑞, ≪今文尙書考證≫ (陳抗 外 點校) 北京:中華書局 2004.

(淸)孫星衍, ≪尙書今古文注疏≫ (陳抗 外 點校) 北京:中華書局 2004.

(鮮)丁若鏞, ≪梅氏書平≫ (≪與猶堂全書≫ 8) 新朝鮮社活字本. (서울:民族文化文庫 影印 2001.)

(鮮)丁若鏞, 이지형 역, ≪역주 매씨서평≫ 서울:문학과지성사 2002.

(臺)屈萬里, ≪尙書集釋≫ 臺北:聯經出版事業公司 民國72.

(中)顧寶田 外, ≪尙書譯註≫ 長春:吉林文史出版社 1996.

(中)顧頡剛 外, ≪尙書校釋譯論≫ 北京:中華書局 2005.

(中)陳夢家, ≪尙書通論≫ 北京:中華書局 2005.

≪尙書≫ (≪漢文大系≫ 12) 臺北:新文豐 民國85.

(日)加藤 常賢, ≪書經 上≫ (≪新釋漢文大系≫ 25) 東京:明治書院 1983.

(日)小野沢 精一, ≪書經 下≫ (≪新釋漢文大系≫ 26) 東京:明治書院 1985.

其他經書類

(魏)何晏, ≪論語集解≫ 四部叢刊本.

(魏)何晏 集解, (梁)皇侃 義疏, ≪論語集解義疏≫ 日本 東京:文淵堂藏版 元治紀元甲子補刻本. (국립중앙도서관소장, 청구기호:BA-古1-33-28.)

(明)胡廣 等, ≪論語集註大全≫ 朝鮮 內閣本. (大田:學民文化社 影印 2003.)

334

_____, ≪孟子集註大全≫ 朝鮮 內閣本. (大田:學民文化社 影印 1998.)

_____, ≪周易傳義大全≫ 朝鮮 內閣本. (大田:學民文化社 影印 1998.)

(明)胡廣 等, ≪詩傳大全≫ 朝鮮 內閣本. (大田:學民文化社 影印 1990.)

≪毛詩≫ (≪漢文大系≫ 12) 臺北:新文豐 民國85.

校正廳, ≪三經諺解≫ 朝鮮 內閣本. (서울:保景文化社 影印 1988.)

(淸)焦循, ≪孟子正義≫ (沈文倬 點校) 北京:中華書局 1998.

(唐)孔穎達 等, ≪禮記正義≫ 嘉慶20年 阮元刻本. (臺北:藝文印書館 影印 民國86.)

_____, ≪禮記正義≫ (李學勤 主編) 北京:北京大學出版社 2000.

_____, ≪周禮正義≫ 嘉慶20年 阮元刻本. (臺北:藝文印書館 影印 民國86.)

_____, ≪周禮正義≫ (李學勤 主編) 北京:北京大學出版社 2000.

_____, ≪春秋左傳正義≫ 嘉慶20年 阮元刻本. (臺北:藝文印書館 影印 民國86.)

_____, ≪春秋左傳正義≫ (李學勤 主編) 北京:北京大學出版社 2000.

(中)楊伯峻, ≪春秋左傳注 修訂本≫ 北京:中華書局 2000.

(韓)鄭太鉉 譯註, ≪譯註 春秋左氏傳 1-8 ≫ 서울:傳統文化研究會 2004-2013.

(吳)韋昭 註, ≪國語≫ 京都:皇都書肆 寶曆11. (譯者 所藏.)

(中)徐元誥, ≪國語集解≫ (王樹民 外 點校) 北京:中華書局 2002.

史書類

(漢)司馬遷, ≪史記≫

(漢)班固, ≪漢書≫

(宋)范曄, ≪後漢書≫

(晉)陳壽, ≪三國志≫

(唐)房玄齡 等, ≪晉書≫

(唐)魏徵 等, ≪隋書≫

(後晉)劉昫 等, ≪舊唐書≫

(宋)歐陽修 等, ≪新唐書≫

以上 ≪二十四史≫ 縮刷本. (北京:中華書局 1997.)

(日)瀧川資言, ≪史記會注考證≫ 臺北:天工書局 民國78.

(晉)袁宏, ≪後漢紀≫ 四庫全書本.

諸子百家/文集/其他單行本類

(秦)呂不韋, ≪呂氏春秋≫ (≪和刻本 諸子大成≫ 8) 東京:汲古書
　　　院 影印 昭和51.

(魏)王肅, ≪孔子家語≫ (≪漢文大系≫ 20) 臺北:新文豐 民國67.

(清)王先謙, ≪荀子集解≫ (≪漢文大系≫ 15) 臺北:新文豐 民國
　　　83.

(唐)韓愈, ≪韓愈全集校注≫ (屈守元 外 主編) 成都:四川大學出
　　　版社 1996.

(唐)劉知幾 著, (清)浦起龍 釋, (中)王煦華 整理, ≪史通通釋≫ 上
　　　海:上海古籍出版社 1978.

(宋)朱熹, ≪朱熹集≫ (郭齊 外 點校) 成都:四川教育出版社 1997.

(宋)黎靖德, ≪朱子語類≫ (王星賢 點校) 北京:中華書局 1999.

(宋)劉敞, ≪公是集≫ 四庫全書本.

(淸)龔自珍, 王佩諍 校, ≪龔自珍全集≫ 上海:上海人民出版社
　　　 1975.

(淸)萬斯同, ≪石園文集≫ 四明張氏約園 四明叢書刊本.

(淸)李紱, ≪穆堂初稿≫ (≪續修四庫全書≫ 1421-1422.) 上海:上
　　　 海古籍出版社 2002.

(淸)顧炎武 撰, 黃汝成 集釋, ≪日知錄集釋≫ 四部備要本.

(淸)王念孫, ≪讀書雜志≫ 王氏家刻本. (南京:江蘇古籍出版社 影
　　　 印 2000.)

(淸)毛奇齡, ≪經問≫ 四庫全書本.

(淸)馬國翰 輯, ≪玉函山房輯佚書≫, 臺北:文海出版社, 民國63.

類書/書目解題/辭典類

(宋)章如愚, ≪群書考索≫ 揚州:廣陵書社 影印 2008.

(淸)紀昀 總纂, ≪四庫全書總目提要≫ 河北:河北人民出版社
　　　 2000.

(宋)晁公武, ≪郡齋讀書志≫ 四庫全書本.

(宋)陳振孫, ≪直齋書錄解題≫ 四庫全書本.

(淸)朱彝尊, ≪點校補正 經義考≫ (馮曉庭 外 點校) 臺北:中央研
　　　 究院 中國文哲研究所 民國86-88.

(唐)陸德明, ≪經典釋文≫ 同治辛未重雕抱經堂本. (국립중앙도
　　　 서관소장, 청구기호:092-13.)

(淸)阮元, ≪經籍纂詁≫ 北京:中華書局 影印 1982.

(中)黃惠賢 主編, ≪二十五史人名大辭典≫ 鄭州:中州古籍出版
　　　 社 1997.

(中)劉德重 外 主編, ≪中國歷代人名大辭典≫ 上海:上海古籍出

版社 1999.

(中)唐文, ≪鄭玄辭典≫ 北京:語文出版社 2004.

(中)兪鹿年, ≪中國官制大辭典≫ 哈爾濱:黑龍江人民出版社 1998.

(中)錢玄 外, ≪三禮辭典≫ 南京:江蘇古籍出版社 1998.

(中)楊伯峻 外, ≪春秋左傳詞典≫ 北京:中華書局 1985.

(中)陳克炯, ≪左傳詳解詞典≫ 鄭州:中州古籍出版社 2004.

(日)諸橋轍次, ≪大漢和辭典(全13冊)≫ 修訂版 東京:大修館書店 昭和59.

(日)鎌田 正 外, ≪大漢和辭典-補卷≫ 東京:大修館書店 平成12.

(中)羅竹風 主編, ≪漢語大詞典(全12卷 22冊)≫ 上海:漢語大詞典出版社 2003.

(中)謝紀鋒, ≪虛詞詁林≫ 哈爾濱:黑龍江人民出版社 1992.

電子版 文淵閣四庫全書, 上海古籍出版社.

저자

최술崔述(1740-1843)

청대淸代의 저명한 고증학자考證學者이다. 자字는 무승武承, 호號는 동벽東壁이다. 여러 번 과거 시험에 낙방하고, 가경嘉慶 때 복건福建의 나원羅源과 상항上杭 등에서 지현知縣을 지냈으나 나중에 병을 이유로 물러나 저술에 몰두하였다. 평생 ≪고신록考信錄≫ 등 총 34종 88권이라는 방대한 저술을 남겼다. 의고사조疑古思潮 또는 고사변파古史辨派 형성에 지대한 영향을 미쳐 중국 역사학의 새로운 출발점이라고 일컬어졌다.

역자 약력

전병수田炳秀

충남 예산 출생
연세대학교 철학과 졸업, 동대학원 석사과정 이수
민족문화추진회 부설 국역연수원 수료
(사)유도회 부설 한문연수원 수료
태동고전연구소 한학연수과정 수료
성균관대학교 한문고전번역협동과정 재학(현)
전통문화연구회 선임연구원(현)

역서

≪역주譯註 예기정의禮記正義 - 중용中庸·대학大學≫(공역)

국립중앙도서관 출판예정도서목록(CIP)

고문상서변위 / 최술 저 ; 전병수 역주. -- 서울 : 수류화개, 2017
    p. ; cm. -- (고전번역총서)

원표제: 古文尙書辨僞
원저자명: 崔述
권말부록: ≪흠정사고전서총목제요≫에서 ≪상서≫를 논의한
        세 가지 기준이 되는 본보기를 삼가 기록하다 등
참고문헌 수록
중국어 원작을 한국어로 번역
ISBN 979-11-957915-4-5 94150 : ₩28000
ISBN 979-11-957915-3-8 (세트) 94150

중국 철학 [中國哲學]

152.2-KDC6
181.11-DDC23   CIP2017028199

고전번역총서

고문상서변위古文尚書辨僞

2017년 11월 16일 초판 1쇄 발행

저자 청淸 최술崔述
번역 전병수田炳秀

발행인 배민정
책임편집 배민정
편집·디자인 배민정
발행 도서출판 수류화개
등록 제307-2015-18호(2015.3.4.)
주소 서울시 성북구 정릉동 솔샘로 25길 28
전화 070-7514-0248
팩스 02-6280-0258
메일 waterflowerpress@naver.com
홈페이지 http://blog.naver.com/waterflowerpress
값 28,000원
ISBN 979-11-957915-4-5
      979-11-957915-3-8(세트)